新时代实施乡村振兴战略的
实践探索

朱文伟　著

中国原子能出版社

图书在版编目（CIP）数据

新时代实施乡村振兴战略的实践探索 / 朱文伟著.
北京：中国原子能出版社, 2024. 11. -- ISBN 978-7
-5221-3888-6

Ⅰ. F320.3

中国国家版本馆 CIP 数据核字第 2024MR2308 号

内 容 简 介

实施乡村振兴战略，是以习近平同志为核心的党中央从党和国家事业全局出发、着眼于实现"两个一百年"奋斗目标、顺应亿万农民对美好生活的向往作出的重大决策。本书紧紧围绕贯彻落实党中央这一重大决策，坚持理论联系实际，深刻把握实践中的重点、难点，以前瞻性眼光和宽阔视野，从乡村产业振兴、生态振兴、文化振兴、组织振兴、人才振兴等方面，深入总结分析推进乡村振兴的实践探索，并站位推进中国式现代化的战略高度，顺应数字化赋能高质量发展的时代要求，对乡村振兴的未来发展与创新作了展望。

新时代实施乡村振兴战略的实践探索

出版发行　中国原子能出版社（北京市海淀区阜成路 43 号　　100048）
责任编辑　陈　喆
责任印制　赵　明
印　　刷　北京天恒嘉业印刷有限公司
经　　销　全国新华书店
开　　本　787 mm×1092 mm　1/16
印　　张　15.5
字　　数　218 千字
版　　次　2024 年 11 月第 1 版　　2024 年 11 月第 1 次印刷
书　　号　ISBN 978-7-5221-3888-6　　　　**定　　价**　92.00 元

发行电话：**010-88828678**　　　　　　　　版权所有　侵权必究

作者简介

　　朱文伟，女，汉族，1974 年 11 月出生，中共党员，河南邓州人。毕业于中国人民大学中共党史党建学专业，博士研究生。现任中共青海省委党校（青海省行政学院）教授，主要研究方向为执政党建设、科学社会主义理论与实践。具有较扎实的学术功底，长期任职组织部门和党校，专业理论与工作实践相结合，取得了丰硕的教学、科研和咨政成果。所授课程多次荣获青海省党校（行政学院）系统精品课、青海省干部教育培训好课程，主持完成省（部）级以上科研课题 10 余项，公开发表高层次学术论文 40 余篇，撰写多篇咨政报告被相关部门采用。

前　言

　　民族要复兴，乡村必振兴。实施乡村振兴战略，是以习近平同志为核心的党中央着眼党和国家事业全局作出的重大决策，是新时代"三农"工作的总抓手。乡村振兴战略是在 2017 年党的十九大上提出的重大国家战略。党的十九大胜利闭幕后，习近平总书记在中央农村工作会议上从 5 个方面明确提出实施乡村振兴战略的战略意图和重大意义，用"七个之路"对中国特色社会主义乡村振兴道路作出系统阐述，为实施乡村振兴战略指明了方向。2020年如期完成脱贫攻坚目标任务后，总书记在中央农村工作会议上深刻指出，"三农"工作重心历史性地转向全面推进乡村振兴，强调举全党全社会之力推动乡村振兴，为全面推进乡村振兴落地见效凝聚了广泛力量。2022 年党的二十大召开后，总书记在中央农村工作会议上强调，全面推进乡村振兴是新时代建设农业强国的重要任务，总的要求仍然是全面推进产业、人才、文化、生态、组织"五个振兴"，对新征程上推进乡村全面振兴、加快建设农业强国作出了系统部署。之后，中共中央、国务院印发的《乡村全面振兴规划（2024—2027 年）》（以下简称《规划》），对新时代新征程实施乡村振兴战略作出新一轮的阶段性部署，为有力有效推进乡村全面振兴绘就了美好蓝图、制定了行动路线。乡村振兴战略实施以来，按照中央的统一部署，各地结合实际进行了卓有成效的实践探索。坚持理论与实践相结合，不断总结实施乡村振兴战略的实践探索，对于把这一战略的实施不断推向深入具有重要意义。

　　顺应实施乡村振兴战略的实践新要求，本书以习近平总书记关于乡村振兴战略的重要论述为根本遵循，以"五个振兴"为重点，立足当下，面向未

1

来，对新时代实施乡村振兴战略的实践探索进行了较为深入的总结分析。第一章从认知层面出发，对乡村振兴发展的必要性与总要求进行深入剖析，明确乡村振兴的基本理念与重要意义，详细阐述乡村振兴战略规划及核心重点。第二章聚焦新时代乡村产业振兴及数字化实践，探析新时代产业振兴的规划原则与内容，探析农业现代化及技术应用、农产品品牌建设与网络营销的实践，以及数字赋能农村一、二、三产业融合发展的新模式。第三章聚焦新时代乡村生态振兴发展与优化实践，剖析新时代乡村生态振兴的核心要义及发展目标，研究乡村生态文明建设与环境治理，并对乡村生态旅游发展及优化对策进行探究。第四章聚焦新时代乡村文化振兴及其创新路径，深入探析乡村文化振兴的现实基础与内容，揭示其特征、意义及创新路径，探讨新时代乡村文化振兴的根本措施。第五章聚焦新时代乡村组织振兴与转型路径展，深入剖析农村基层治理及优化对策，探讨乡村治理体系的构建与转型路径。第六章聚焦新时代乡村人才振兴战略与实践创新，分析人才振兴与乡村振兴战略的紧密关系。探讨在新时代背景下，如何通过创新实践路径，激发乡村人才的活力，以实现乡村振兴的宏伟目标。第七章展望新时代乡村振兴的未来发展与创新，探讨数字创业赋能乡村振兴的长效机制，以及中国式现代化中的新质生产力与乡村振兴融合创新的思路。

本书坚持理论联系实际，兼具鲜明的理论性和实践性，旨在为广大的乡村振兴工作者、研究者及相关从业人员提供理论指导与实践参考，从而助力新时代乡村振兴战略的深入实施，推动乡村在新时代的历史进程中焕发出新的生机与活力。由于作者水平有限，本书错漏缺点、不当之处在所难免，敬请读者批评指正。

目　录

第一章
乡村振兴的认知

乡村振兴战略是推动我国农村经济、社会、文化全面发展的重要举措，致力于实现农业现代化、农村发展与农民富裕的有机统一。本章主要阐述乡村振兴发展的必要性与总要求、乡村振兴的基本理念与重要意义、乡村振兴战略规划及核心重点。

第一节　乡村振兴发展的必要性与总要求

一、乡村振兴发展的必要性

（一）提升乡村地位

随着全球化进程的深入和城市化的加速推进，许多国家和地区的乡村发展面临着严峻挑战。乡村并非城市发展的附庸，相反，它在现代化进程中具有不可替代的地位和价值。通过乡村地位的提升，可以为经济社会可持续发展提供稳固的基础。

农业作为第一产业，是国民经济的基础，其发展水平直接关系到整个经济的稳定和社会的长治久安。提升乡村地位，体现在农业现代化的推进上，即通过提高农业生产效率和质量，增加农民收入，从而带动农村整体经济水平的提高，这不仅有助于增强国家的粮食安全和战略物资供给能力，而且为其他产业的发展提供了稳定的市场需求和原材料供应。农业现代化的实现，需要政策的倾斜和科技的支持，通过提高农村基础设施的建设水平，引进现代农业技术和设备，推动农业生产方式的转型，实现从传统农业向现代农业的跨越。

提升乡村地位不仅是缩小城乡差距的重要手段，更是促进社会公平和正义的具体体现。通过乡村振兴战略的实施，可以进一步优化城乡资源配置，使乡村和城市在经济、社会和文化等方面实现协同发展。具体而言，提升乡村地位不仅包括加大对乡村基础设施的投入和改善农民的生活条件，还包括通过提高农村教育和医疗水平，增强乡村人口的素质和社会参与能力，从而提升农村的整体发展潜力。

随着国际经济形势的变化和不确定性因素的增加，乡村作为国家内部稳定的重要支撑，其地位日益凸显。农业不仅是国家经济发展的基础，也是国际竞争力的重要组成部分。通过提升乡村地位，可以进一步提高农业的生产效率和国际市场的竞争力，从而在国际市场中占据更有利的位置。同时，乡村经济的稳步发展，还可以有效应对国际经济环境的冲击和挑战，为国家整体经济提供更大的回旋余地。因此，乡村地位的提升，不仅是国内经济结构调整的需求，也是提高国际竞争力的必然选择。

乡村文化不仅是民族文化的重要组成部分，更是社会多样性和文化多元化的体现。通过乡村地位的提升，可以有效保护和传承农村的传统文化，增强社会的文化认同和民族凝聚力，这需要在乡村振兴的过程中，不仅关注经济指标的提升，还要重视文化资源的保护和利用，如通过发展乡村旅游、推动农村文化产业等方式，将文化资源转化为经济资源，实现经济效益和文化效益的双赢。

乡村作为社会结构的重要组成部分，在社会稳定和社会治理方面发挥着独特的作用。通过提升乡村地位，可以有效缓解因城乡差距造成的社会矛盾和冲突，提升人民群众的幸福感和获得感。现代化的乡村治理，需要以法治为基础，结合乡村自治和多元参与，实现治理的现代化，这不仅有助于乡村内部的和谐稳定，还能为全国范围内的社会治理提供有益的经验和借鉴。

乡村作为自然资源的主要承载地，具有丰富的生态资源和环境承载力。通过加强乡村的环境保护和生态治理，可以有效维护生态平衡，提升乡村的生态服务功能。发展绿色农业和生态农业，实现乡村地位的提升，通过推进绿色生产方式，减少农业生产中的环境污染，实现资源的循环利用，不仅可以提升农业的可持续性，还可以提高农产品的质量和附加值，增强市场竞争力。在此过程中，应注重生态效益与经济效益的平衡，以实现乡村经济与生态的协调发展。

乡村地位的提升需要制度保障和政策支持，科学合理的政策是乡村振兴和地位提升的重要保障。政府需要通过制度创新和政策调整，激发乡村发展的内在动力，政府应在土地政策上给予更多的灵活性和自主权，使农民能够通过土地流转等方式，获得更多的发展机会和收益；加强对农村金融的支持，扩大农村金融服务的覆盖范围，为农民和农业企业提供更为便捷的融资渠道和优惠政策；加强乡村人才的培养和引进，鼓励优秀人才扎根农村，为乡村发展提供智力支持和技术保障。

乡村地位的提升不仅是农村自身发展的需求，更是国家现代化建设和社会进步的必然选择。只有在全面提升乡村地位的基础上，才能实现城乡统筹发展，推动社会的整体进步。因此，在未来的经济社会发展中，乡村地位的提升应成为各级政府和社会各界关注的焦点之一。通过科学规划和合理布局，实现农村经济、社会和文化的全面进步，从而为国家的长治久安和可持续发展奠定坚实基础。

（二）新时代对乡村的要求

新时代对乡村的要求，必须从国家战略和社会发展大局的高度进行全面审视和科学规划。以全面推进乡村振兴战略为基础，国家需要构建城乡一体化发展模式，实现乡村现代化和农业现代化的双重目标。乡村不仅是农业生产的核心，也是社会文化和生态环境保护的重要承载体。

农业作为乡村经济的基础，需要实现从传统农业向现代化农业的转型。现代化农业强调科技创新的驱动，要求农业生产效率提升、生产结构优化、产业链条延伸，并且注重农业的可持续性发展。实现这一目标需要强化农业技术创新，提高农业科技的应用水平，推动智慧农业的发展。同时，要构建高效的农业产业链，提升农业生产的附加值，从而增强农业的市场竞争力。新时代要求农业必须适应现代市场经济的需求，推动农业产业的高质量发展，这不仅是提升乡村经济的重要途径，也是确保国家粮食安全和农产品供应稳定的关键。

随着经济的发展和人民生活水平的提高，社会对生态环境的需求也在不断增加。乡村作为国家重要的生态屏障，肩负着生态保护的重大责任。新时代对乡村的要求包括加强环境治理和生态保护，推动绿色发展，建设美丽乡村。在这个过程中，要加强对乡村生态资源的保护和管理，推进生态农业、循环农业和绿色农业的发展，实现农业生产与生态环境的协调统一。将绿色发展理念贯穿于乡村振兴的全过程，探索生态友好的乡村发展模式，使乡村既是生产生活的基地，又是生态保护的屏障。

新时代的乡村不仅需要经济上的振兴，还需要在社会治理上迈出新的步伐。要构建科学、合理的乡村治理体系，实现治理体系和治理能力的现代化。社会治理体系现代化要求提升农村基层组织的治理能力，加强农村社区的自治管理，促进乡村社会的和谐稳定。新时代的乡村治理不仅要注重治理效果，还要关注治理过程中乡村居民的参与感和获得感。通过加强基层党组织建设，健全村民自治制度，提高乡村居民的政治参与度，可以有效提升乡村治理的质量。

乡村文化是中华民族传统文化的重要组成部分，具有深厚的历史和文化底蕴。新时代强调文化自信，要求在乡村振兴过程中保留和传承中华优秀传统文化，同时注入现代文化的元素，推动乡村文化的创新发展。要在尊重传统的基础上，融入现代文明和文化创意，为乡村注入新的活力，使其成为现代社会中具有吸引力的文化和旅游目的地。新时代对乡村文化的要求，既要保留乡村的历史记忆，又要实现乡村文化的现代转型，以增强乡村的文化软实力。

乡村经济的发展必须走多元化、现代化的道路，以实现乡村经济的可持续增长。新时代的乡村经济不仅要依赖农业，还要通过发展乡村旅游、休闲农业、农村电商等新型业态，实现产业的多元化发展。通过优化经济结构，促进乡村经济的转型升级，使乡村成为吸引人才、留住人才的重要区域。乡村居民收入的增加不仅仅依赖于农业收入，还需要通过产业发展和多元化经营，使农民能够分享更多的经济成果。新时代对乡村经济的要求是提高农民收入水平，提升乡村居民的生活质量，最终实现共同富裕。

二、乡村振兴的总要求

实施乡村振兴战略是解决我国"三农"问题的总方案和根本途径，其"总目标是农业农村现代化，总方针是坚持农业农村优先发展，总要求是产业兴旺、生态宜居、乡风文明、治理有效、生活富裕"[①]。

（一）产业兴旺

"产业兴旺"是乡村振兴的核心要素之一，其目标不仅在于提高农民的收入水平，更在于促进农业和农村的现代化，实现农村社会经济结构的全面优化与升级。通过构建多元化的现代农业体系、推动农业生产方式的转型和农业产业链的延伸，可以为农村经济注入持久的发展动力，进而提升农业的市场竞争力，实现产业的全面繁荣。

传统农业模式由于技术落后和单一的种植结构，往往面临较大的市场和自然风险。因此，通过引入现代农业科技，提升农业生产的技术含量，可以大幅度提高农业的生产效率和产品质量。同时，优化作物结构，合理配置农

---

① 李燕妮. 乡村振兴视域下农村文化建设社会实际思考［J］. 中国农业资源与区划，2022，43（11）：68.

作物种类，以满足市场需求变化，可以有效减少市场波动的影响，为农民带来更加稳定的收入来源。通过精细化管理和智能化农业技术的应用，可以进一步提升农业的效益，助力农业向高效、绿色和可持续方向发展。

通过发展农产品深加工和农业相关的服务业，可以提高农产品的附加值，增加农民的收益来源。同时，鼓励农业生产者参与市场竞争，提升品牌意识和产品质量，能够增强农产品在市场中的竞争力。此外，通过发展农村电商和物流网络，可以打破传统农产品销售渠道的限制，扩大农产品的市场覆盖面，提高农村经济的整体效益。农业产业链的延伸不仅有助于农村经济结构的优化，还能有效解决农村劳动力的就业问题，为"生活富裕"目标的实现提供坚实的经济基础。

在现代化进程中，城乡之间不应存在二元对立，而应通过互补发展实现共赢。城市的技术和市场资源与农村的土地和劳动力资源之间的互补关系，为产业的转型和升级提供了新的契机。通过城乡资源的优化配置，发展新型农村产业和经济模式，可以提升农村生产力，实现农村经济的高质量发展。特别是在农村人口向城市转移和城市资本向农村流入的背景下，二者之间的良性互动可以激发农村地区的生产潜力，推动农业现代化进程，加快农村经济的多元化发展。

农业与旅游、文化、科技等产业的融合，可以丰富农村经济形态，提高农业的综合效益。通过发展农旅融合模式，可以将农村的生态资源和文化资源转化为经济优势，促进农村经济的多样化发展，这种多产业融合的发展模式，不仅可以提高农民的经济收入，还可以增强农村社区的凝聚力和吸引力，为农村的可持续发展注入新的活力。

（二）生态宜居

在城乡差距逐渐缩小的过程中，构建"生态宜居"不仅是促进城乡平衡发展的重要手段，也是提升乡村居民福祉的核心路径。实现这一目标，需要在乡村区域内广泛推广绿色生产方式，以减少对自然资源的不合理利用和过度开发。在此基础上，运用生态保护与可持续发展的理念，推动土地、森林、水资源等生态要素的合理开发与利用，进一步提升农村地区的生态承载力。通过科学规划和生态修复工程，提升自然环境的质量，使乡村环境更加宜居，以满足现代社会对于高质量生活空间的需求。

"生态宜居"的实施强调人文环境与自然环境的有机融合。乡土文化作为乡村社会发展的核心要素之一，需要在现代化进程中得到保护与弘扬。通过传承地方文化、优化公共文化设施建设，提升农村地区的文化软实力，可以增强村民的归属感和幸福感，这种人文环境的提升，不仅有助于促进城乡文化的交流与融合，还能推动乡村经济的多元化发展，助力实现城乡居民的共同富裕。

在"生态宜居"的实践中，政府政策的引导和科技手段的创新起着关键作用。各级政府需要通过制定相关法律法规、出台生态补偿政策等手段，为农村地区的生态保护和环境改善提供制度保障。同时，科技创新和绿色技术的推广，可以有效提升农业生产效率，减少环境污染，实现经济效益与环境效益的有机统一。通过多方合力，生态宜居目标的实现能够为城乡融合发展提供坚实的生态基础，促进社会经济与环境的协调共进。

（三）乡风文明

"乡风文明"不仅是对传统乡土文化的继承和弘扬，更是对当代农村社会文化的重塑与创新。通过"乡风文明"的建设，可以有效增强农村的凝聚力，提升农村居民的文化素养和道德水平，推动形成文明、和谐的新型农村社会，为乡村振兴提供强大的精神动力和文化支持。

在现代化进程中，传统的乡土文化逐渐受到冲击，农村社会的价值观念和行为规范出现了一定程度的动摇。因此，通过加强农村文化设施的建设，丰富农村文化活动的形式，可以有效提高农民的文化素质，增强他们对传统文化的认同感。同时，通过文化的引导和熏陶，可以树立正确的价值观，形成健康的社会风气，为构建和谐乡村社会奠定坚实的文化基础。文化建设的最终目标在于推动农村社会的全面进步，实现文化与经济的协调发展，使乡村文化在现代化进程中不断焕发新的活力。

乡村文化既有其独特的历史积淀和传统底蕴，又需要与时俱进，在新时代的背景下不断创新和发展。通过深入挖掘和整理乡村文化资源，可以将传统文化与现代文化相融合，使其适应现代社会的需求。同时，将乡土文化与地方特色产业相结合，打造具有本土特色的文化品牌，不仅可以增强农村经济的竞争力，还可以提升农民的文化自信心。通过对传统文化的创新和发展，可以促进农村社会的现代化转型，使乡村在保持自身文化特色的同时，不断适应新的社会和经济环境。

随着信息化和城市化进程的加快，农村社会的结构和人际关系也在发生深刻变化。为了应对这些变化，需要通过道德教育和法律普及，提高农民的文明素养和法治意识。通过加强村规民约的制定和执行，可以引导农民形成自觉遵守社会规范的习惯，营造文明、友善、和谐的农村社会氛围。此外，通过对道德模范和先进典型的宣传和表彰，可以树立正面典型，激发农村居民的道德追求和社会责任感，从而推动农村社会整体道德水平的提升。

通过加强对农村学校教育和家庭教育的关注，可以从源头上提高农民的文化素养和社会适应能力。同时，通过各种媒体和现代传播手段的运用，可以扩大乡村文化的影响力，使乡土文化在更广泛的范围内传播和弘扬。特别是在全球化和信息化的背景下，乡村文化的传播不应局限于本地，而应通过多种渠道走向更广阔的市场和空间，以提升农村文化的认知度和美誉度。通过建立完善的文化传播和教育体系，可以有效提升农村居民的文化素质和社会参与意识，为"治理有效"和"生活富裕"目标的实现提供有力的文化保障。

通过激发农民的主体意识，鼓励他们积极参与乡村事务，可以增强农村社区的凝聚力和向心力。社会组织在乡村文化建设中起着重要的桥梁和纽带作用，可以有效整合农村的文化资源和社会力量，为农村文化建设提供有力的支持。通过社区参与和社会组织的培育，可以形成多元共治的农村治理格局，提高农村社会的自我管理和自我服务能力，为"乡风文明"的长效发展奠定基础。

（四）治理有效

"治理有效"的概念不仅强调法治的重要性，还要求在基层治理中有效融合自治与德治，从而构建多元治理的现代乡村社会。通过提升乡村治理水平，可以确保农村社会的公平正义，为乡村经济发展、社会稳定和文化繁荣提供坚实的制度基础。

健全的法律制度和高效的法治体系能够为农村地区的各项事务提供清晰的法律依据和规范，确保治理过程的公开、公平和透明。通过法律手段解决乡村社会中的各种矛盾和纠纷，可以在维护社会稳定的同时，增强村民对法治的认同感和依赖性，进而提高农村居民的法律素养与依法办事的能力，在这样的法治环境中，农村社会的治理将更加规范和有序，有助于实现治理过程中的公平和正义。

法治的基础之外，自治是"治理有效"的重要组成部分。村民自治作为农村基层治理的核心，是实现乡村社会民主化的重要方式。通过完善村民参与的治理机制，可以增强基层组织的活力与效能，使村民在社会事务的管理和决策中发挥主体作用。村民的广泛参与不仅能够提高决策的科学性与合理性，还可以增进村民对集体事务的认同感和归属感，促进乡村社会的整体凝聚力。在自治的基础上，基层组织可以有效引导和协调村民的利益诉求，构建和谐有序的社会治理环境。

德治强调通过道德规范和价值观引导，实现社会治理的柔性化和人性化。德治的核心在于通过树立乡村模范、传承中华优秀传统文化，激发村民的内在道德自律，使道德观念在乡村社会中根植于心。在法治的基础上融入德治，可以更好地规范社会行为，使治理过程更具人情味和文化内涵。通过道德引导与榜样的力量，可以有效破除陋习，提升乡村社会的整体文明程度，推动社会治理的深度优化。

"治理有效"的目标是实现多元化治理格局，使法治、德治和自治有机结合，形成合力，提升乡村治理的整体效能，在这一过程中，农村基层组织的建设尤为重要。通过加强基层组织的能力建设和治理水平，能够更好地统筹各类资源，协调各方利益，推进农村公共事务的高效管理。同时，借助现代信息技术和智能化管理手段，可以实现治理过程的信息化、透明化和高效化，进一步提升农村社会的治理质量和水平。

（五）生活富裕

在当代乡村振兴的背景下，"生活富裕"的目标不仅关涉农村居民的物质生活改善，更注重其精神生活的丰富和综合素质的提升。通过增加农民收入、优化产业结构和完善社会保障体系，可以为农村居民创造更加稳定和可持续的经济条件，从而推动生活质量的全面提升。

实现"生活富裕"需要在经济层面上构建多元化和现代化的农业产业体系。现代农业的发展需要在保有传统农业优势的基础上，融入高科技和现代管理手段，推动农业向绿色、可持续和高附加值方向发展。通过农业产业链的延伸和价值链的提升，可以有效提高农产品的市场竞争力，增加农民的收入来源。发展乡村旅游、手工艺和其他新兴产业，有助于进一步丰富农村经济形式，创造更多的就业机会，减少对单一经济结构的依赖，实现农村经济的可持续增长。

在经济发展之外，社会保障体系的完善对于"生活富裕"的实现起着至关重要的作用。通过构建更加全面和高效的农村社会保障体系，可以有效缓解农村居民在生活中的各类风险，提高其生活的稳定性和安全感。完善的医疗、养老和教育保障制度，能够为农村居民的生活质量提供长久的支持和保障，使其在追求经济富裕的同时，获得全面的发展机会。特别是农村教育和医疗资源的提升，可以为乡村社会的未来发展提供坚实的人力资源基础，从而实现社会的长远进步。

"生活富裕"意味着要促进城乡公共服务和基础设施的均等化。通过不断完善农村基础设施建设，包括交通、水利、通信等方面，可以有效改善农村居民的生活条件。基础设施的提升，不仅能够提高农村居民的生活便利性，还能促进农村经济活动的活跃度和资源的有效配置。城乡基础设施差距的缩小，有助于打破传统的城乡二元结构，使农村与城市在现代化进程中共同受益，进一步缩小城乡差距，实现共同富裕的目标。

第二节　乡村振兴的基本理念与重要意义

一、乡村振兴战略的基本理念

（一）开放发展理念

1. 积极吸引外部资源与合作

资源的开放共享能够提升地区的创新能力与发展水平。为此，相关政策应致力于消除制度性障碍，通过简化行政审批程序、优化营商环境等方式，鼓励外资流入与技术引进。此外，政府应强化与高校、科研机构及企业之间的合作，建立产学研一体化的创新体系，推动科技成果的转化与应用。通过构建开放的创新生态系统，促进多方合作，实现知识、技术和资金的有效流动，从而提升区域竞争力。

2. 开放发展理念强调人才的引进与培养

人才是推动社会进步与经济发展的核心动力。为充分发挥人才的作用，政策应着眼于优化人才引进机制，建立多元化的人才评价与激励体系，以吸引各类高素质人才投身于地方发展。与此同时，注重本土人才的培养与激励，通过提供继续教育与职业培训机会，提升其综合素质与技能水平，使其能够适应开放发展的需求。此外，鼓励高校与职业院校与地方经济发展相结合，以培养符合地方产业发展需求的人才，实现人才供需的有效对接。

3. 增强社会的包容性与凝聚力

在开放与发展的过程中，社会各个群体的利益需要得到合理的平衡与保障。政府应加强社会保障体系建设，为弱势群体提供必要的支持与服务，确保社会的公平与正义。同时，推动社区参与到社会组织的建设中，通过多种渠道鼓励居民参与公共事务，提高公民的社会责任感与参与意识。通过增强社会的凝聚力，形成良好的社会风气，有助于提升开放发展环境的整体质量。

4. 文化的开放与融合

在全球化时代，各种文化交融碰撞，推动文化的多元化与创新。政策应鼓励文化的交流与传播，促进地方特色文化与外来文化的融合发展，在保护与传承传统文化的基础上，推动文化产业的创新发展，以丰富公众的文化生活，提高社会的文化素养与文明程度。通过文化的开放与融合，构建包容性社会，促进社会和谐与可持续发展。

（二）协调发展理念

1. 坚持顶层设计

城乡之间并不是对立的两个实体，而应视为一个整体的系统，其发展应当相辅相成。因此，推动城乡融合发展，不仅是缩小城乡差距的需要，更是实现共同繁荣的重要途径。在具体实践中，应鼓励地方因地制宜，创新发展模式，以适应不同地区的实际情况，促进城乡的全面协调发展，这一过程中，地方政府应发挥积极作用，通过制定切实可行的政策，引导资源向农村倾斜，推动城乡之间的资源共享与互补。

2. 加快城乡要素流动

在当前的经济环境中，城乡之间在资金、知识、技术、信息等要素上存在显著差距，这限制了乡村的经济社会发展。因此，必须加大农村基础设施建设投入，以提升乡村的吸引力和竞争力。同时，应合理配置城乡要素资源，建立双向流动的新格局，确保信息和资源能够快速、高效地流向乡村，使农民能够及时获取所需的信息和技术，这一措施不仅能够激活农村经济，还能够促进城乡之间的相互依存和共生发展，为农民提供更广阔的发展空间。

3. 协调好政府与市场的关系

市场在资源配置中发挥着决定性作用，政府则应以引导者的角色出现，充分尊重市场规律，激活乡村的主体活力和资源活力。通过引导市场力量，鼓励创新与竞争，拓宽农民增收的渠道，进而形成良好的经济循环。此外，政府应通过政策支持、资金投入等手段，激励社会资本参与乡村建设，为乡村发展创造有利条件，推动城乡融合发展和现代化建设的新局面。

4. 加强乡村人才队伍建设

人才是推动乡村振兴的核心资源，必须把人才战略放在首要位置，吸引和培养那些愿意留在乡村、建设乡村的人才，使他们在乡村的发展中发挥自己的才华和能力。政府应制定相关政策，提供必要的支持与保障，鼓励人才返乡创业、创新发展，形成良性的人才循环。通过打造人才、土地、资金和产业的良性互动机制，促进乡村的持续发展与繁荣，为实现城乡协调发展奠定坚实基础。

（三）共享发展理念

1. 切实维护农民权益

政府在制定乡村政策时，必须尊重客观规律，关注农民的实际需求，倾听他们的声音，保障他们的合法权益，这不仅是促进社会公平正义的必要措施，更是增强农民对发展的认同感和参与感的重要途径，在这一过程中，政府应采取有效措施，确保发展成果能够公平地分配给每一个农民，使他们在享受社会经济发展红利的同时，增强对农村发展的归属感和责任感。

2. 将发展与共享相统一

在推进乡村振兴过程中，必须关注生产力的发展与农民收入的提升之间的平衡。要巩固和完善乡村基本经营制度，深化农村土地制度改革，通过股份合作制等形式，促进农村集体产权制度的创新。通过将股份量化到个人，农民可以直接参与到农村经济的发展中，充分享受到土地增值带来的经济收益，这一制度性供给不仅能够激发农民的生产积极性，还能从根本上推动乡村经济的可持续发展。

3. 提高农民的组织化水平

在市场经济环境下，农民的生产决策常常面临信息不对称的问题，建立农民合作组织能够有效协调小生产与大市场之间的矛盾。通过构建一个综合配套、运转高效的农业社会化服务体系，能够帮助农民降低生产成本，控制市场风险，从而提升他们的市场竞争力，这不仅有助于提升农民的组织化程度，也能增强他们在市场经济中的话语权和影响力。

4. 促进公共服务均等化

在推动公共服务政策制定与实施的过程中，应注重科学化与民主化，避免基本公共服务供给中的"泛市场化"问题，确保资源能够更加合理和公平地分配。同时，扩大公共财政的覆盖面，确保每一位农民都能平等享受到基本公共服务，这不仅是提升农村居民生活质量的重要举措，也是践行"以人为本"发展理念的根本体现。

（四）绿色发展理念

1. 推动农村经济、社会与生态协调发展

绿色发展理念作为乡村振兴的重要指导思想，强调人与自然的和谐共生，成为推动农村经济、社会与生态协调发展的核心要求，在这一理念的指导下，必须建立以生态优先和绿色发展的基本原则，致力于在保护自然生态环境的基础上，实现可持续发展，这一过程不仅需要坚守绿色生态发展导向，更需要警惕短期政绩和"面子工程"所带来的资源浪费与生态破坏。只有通过科学规划与合理利用资源，才能探索出一条真正符合生态文明建设要求的乡村振兴发展道路。

2. 绿色经济的形成与发展

人与自然、经济发展与生态环境之间的辩证关系决定了绿色经济的形成与发展。通过采用高科技含量、低资源消耗、高经济效益与低环境污染的生产方式，可以有效推动乡村经济结构的升级与转型。注重生态环境的保护与资源的节约利用，有助于实现经济效益与生态效益的双赢，在这一过程中，必须树立"人与自然优质共生"的发展理念，打造绿色低碳、集约智能的农业与乡村经济体系，这不仅要求在生产方式上实现节能环保，更应在政策制定和执行中，将"以人为本"的发展理念贯穿始终，从而增强乡村经济的可持续性。

3. 提高乡村居民的环保意识

以"绿色发展"为核心，以"低碳、环保、可持续发展"为宗旨，聚焦人居环境、基础设施与公共服务建设，努力创造宜居、宜业、宜游的乡村环境，这一过程中，应努力将生态环境建设与社会经济发展紧密结合，确保乡村居民不仅能够享受到经济发展的红利，同时也能体验到良好的生活环境，形成生态文明与经济繁荣的良性循环。

4. 注重对农村可再生资源的开发与利用

在推动绿色发展理念的实施过程中，利用生物质能、风能、太阳能等可再生能源，推动乡村产业的多元化与生态化，既能降低传统产业对环境的负担，也能为农民创造更多的经济机会，这种模式不仅符合可持续发展的要求，还能增强乡村经济的韧性，提高农村在面对外部冲击时的抗风险能力。

（五）创新发展理念

1. 升级乡村产业结构

在当前全球化和科技迅猛发展的背景下，乡村振兴亟须加快转变发展方式，实施创新驱动发展战略。通过战略性调整乡村产业结构，推进农业供给侧结构性改革，能够有效提高农业供给体系的质量与效率，进而优化市场需求结构，这一过程要求乡村生产的产品不仅要符合市场的实际需求，还应具备一定的科技含量和附加值，以满足消费者日益多元化和个性化的消费趋势。因此，推动农业农村的现代化，不仅是乡村振兴的核心任务，更是实现全面可持续发展的重要途径。

2. 提升乡村村落质量

在城市化进程不断加快的背景下，乡村村落的变迁已成为时代发展的必然趋势。我国各地区乡村在自然条件、发展水平、乡土文化、空间形态以及产业结构等方面存在显著差异，地方政府在推进乡村村落迁移与发展过程中，应充分尊重乡村的历史背景和发展逻辑。避免过度行政干预，摒弃"一刀切"的做法，是保障乡村村落独特性和多样性的前提。因此，因村施策、因地制宜、因势利导、因时而动成为提升乡村村落质量的基本原则，确保在创新乡村布局的过程中，充分体现乡村的特色与文化底蕴。

3. 建立村落自然历史文化遗产的保护机制

文化是乡村发展的底蕴与资源，亦是推动经济增长的潜在生产力。加强对传统历史文化村落的保护，不仅为乡村发展提供独特的文化资源，也为未来的可持续发展留下宝贵的空间。应合理利用乡村特色资源，尊重当地居民的传统文化习惯，因地制宜地规划村落发展，通过有序推进村庄整治，在村落变迁与改造中保护和传承优秀的历史文脉，这不仅有助于保留乡愁，更能激发乡村居民的归属感与认同感，从而增强乡村的内生发展动力。

4. 加强科技与人才的引进与培养

科技创新是提升乡村生产力、优化产业结构的关键所在，尤其在农业领域，引入现代农业技术与管理理念，可以有效提高生产效率与产品质量。同时，培育和引进专业化人才，有助于推动乡村经济转型，激发乡村内生动力，促进乡村在新一轮的产业变革中抢占先机。因此，创新发展理念的实施，离不开对科技创新与人才培养的重视。

二、乡村振兴战略的重要意义

（一）解决社会经济发展不平衡

为有效应对社会经济发展中的不平衡问题，需要在经济结构调整、资源配置优化和政策支持等多方面采取综合性措施，以促进均衡、协调发展。中国特色社会主义的独特历史方位要求在推进现代化的进程中，将发展成果广泛共享，全面提高各地区和各领域的现代化水平。近年来，随着社会主要矛盾的转化，社会各界愈发关注城乡、地区和产业间的不平衡，特别是城乡二元结构和农村内部发展滞后的问题，这种发展不平衡不仅影响了整体社会的和谐与稳定，也阻碍了经济的进一步高质量发展。

通过实施乡村振兴战略，社会经济发展不平衡的问题将得到有力缓解。乡村振兴战略以提升农村基础设施、优化产业结构、促进就业和提高农村居民收入水平为主要目标，旨在缩小城乡差距，推动农村现代化进程，从而在更大程度上实现资源的合理分配与利用。为解决社会经济发展不平衡问题，政府需要深化制度创新，推动公共服务均等化，进一步加强对欠发达地区的支持力度，以促进区域经济的全面、协调发展。这种政策导向将有助于资源在不同地区间的有效流动，形成跨地区的资源整合和协同发展效应。

加大在教育、科技、医疗等社会事业方面的投入，提升农村及欠发达地区的发展水平，也是缩小差距的重要途径，这一过程中，通过加快人力资本积累和提升教育水平，可以增强欠发达地区的自主发展能力，进而促进整个社会的公平、包容发展。同时，通过优化产业布局与区域经济联动，充分发挥各地区的资源禀赋和产业优势，实现区域经济差异化发展，有助于推动全国经济的整体协调。

（二）解决市场经济矛盾

在社会主义市场经济体制下，市场作为资源配置的主要手段，确立了生产要素的自我调节功能，有效推动了社会劳动分工的细化和深入化。然而，市场经济内在的不稳定性带来了诸如生产过剩和周期性经济波动的矛盾，这不仅对生产力的持续发展形成挑战，也对社会经济的协调稳定提出了更高要求。为解决这些矛盾，需进一步拓展稀缺资源配置的空间和范围，通过政策创新与国际合作的双重抓手，实现资源的高效流通与利用。

一方面，完善开放经济战略和对外开放政策，不仅是适应全球化经济发展的要求，更是培育国家在国际经济合作和竞争中保持优势的关键。通过增强自主创新能力和开放合作的能力，拓展国际市场份额，将形成外贸新业态和新模式的生长空间。同时，通过促进贸易自由化和投资便利化，强化跨国资本与技术的流动，可以有效带动国内市场的创新活力，为市场经济提供稳定性和可持续性支撑。

另一方面，强化乡村振兴战略则是应对国内市场经济不平衡问题的关键抓手。乡村振兴战略不仅促进城乡之间的协调发展，还能通过优化农业产业结构和提升农村居民收入，增强国内消费市场的稳定性，逐步化解城乡资源配置不均的问题。在国际形势复杂多变的背景下，乡村振兴战略相较对外开放政策更具安全性与长期成效，有助于实现经济结构的多元化与国内市场的可持续增长，从而在全球经济环境变化中保持较高的经济韧性。

（三）解决农业现代化问题

解决农业现代化问题的关键在于提升农业的技术水平、优化资源配置以及加快产业升级，以全面实现高效、绿色和可持续的农业发展。随着城乡经济结构的不断调整，农村剩余劳动力的流动和农民收入的增长为农业现代化带来了新的动力，同时也提出了新的要求。在农业现代化进程中，应注重通过科技创新驱动农业生产，促进智能化和精准化的耕作管理，提升生产效率，降低成本，实现产量和质量的双提升。

农业现代化的核心在于健全完善的基础设施体系，包括农业水利、农田基础设施建设和农村物流网络等。通过完善的基础设施，农业现代化的基本条件得以保障，既能提升农业抵御自然灾害的能力，也有助于优化农业生产结构，推进土地资源的集约化利用。在此基础上，农业机械化和信息化的推广能够显著提升劳动生产率，为现代农业发展提供有力支持。

现代农业的发展离不开市场化改革和产业结构的优化。通过加快农村土地承包制度的改革和完善，合理配置农村土地资源，能够有效激发农业生产的内生动力，促进农村土地资源的高效利用。同时，发展农产品加工业和农业服务业等相关产业链，形成农村经济多元化的格局，不仅能够增加农民收入，也推动了农村经济的整体繁荣，为农业现代化提供持久的经济支持。

为确保农业现代化的可持续性，生态友好的生产方式也是不可或缺的要素。通过推广绿色农业和循环农业，实现农业资源的高效利用和生态环境的保护，有助于推动农业高质量发展。基于生态可持续理念的现代农业，将有助于实现人与自然的和谐共生，推进农村经济的长期健康发展。

（四）解决我国社会主要矛盾

解决我国社会主要矛盾的路径在于全面推动社会的均衡、充分发展，以满足人民日益增长的美好生活需要，实现经济社会的可持续性与协调性发展。面对新时代我国社会主要矛盾的变化，需在区域协调发展、产业升级与民生改善等方面进行全面部署，以缩小城乡差距、区域差距，实现经济的高质量增长。通过深化供给侧结构性改革，优化产业结构，提升资源配置效率，既能满足多层次、多元化的消费需求，也能提升供给体系的质量，从根本上推动社会生产力的进一步发展，为人民提供更加充足的物质基础。

城乡融合发展和区域协调发展是缓解社会主要矛盾的关键环节。在新发展阶段，乡村振兴战略的实施是构建城乡一体化的重要手段。通过夯实农村经济基础、加强基础设施建设，特别是加强医疗、教育等公共服务的均等化和可及性，能够有效提升农村居民的生活质量，缩小城乡差距。同时，加强区域间的协同合作，推进东部地区和中西部地区经济的联动发展，逐步实现区域之间的协调均衡，从而推动全国范围内的社会和谐。

面对环境保护的紧迫要求，在经济发展中贯彻绿色低碳的生产方式，实现人与自然的和谐共生，是新时代满足人民美好生活需要的必由之路。通过加大生态保护力度、推进绿色经济发展，能够改善居民的生活环境质量，进而提升幸福指数。生态文明的推进不仅有助于解决不平衡、不充分的发展问题，也为我国经济社会的长远发展奠定了坚实的生态基础。

第三节　乡村振兴战略规划及核心重点

一、乡村振兴战略规划的作用与功能

（一）乡村振兴战略规划的作用

1. 实施乡村振兴战略的基础和关键

随着乡村振兴战略的提出和执行，明确了乡村规划和建设的核心方向，从而有效地促进了乡村经济的稳定增长[①]。国家对乡村振兴战略的高度重视体现在政策支持和制度保障上，为农业农村的发展提供了有力支撑，各级政府

---

① 杨雪玲. 探究乡村振兴战略在乡村规划建设中的创新发展 [J]. 城市建设理论研究（电子版），2024（25）：33.

通过制定详细规划和政策框架，确保乡村振兴工作的有序推进，这些政策规划在细化落实的过程中，不仅明确了发展重点，也为农业农村的可持续发展奠定了制度基础。

乡村振兴战略的关键在于有效的资源配置与产业结构的优化。通过科学合理的资源分配，促进基础设施的完善和公共服务的提升，可以为农村居民提供更加优质的生活条件，缩小城乡差距。乡村产业的发展和创新亦是重中之重，合理的产业布局能够推动农业现代化，增强农村经济的内生动力，从而带动地方经济的全面提升。

2. 整合和统领各专项规划

乡村振兴涉及环境保护、产业发展、公共服务、基础设施等多个领域，各专项规划的相互协调不仅有助于实现资源的优化配置，更能够避免政策间的重复和冲突。因此，通过整合各专项规划，能够从整体上明确各项工作的实施路径，使各项发展任务在同一框架下有序进行。在统领各专项规划的过程中，需将乡村振兴的核心目标作为顶层导向，明确各部门和各领域的分工及职责，这一统筹安排可在不同规划间建立清晰的责任链条，使各专项规划既能够各司其职，又能够在总体目标的指引下形成合力。通过推动跨部门合作，资源共享与政策协同，可以有效解决各规划内容的交叉问题，确保乡村振兴规划的顺利实施。

3. 优化空间布局，促进生产、生活、生态协调发展

科学的空间布局应以农业、农村居民生活与生态保护的和谐共生为目标，通过合理配置土地、资源和产业，营造出一个可持续发展的区域格局。优化空间布局能够促进生产要素的集约高效使用，减少资源浪费，并提升农业生产的综合效益。通过统筹土地资源和产业布局，农业生产可更加集中化和专业化，进而为乡村经济的稳步发展提供有力支撑。优化空间布局也有利于改善农村生活条件，通过合理规划居民生活区域和基础设施建设，农村公共服务与生活环境可以得到显著提升，进而缩小城乡生活水平差距，促进社会和

谐发展。优化空间布局为生态保护提供了保障，通过划定生态红线、推行绿色生产方式，能有效降低农业生产对环境的压力，维护自然资源的可持续利用，构建起生态友好的农业发展新格局。

4. 有助于分类推进村庄建设

通过科学划分村庄类型，不同区域的村庄建设可以结合其资源禀赋、文化特色和经济条件，使每个乡村在保留独特地域特征的同时实现现代化发展。分类推进村庄建设不仅体现出乡村振兴规划的精准性，更有助于实现资源的高效配置，避免重复建设和资源浪费。在此基础上，分类建设还能够加强乡村文化的保护与传承。对于具有深厚文化底蕴的村庄，可重点推动传统建筑与历史遗存的保护，使乡村文化得以延续；对于自然资源丰富的村庄，则可以聚焦生态保护和绿色发展，形成多元化的村庄发展格局。分类推进村庄建设既确保了乡村地域文化的独特性与多样性，也提升了乡村整体的生活质量和经济水平。

5. 推动资源要素合理流动

乡村振兴规划的实施加速了城乡资源在空间上的均衡配置，通过引导资本、技术、人才等生产要素在城乡间有序流动，乡村发展获得了充足的资源支持，这一举措能够在一定程度上打破了城乡分割的发展模式，使得农村发展逐渐具备可持续性和自主性。合理流动的资源要素为农村经济发展注入了新的动力，增强了农业和乡村产业的创新能力和市场竞争力。农村基础设施建设和公共服务水平也因资源的合理流动得到有效改善。科技、人才等要素的引入，使得农村发展更具活力，也有助于提高农村居民的生活质量和幸福感。

（二）乡村振兴战略规划的功能

1. 文化与教化功能

文化在教化功能的实现上，体现为其道德规范的引导功能。在长时间的历史积淀中，文化凝聚了社会集体智慧，将道德规范内化为社会成员的共同遵循，这种教化功能以文化价值体系为载体，使人们在生活实践中自觉遵循社会的基本规范，在遵守规则的过程中，逐步塑造出具有普遍共识的价值观和行为准则，这些准则既是文化传承的重要内容，也是社会成员交往行为的基本依据。文化以教化的方式引导人们形成价值共识，从而为社会的和谐稳定奠定基础。

文化的教化功能表现为思维方式的培养和认知模式的塑造。文化作为一种知识体系，不仅影响着人们的日常生活，也在更深层次上影响着人们的思维方式和认知模式。文化教化通过对个体的思维能力和价值判断的影响，培养其逻辑思维、创新意识和价值判断力，使得个体能够在社会复杂情境中进行有效的自我决策，这种认知模式的塑造，不仅提升了个体的自我认知能力，也在群体层面上形成了特定的集体意识和文化认同，使社会成员在共同的文化氛围中相互理解、协作共进。

文化的教化功能在民俗传统和生活方式的传承中得到了深刻体现。通过对传统节日、仪式、礼仪和习俗的实践与认同，个体将文化价值观深深融入日常生活中，形成了特定的生活方式。这种生活方式不仅具有凝聚群体的功能，还能在潜移默化中引导人们进行情感表达和伦理认同，进一步增强了社会的凝聚力。文化的教化功能在传统与现代的交融中，不断通过丰富的民俗形式对个体行为进行规范，最终形成了一种群体的道德约束力和文化自觉。

在现代社会变迁中，文化的教化功能具有深远的社会意义。其不仅为社会成员提供了行为选择的依据，更在构建社会公共精神和集体价值观上扮演着不可或缺的角色。通过对个体的文化教化，不仅促进了个人价值的实现，也推动了社会整体的道德进步和文化升华。文化教化引导人们在遵循传统文化的同时，适应现代社会的变化，从而实现个体与社会的共同进步。

2. 生产与经济功能

乡村的生产与经济功能体现在其多元化的产业结构上。随着农业现代化的推进，乡村的产业形态逐渐丰富，从传统的种植业和养殖业向多元化方向发展，逐步形成了种植业、养殖业、手工业及乡村旅游等多种经济形式的协同发展。乡村不仅能够满足基本的农产品需求，还可以通过特色产品的开发与市场推广，实现经济效益的最大化。这种多元化的发展模式，为乡村经济注入了活力，促进了地方经济的全面提升。

乡村的经济功能体现在其对社会就业的积极影响上。乡村的发展不仅为农民提供了丰富的就业机会，也吸引了外部资本与技术的注入，推动了地方经济的发展。随着乡村产业的不断壮大，越来越多的农村居民能够实现就业，进而提高家庭收入和生活水平。此外，乡村经济的发展还带动了相关产业链的形成，从而促进了地方经济的整体发展，形成了良性循环。

在推动乡村振兴战略的背景下，乡村的生产与经济功能也表现出极大的潜力。通过积极推动农业科技创新和产业结构调整，乡村能够实现更高层次的可持续发展。政府和社会各界应共同努力，加大对乡村生产与经济发展的支持力度，包括政策扶持、资金投入及技术培训等，促进乡村生产力的全面提升，提升乡村的竞争力和可持续发展能力。

3. 生态与生活功能

乡村生态价值的核心在于其能够确保人与自然之间的和谐关系。人们在乡村中生活，尊重自然、顺应自然规律，从而形成了一种健康的生存方式，这种自给自足的生活方式不仅促进了生物多样性的存在，也为自然生态的可持续发展提供了广阔的空间。乡村的生态环境通过多样的生态系统和丰富的生物资源，展现出其独特的生态智慧。低碳生活方式的推广，正是这一生态智慧的集中体现，充分符合循环经济发展的理念，彰显出乡村在资源开发与利用方面的独特优势。

乡村生态价值离不开乡村的宜居环境。乡村的宜居环境不仅体现在古村落的历史韵味、农村基础设施的完善及民俗建筑的独特风格，更在于村民之间的和谐相处和丰富的乡村文化，这样的环境为人们提供了身心灵的养生空间，使乡村成为自然舒适的栖息之地。随着乡村建设的逐步深入，挖掘生态价值的重要性愈发凸显。在这一过程中，必须警惕盲目模仿城市建设的趋势，因而可能导致农业链条中出现资源枯竭、生活条件恶化等问题。

为了实现乡村生态价值的有效挖掘与提升，必须强调生态理念的根植与推广。乡村发展不应仅限于经济增长，而应将生态保护与人文关怀融入乡村建设的各个环节。通过合理规划与科学管理，乡村可以在保持其独特生态价值的同时，实现可持续发展，这不仅包括推动绿色农业和有机农业的发展，还应鼓励农民在生产过程中采纳生态友好的技术与方法，从而实现生态与经济的双重效益。

乡村的生态价值需在政策层面得到充分重视。政府及相关机构应制定适宜的政策措施，支持乡村生态环境的保护与建设，鼓励地方社区参与生态治理。通过加强生态教育和公众参与，提高人们对乡村生态价值的认识，使生态保护意识深入人心。只有这样，才能在经济发展与生态保护之间实现良性互动，为乡村的可持续发展提供坚实的支撑。

二、乡村振兴战略规划的类型与层级

（一）乡村振兴战略规划的类型

1. 服务型规划

服务型规划是针对区域发展与资源配置的战略性设计，强调在满足公众需求的同时，推动社会经济的可持续发展，这一规划模式不仅关注物理空间的合理布局，更强调服务功能的优化和提升，以确保各种公共服务的高效性和可达性。通过系统的分析和科学的方法论，服务型规划能够整合不同利益主体的需求，促进公共资源的合理配置，从而增强社会的整体福祉。

在此框架下，服务型规划注重与地方实际相结合，强调因地制宜的原则，力求在服务的多样性与综合性之间寻求平衡。此规划模式不仅重视短期效益，更关注长远发展，通过动态的反馈机制，持续改进服务供给。通过建立高效的协作网络，服务型规划能够有效整合政府、社会组织和市场力量，共同推动区域发展。此外，服务型规划体现了以人为本的理念，强调公共参与的重要性。在规划过程中，充分听取各方意见，尊重地方特色，确保规划成果的科学性与可行性，从而增强其社会认同感和执行力。

2. 制度型规划

制度型规划强调制度的规范性和约束性，通过建立清晰的规则与程序，促进各利益主体之间的协调与合作，以实现社会整体目标。制度型规划不仅仅是一个技术性过程，更是对社会、经济和环境综合考量的系统性体现。在当前复杂多变的社会环境中，制度型规划的有效性体现在其对市场行为的引导与规范。通过制度的设计与调整，可以有效降低市场的不确定性，保障社会资源的公平分配与合理利用。此外，制度型规划还应关注利益相关者的参与和反馈机制，以增强政策的透明度与公信力，确保各方在规划过程中的权利与义务得到充分尊重。进一步而言，制度型规划的成功依赖于持续的评估与修订机制。通过对规划实施效果的定期评估，及时识别制度执行中的问题与挑战，以实现规划的动态调整，这种灵活性不仅有助于应对外部环境的变化，还能促进制度与实践之间的良性互动，增强规划的适应性和前瞻性。因此，制度型规划在推动社会经济发展和生态文明建设中具有重要的指导意义，为实现全面协调可持续的发展目标奠定了坚实的基础。

3. 综合型规划

综合型规划强调多学科的交叉与融合，强调各个领域之间的相互作用与协同效应。在复杂的乡村发展背景下，综合型规划通过整合产业、生态、社会、文化等多方面的因素，有效解决了单一部门规划所带来的局限性，从而提升规划的科学性与可行性。在综合型规划中，强调信息共享与协同机制的建立，以确保各相关部门在规划过程中的有效沟通与合作，这种跨部门的协作不仅提高了资源的配置效率，还促进了政策的协调一致，确保各项政策目标的顺利实现。综合型规划注重对地方特色与需求的深入分析，力求在宏观战略与微观实践之间找到最佳平衡点，以实现精准对接。综合型规划强调动态管理与反馈机制，通过持续的评估与调整，以应对不断变化的社会经济环境，这种灵活性使得规划能够与时俱进，适应新兴挑战与机遇，从而确保规划成果的持久性和有效性。

（二）乡村振兴战略规划的层级

1. 国家级乡村振兴战略规划

国家级乡村振兴战略规划的制定，代表了党和国家对乡村发展的高度重视与支持，该规划旨在为乡村振兴提供系统性、全局性和长远性的指导，确保各项政策措施的有效实施。通过科学合理的战略规划，可以为乡村的可持续发展奠定坚实基础，确保乡村振兴与国家整体发展目标的高度一致。乡村振兴战略规划不仅为未来的发展提供了方向性指引，更明确了发展思路与具体任务，这些任务涉及经济、社会、文化和生态等多方面，形成了一个多维度、立体化的乡村振兴框架。通过明确短期与长期目标、阶段性任务以及具体实施路径，规划为各级政府和相关部门提供了清晰的行动依据与评估标准，促进了各项工作的系统推进。

国家级乡村振兴战略规划强调了政策的协同效应，通过整合资源、创新机制、优化配置，为乡村振兴创造良好的外部环境与条件，这一战略不仅有助于提高农村经济的发展水平，改善农村人居环境，还能够增强农民的获得感和幸福感，从而实现全面建成小康社会的目标。国家级乡村振兴战略规划的实施，将为推动农村现代化和促进区域协调发展注入强大动力，具有重要的理论价值与实践意义。

2. 省级乡村振兴战略规划

在制定省级乡村振兴战略规划的过程中，需综合考虑《国家乡村振兴战略规划（2018—2022年）》的指导原则，以确保省级政策与国家战略的协调一致。同时，规划应紧密结合本省的实际情况，充分反映区域特色与发展需求，形成具有地方特色的实施方案，这一过程强调了同步规划的重要性，即国家与省级之间的政策衔接与互补，确保各项政策措施有效对接。制定过程中应严格遵循 20 字方针[①]，以此作为设计指引，明确各阶段的任务目标，确保任务的细化与可操作性。在此基础上，规划需明确工作重点，合理设计实现路径，为各项工作的顺利推进提供清晰的指引。省级乡村振兴战略规划不仅为各地方部门及相关单位的具体实施提供了宝贵的借鉴，同时也充当了持续推进地区乡村振兴战略实施的根本指南。通过科学合理的规划，可以有效整合资源，提升乡村振兴的整体效能，进而促进地区经济、社会及生态的全面协调发展，这一规划的实施将为实现乡村的可持续发展奠定坚实的基础，并为全国乡村振兴战略的成功推进贡献重要力量。

3. 县域乡村振兴战略规划

（1）县域乡村振兴规划体系

第一，县域乡村振兴战略规划。在当前经济社会转型的背景下，县域乡村振兴战略规划必须以科学的分析为基础，通过全面调研和系统研判，明确乡村振兴的基本定位及实现目标，这一过程需要综合考虑环保、产业布局、地域空间、文化建设、人才培养、创新创业、绿色生态以及有效的运行机制等多个方面。在此基础上，县域乡村振兴战略规划应着眼于新的城乡关系，充分把握国家城乡发展的总体趋势，深入分析人口与产业之间的辩证关系，以识别乡村发展的关键问题，这一规划不仅需要关注乡村的传统优势和特色资源，还应着重分析乡村发展的动力机制，推动形成合理的产业体系，从而提升乡村经济的整体活力。

县域乡村振兴战略规划应指导村庄的空间布局，以科学的规划重构乡村发展体系，强化乡村与城市的联系，促进城乡资源的有效流动与整合。通过构建乡村与城市的融合战略布局，县域乡村振兴战略规划将为实现乡村的可

---

① 20 字方针指产业兴旺、生态宜居、乡风文明、治理有效、生活富裕。

持续发展提供有力支撑，确保在新的发展阶段，乡村能够以更强的韧性与活力融入国家经济社会发展大局中。

第二，县域乡村振兴总体规划。县域乡村振兴总体规划需以战略规划为指导，综合考虑土地利用、基础设施建设、公共服务设施、空间布局及重大项目等各方面内容，进行系统化的部署与具体安排，这种综合性规划不仅为乡村振兴提供了明确的方向，还确保了各项措施的协调实施，从而推动乡村的全面发展。

在县域乡村振兴总体规划中，分项规划的编制至关重要。通过根据实际需要制定涵盖农业产业、旅游产业及生态宜居等专项规划，能够有效补充总体规划的细化要求，这些专项规划不仅提升了整体规划的专业性与针对性，还为乡村振兴提供了多样化的路径选择。此外，县域乡村振兴总体规划应重视重大项目的选择与实施。通过确定具有综合带动作用的重点项目，从点到面进行布局，能够在实际操作中实现资源的高效配置与有效利用，这种项目驱动的发展模式将促进乡村经济的转型升级，增强乡村的自我发展能力。

（2）县域乡村振兴的规划内容

第一，在县域乡村振兴的规划内容中，需要进行全面的综合分析，这一过程应当涵盖城乡发展关系及乡村发展现状的深度剖析，依赖于翔实的现场调研、访谈、资料收集与整理等方法，以形成全面而系统的认识。通过分析区域内外的经济、社会、文化、生态等多种因素，能够为制定科学合理的振兴规划奠定基础。此外，分析过程中还需关注居民的需求与期望，以确保规划的科学性和可操作性。

第二，明确战略定位及发展目标至关重要。乡村振兴的战略定位需在国家乡村振兴战略与区域城乡融合发展的框架下进行系统性思考，这一定位应充分结合地方实际，运用顶层设计的理念，通过乡村适应性原则，明确主导战略、发展路径及模式。同时，制定发展目标时，应依据国家政策文件中的阶段性任务及时间节点，并结合现状条件，提出切实可行的发展目标，以确保目标的合理性与可实现性。

第三，行动计划的制定应包括多个方面：① 需构建基本的制度框架和政策体系，明确具体的行动目标，以指导后续的实施工作；② 需将总体目标细化为具体的行动任务，这包括推进农村土地综合整治、加快农业经营与产业体系建设、促进一、二、三产业的深度融合，以及实施产业融合项目的落地计划，同时，为了保障各项工作的顺利推进，政策支持、金融支持和土地支持等保障措施的制定也显得尤为重要；③ 应合理安排近期工作，确保短期目标与长期战略的有机衔接，以提升乡村振兴的整体效能和可持续性。

三、乡村振兴战略规划的编制阶段

（一）前期准备阶段

在乡村振兴战略规划的前期准备阶段，包括组织准备、技术准备、物资准备、资料准备、现场调查、勘查和资料收集等环节，这些环节确保规划的科学性和可操作性。

组织准备阶段：在规划合同签订后，需迅速组建一个由各领域专业人士组成的规划编制组，该编制组应初步拟定调研大纲，明确研究内容与分工，并选定主要负责人及多位专业负责人，以便高效分配任务、协同工作。为提升规划质量，还应建立一个由相关领导与专家组成的顾问咨询团，该团体将为规划提供专业意见与指导，确保各项工作沿着正确方向推进。

技术准备阶段：规划主持人需制定详尽的工作计划与调研大纲，并召开规划启动会，以明确各专业负责人的任务与完成时间。同时，各专业负责人需提交资料清单、编制调查表格以及拟定现场答疑问题。针对以往未曾涉及的领域，规划团队还应组织技术培训或引进外部专家，以增强团队的专业素养与实地调研的有效性。

物资准备阶段：准备好全球定位系统设备、录音笔等实地调查所需的物资，确保在调研过程中能够高效、准确地记录数据。此外，有时还需要与当地联系，安排勘察备用车辆，以确保调研工作的顺利进行。

资料准备阶段：初步资料收集应通过网络查询、电话交流及邮件传递等方式进行。与此同时，需提前制定各专业调查资料清单、调查问卷或访谈提纲，以便在实际调查中有的放矢。充足的资料准备将为后续的现场调查提供必要的背景信息和参考依据。

现场调查阶段：规划组应奔赴现场进行实地调研，积极收集相关资料，主动与当地领导和专家进行座谈，深入了解当地情况与政府的规划需求。通过发放调查表和补充资料清单，规划组应与相关人员展开深入的沟通与交流，召开座谈会以讨论各类问题。为提高调研效率，规划组应提前将调研方案发送给相关单位，确保当地主要负责人邀请涉及的部门分管领导或技术人员参与座谈与讨论，从而全面了解规划区及周边区域的农业发展状况、存在的问题及未来的发展思路。

勘查阶段：勘查的重点应放在当地的标准化种植基地、规模化养殖场及龙头企业等单位。通过与当地专家或一线生产人员的深入交流，规划组可以获取大量的一手资料，这些资料对于形成科学合理的规划至关重要。

资料收集阶段：在与当地各部门进行交流的过程中，规划组应收集各行业发展的统计数据、规划资料、产业分布图、相关建设标准和地方优惠政策等信息。这些资料将为后续的分析与决策提供坚实的数据支持，有助于形成切实可行的乡村振兴战略规划。

（二）征求意见阶段

初稿研讨阶段：在初稿研讨过程中，委托方对初稿进行审阅，并提出具体的修改意见，这一环节不仅有助于发现初稿中潜在的问题和不足，还能确保规划文本与委托方的需求和期望相一致。初稿研讨的目的在于充分发挥各方的智慧，聚集多元化的视角，以提升规划的科学性和全面性。

反馈交流阶段：编制方需积极到现场与委托方进行面对面的交流，深入探讨规划初步成果并听取反馈意见。如果初稿与委托方的期望存在显著差距，编制方还应派遣相关专业人员到现场进行必要的补充调研，这种针对性的调研能够为规划提供新的视角和数据支持，确保规划方案的准确性和可行性。

意见反馈阶段：编制方应通过多次讨论与研究，对规划文本进行修改与完善。此阶段强调与相关领导及职能部门的多次沟通交流，以确保各方意见的充分融合和规划的最终完善。通过反复地修订，形成规划送审稿，以待进一步审议和批准。

（三）规划编制阶段

规划编制大纲阶段：规划编制大纲应详细列出各章节所涵盖的具体规划内容，确保各方意见得到充分反映。在双方达成一致意见后，需根据各自专业领域将任务分配给团队成员，并明确各自的任务完成时间，这一环节不仅为后续工作奠定了基础，也为团队的协作与高效推进提供了保障。

明确规划的总体思路、功能定位与区域分区阶段：在明确总体思路过程中，合理的框架方案能够为后续的详细规划提供战略指导，确保各项内容的逻辑性与系统性。通过对功能分区的合理划分，编制组能够更清晰地认识各区域的发展需求与潜力，从而优化资源配置与政策导向。

规划内容阶段：在规划起草阶段，各专业负责人员依据调查所掌握的资料，与委托方进行多次沟通，确保所撰写的规划内容切实反映实际情况。在规定时间内，各自完成章节内容及相关图纸的绘制后，规划负责人将负责文本的整合工作。经过充分的讨论与交流，编制组将形成规划初稿，以便于后续的评审和修改。

（四）评审报批阶段

召开评审会阶段：评审会通常由双方协商组织，或由当地农业主管部门依据相关要求进行。在会议中，编制方需制作详尽的幻灯片，对规划的主要内容进行汇报，并解答专家与参会者提出的问题，这一环节不仅提供了一个平台，使各领域的专家能够集中讨论规划内容，提出意见和建议，还为编制方提供了宝贵的外部视角。通过对规划的全面评审，专家们能够从不同的专业角度分析规划的可行性与有效性，形成具有建设性的评审意见。

修改与完善规划阶段：对规划进行修改与完善的过程至关重要，因为它确保规划内容能够更好地反映实际需求与发展方向。在完成最终报告后，所有相关的规划报告、表格及图纸需进行系统的整理与装订，并加盖公章，确保其正式性和权威性。最终的报告不仅是对前期工作的总结，也是向甲方提交的正式文件，标志着规划进入实际实施的准备阶段。

四、乡村振兴战略规划的核心重点

（一）提升战略思维水平

战略思维不仅需要广阔的视野和深邃的思考，还需具备系统性和前瞻性。真正有效的战略应当是逆向思维的体现，从未来的目标和愿景出发，反推当前的行动和布局，这一过程强调在战略规划中，不仅要关注现有资源的配置与利用，还要深入分析未来目标与当前能力之间的差距，以便制定出切实可行的战略方案。

1. 方向感

有效的战略规划应当能够清晰地描绘出未来的发展蓝图，使相关人员明确未来的发展目标及其实现路径。许多地区在规划中存在战略思维不足的问题，未能充分体现战略要求。因此，提升规划的战略思维，需要通过深入地研究与分析，明确未来的战略方向，确立可行的实施步骤，使实施者对规划的未来有清晰的认知，并在日常工作中积极落实这些方向。

2. 探索感

探索感不仅是对未知领域的探索，更是唤起组织成员创新与创业的精神。通过鼓励参与者在面对问题时主动寻找解决方案，激发其创造性思维和应对能力，可以有效提升整个组织的动态应变能力。战略思维的提升，要求组织在面对变化时，保持灵活性，能够及时调整策略，以适应不断变化的环境。

3. 命运感

通过建立利益相关者之间的有效联结机制，增强他们的参与感和责任感，能够促进各方在战略实施中的协同合作。构建"命运共同体"，实现各参与者的共赢，是提升战略实施效率的重要途径。在乡村振兴战略的实施过程中，形成有效的利益联结机制，不仅能激励参与者积极推进战略目标的实现，还能使各方在实践中获得更多的利益与成就感，从而形成良性的互动关系。

4. 开放性与包容性

在全球化与科技快速发展的背景下，乡村振兴的战略规划应当具备广泛的视野，综合考虑外部环境的变化与区域竞争的动态。增强规划的开放性，能够有效规避因缺乏创新而导致的战略同质化，确保乡村振兴战略在竞争中保持特色与优势。通过引导各利益相关者的积极参与，形成广泛的合作网络，能够提升战略实施的协同性与有效性。包容性强调区域间、城乡间的发展协调，能够为乡村振兴注入更多活力。通过区域之间的品牌联合、公共服务平台的合作建设，以及产业联盟的培育，可以形成合力，推动乡村各项事业的全面发展。在这种开放与包容的环境中，乡村振兴的多元化目标将得以实现，促进乡村的整体性、协同性提升，进一步增强乡村的多种功能与价值。

（二）加强粮食和关键农产品的稳产保供工作

1. 推进粮食生产工作

随着全球人口的不断增长，粮食需求量的增加对农业生产提出了更高的要求。因此，稳定种植面积不仅有助于保障粮食的基本供给，更为提升粮食单产创造了条件。同时，科学合理的土地利用及土壤保护措施应得到充分重视，以实现土地资源的可持续利用。在此基础上，采用高效的耕作技术和先进的栽培模式，有助于显著提高单产，进而提升整体粮食生产能力。

新型农业科技的应用，尤其是高产抗逆性品种的研发与种植，将有效提升粮食生产的抗风险能力和适应性。此外，推广先进的农业机械化设备和信息化管理系统，不仅能够提高生产效率，还可减轻农民的劳动强度，从而促进农民的生产积极性和收入水平的提升，这些技术创新的实施，要求相关部门加大对农业科研的投入，并建立健全相应的技术推广体系。

全面加强农业基础设施建设，特别是灌溉系统、交通运输网络及储存设施的建设，可以有效提高粮食的生产与流通效率。同时，强化农业机械化水平和技术支持，对于提升粮食生产的整体能力至关重要。此外，构建健全的管理机制和监督体系，确保粮食生产政策的有效实施与落实，也是实现粮食安全的重要保障。

鼓励农民积极参与优质粮食生产，通过建立订单生产模式，引导农民向高质量、绿色、有机的农业方向发展，有助于提升粮食的市场竞争力和经济效益。注重耕地保护，确保耕地面积不减少，维护土壤质量，为粮食生产的可持续发展提供必要条件。在此过程中，加强政策的引导和支持，促进农业与农村经济的全面发展，最终实现粮食生产与生态环境的和谐共生。

2. 加大力度扩种大豆油料

推进大豆和油料的产能提升工程，对于满足日益增长的植物油需求和增强国内市场的自给能力具有重要意义，这一过程需要强化大豆的种植技术与管理，通过创新种植模式，提升单产和抗逆性，以确保大豆供应的稳定性。

扎实推进大豆与玉米的带状复合种植，可以充分利用土壤资源，提升土地的使用效率。支持东北、黄淮海地区开展粮豆轮作，不仅有助于改善土壤结构，提升土壤肥力，还能有效控制病虫害的发生，促进农业可持续发展。此外，开发盐碱地种植大豆的潜力，既能实现资源的有效利用，又能改善区域生态环境，促进农业生产的多样化。

在政策支持方面，完善玉米大豆生产者的补贴措施，将为农民提供稳定的收入保障，鼓励其扩大大豆的种植面积。同时，实施大豆的完全成本保险和种植收入保险试点，能够有效降低农民的经营风险，进一步提升大豆种植的积极性。

统筹油菜的综合性扶持措施，推行稻油轮作，开发利用冬闲田种植油菜，将为油料作物的生产提供更多的支持和保障，这些措施的实施将有助于全面提升大豆及油料的生产能力，推动农业的结构调整与优化，实现经济效益与生态效益的双重提升。

3. 统筹粮食和重要农产品调控

加强粮食应急保障能力的建设，能够有效应对突发事件和市场波动，保障粮食供应的稳定性。通过建立健全粮食应急预案和快速反应机制，能够在危机发生时迅速调配资源，确保市场供应和价格稳定。

强化储备和购销领域的监管。通过完善监管机制，能够确保粮食储备的安全性和有效性，防止囤积居奇现象的发生，维护市场秩序。此外，落实生猪稳产保供的省负总责制度，强调以能繁母猪为主的生猪产能调控，能够有效平衡市场供需关系，确保猪肉供应的持续稳定。

严格"菜篮子"市长负责制的考核，将促进地方政府在保障居民基本生活需求方面的责任落实。同时，完善棉花目标价格政策和糖料蔗良种良法技术推广补助政策，将进一步稳定主要农产品的生产和市场价格，增强农民的生产积极性。

对于天然橡胶的扶持政策，能够有效推动相关产业的健康发展，加强化肥等农资的生产、储运调控，确保农资供应的稳定性。发挥农产品国际贸易的作用，深入实施农产品进口多元化战略，能够增强国内市场的弹性，降低对单一市场的依赖。

深入开展粮食节约行动，推进全链条节约减损，健全常态化、长效化工作机制，有助于提升粮食资源的利用效率，实现可持续的农业发展。通过上述措施的综合实施，能够在全局上实现粮食和重要农产品的科学调控，为保障国家粮食安全打下坚实基础。

4. 建立多元化食物供给体系

树立大食物观念，推动粮经饲统筹、农林牧渔结合、植物动物微生物并举的理念，以此为基础分领域制定实施方案，形成系统化的食物供给结构。这种综合性布局不仅能有效整合资源，提高生产效率，还能够满足日益多样化的消费需求。

建设优质节水高产稳产的饲草料生产基地，将为动物养殖提供稳定的饲料供应。与此同时，加快苜蓿等草产业的发展，可以提升饲料的营养价值，保障动物的生长与生产性能。此外，大力发展青贮饲料和推进秸秆养畜，将有效利用农业废弃物，减少资源浪费，实现农业循环经济。

发展林下种养模式能够提升生态效益，促进农业的多样性和生产的可持续性。深入推进草原畜牧业的转型升级，合理利用草地资源并推进划区轮牧，能够有效保护草原生态，增强畜牧业的生产能力。

科学划定限养区和发展大水面生态渔业，有助于优化水资源的配置，促进水产业的可持续发展。同时，建设现代海洋牧场，发展深水网箱和养殖工船等深远海养殖模式，将推动海洋资源的合理开发与利用。培育壮大食用菌和藻类产业，能够丰富食物来源，提升营养结构。

加大食品安全及农产品质量安全监管力度，健全追溯管理制度，是确保食物供给体系安全与稳定的基础保障。通过多元化的食物供给体系，不仅能够满足人民日益增长的生活需求，还能推动农业和农村经济的全面发展，实现可持续的生态环境与经济增长。

5. 推进现代化设施农业发展

实施设施农业现代化提升行动，将为农业生产提供更为科学、智能化的支持，提升整体生产效益。通过引进先进的农业设施与技术，可以实现资源的优化配置，提高作物的产量与质量。

加快水稻集中育秧中心和蔬菜集约化育苗中心的发展，这一过程不仅能够有效集约土地资源，降低生产成本，还能提升种植效率与苗木品质，为后续的种植环节打下坚实基础。此外，粮食烘干、农产品产地冷藏及冷链物流设施的建设，将为农产品提供安全、可靠的储存和运输条件，延长其保鲜期，减少损耗，从而进一步增强市场竞争力。

集中连片推进老旧蔬菜设施的改造提升，对于提升设施的使用效率、改善生产环境具有重要意义。通过对畜禽规模化养殖场和水产养殖池塘的改造升级，能够促进养殖业的标准化和规模化，提升动物福利和产品质量。

在生态保护与用水总量不增加的前提下，探索戈壁、沙漠等区域的设施农业发展，展示了农业可持续发展的新方向，这一策略将为新型农业模式的探索提供理论依据和实践经验，促进农业的多元化发展。通过鼓励地方政府对设施农业建设给予信贷贴息，将进一步激发投资活力，推动现代设施农业的全面发展，从而实现农业高质量发展的目标。

（三）拓展网络经济的视野和角度

在当今信息化时代，网络经济的拓宽视野与角度成为推动社会经济发展的重要驱动力。网络经济不仅改变了传统经济的运作模式，更为实现高效资源配置提供了新路径。强调网络的节点与链接的有机结合，能够在乡村振兴等战略实施中，形成良好的互动关系，促进资源的精准对接与共享。

在实施乡村振兴战略的过程中，拓宽网络经济的视野，要求规划者能够更全面地考虑不同要素间的关系，尤其是信息、资金和人才的流动。网络效应的发挥，可以通过加强不同区域、不同主体间的协作与互动，进而提升乡村经济的整体活力。网络经济强调的合作与共赢理念，将有助于各类社会组织与新型经营主体在乡村振兴中形成合力，从而推动地方经济的转型升级。

在乡村振兴战略规划过程中，需特别关注在网络中形成的正向反馈机制，通过资源的优化配置，使乡村经济实现可持续发展。这不仅是对传统经济模式的有效补充，更为乡村振兴战略的成功实施奠定了坚实的基础。

第二章
新时代乡村产业振兴及
数字化实践研究

新时代乡村产业振兴及数字化实践研究聚焦数字技术推动乡村产业的转型升级，现代化农业技术、数字化管理和互联网平台的应用，提升农业生产效率与农产品附加值，促进乡村经济多元化发展。本章主要论述新时代产业振兴的规划原则与内容、农业现代化及技术应用、农产品品牌建设与网络营销。

第一节　新时代产业振兴的规划原则与内容

一、新时代产业振兴的规划原则

（一）总体要求方面的原则

在总体要求方面，必须坚持全面发展与提升标准的原则。农业规划区的建设不仅应关注经济效益的提升，还需兼顾生态保护和社会责任，确保农业的可持续发展，实现这一目标需要从高起点、高标准、高品质和高效益的维度进行系统性布局，强化农业基础设施建设和技术创新，推动资源的优化配置和高效利用。

农业规划区应积极引入先进的生产模式和管理理念，促进传统农业与现代科技的深度融合，鼓励集成利用各类农业生产要素，通过科学的规划和管理，实现产出效率和资源利用率的最大化。同时，应加强对农业生态环境的保护，推动绿色农业和循环经济的发展，以确保在提升产值的同时，维护生态平衡。农业规划区应注重与市场的紧密联系，针对消费者需求进行精准定位，通过多样化的产品结构提升市场竞争力。

（二）总体布局方面的原则

在总体布局方面，必须坚持优化空间布局与推动产城融合发展的原则。科学的空间布局是提高农业规划区综合效益和竞争力的关键，应综合考虑资源、市场及生态环境等多种因素，确保产业的合理分布与高效运作。通过明确规划区内的主导产业，能够有效引导二、三产业向核心区域集中，实现产业间的协同发展与优势互补，进而促进区域经济的全面提升。规划区应重视基础设施的完善与配套，增强交通、信息及服务体系的互联互通，以提升资源流动效率和生产要素的集聚效应。在此过程中，产业与城市的深度融合不仅能促进经济结构的优化升级，还将推动社会功能的多元化发展，增强居民的生活品质和幸福感。关注生态环境的可持续性是总体布局不可或缺的一部分，合理的空间规划应体现出对生态保护的重视，以实现经济与环境的协调共生。

（三）统筹发展方面的原则

在统筹发展方面，必须坚持产业融合与协调发展的原则。农业规划区的建设应充分依托当地的优势资源，通过引导市场主体实现集群发展，从而形成一个相互促进的产业生态系统。通过建立标准化生产基地与发展农产品加工业，可以有效促进全产业链的协同发展，进而实现资源的最优配置与利用。统筹发展应强调龙头企业的引领作用，这些企业不仅是生产与加工的核心，更是推动技术创新与市场拓展的重要力量。通过加强生产基地与加工环节的依存关系，形成上下游协作的紧密联系，能够有效提升整体产业的竞争力与市场响应能力。促进现代生产要素的集聚，如人力资源、技术与资金，将进一步推动规划区主导产业的规模化与专业化发展。

（四）规划推进方面的原则

在规划推进方面，必须坚持统筹规划与分步实施的原则，这一原则要求规划区的总体设计充分体现全局性和长远性的考虑，确保在资源配置、空间布局和产业发展上具有前瞻性与科学性。规划过程中，应明确重点区域和重点产业，以便在实施阶段能够集中力量优先发展，形成有效的产业集聚效应。

在规划区的发展初期，应着重建设核心区，强化科技研发与高端高效产业的布局，以此奠定区域经济的基础。随着规划区发展到一定阶段，需逐步拓展至其他区域，全面推动其他产业的协调发展。这一过程不仅要求科学合理的时间安排，还需根据市场需求与产业特点，灵活调整发展策略，实现重点产业与配套产业之间的有机结合。通过分期推进和分步实施，可以实现边建设、边生产、边运营、边受益的良性循环，确保在建设过程中不浪费资源，提高经济效益。此外，强调与相关政策的有效对接，确保各项措施的落实与执行，以便及时响应市场变化与技术进步，促进规划区的持续健康发展。

（五）示范推广方面的原则

在示范推广方面，必须坚持科技创新与技术实用的原则。规划区内的示范推广活动应优先选择成熟且实用的技术，以确保参与各层次人员的有效接受与使用，这种选择不仅能够降低技术推广的风险，还能增强各参与者的信心，促进技术的广泛应用与推广。

作为农业科技研发与创新的基地，农业规划区应积极引进国内外的先进技术、新品种以及创新团队或人才，以不断增强其科技实力。通过引入前沿技术和创新人才，能够有效提升农业生产的科技含量，从而推动农业产业的转型升级与可持续发展。加强与科研机构、高等院校和企业的合作，形成产学研一体化的创新体系，将有助于加速新技术的应用与推广。规划区还需建立健全技术服务与支持体系，通过培训、技术指导和示范点建设等方式，增强参与者对新技术的认知与掌握，确保技术推广的顺利实施。通过这样的努力，可以有效引领当地农业技术水平的整体提升，提升农业生产的效率和效益，进而促进区域经济的全面发展。

（六）实施建设方面的原则

在实施建设方面，必须坚持政府引导与多方参与的原则，这一原则强调政府、企业与农民三方在现代农业规划区建设中的各自独特角色与功能，确保三者之间的分工明确，避免职能重叠与资源浪费。政府作为引导者，应当发挥其宏观调控与政策支持的作用，成立专业化的规划区管委会，以统筹协调各项建设工作。政府领导层应积极参与，确保基础设施建设和公共服务的高效实施，同时制定并落实相关支持政策，为规划区的发展创造良好的环境。

企业在实施建设中应负责具体的产业发展、产品开发与市场营销，确保业务的专业化与市场导向，避免政府的过度干预。企业作为市场主体，应以创新为驱动力，推动现代农业技术的应用与产业结构的优化，增强市场竞争力和经济效益。农民作为参与者，应积极融入产业发展的各个环节，从生产、加工到销售，确保其在产业链中的有效参与，这不仅有助于提升农民的技能与素养，还能使其分享产业发展带来的增值收益，形成利益共享的良好局面。

二、新时代产业振兴的规划内容

在新的时代条件下，面对乡村产业发展的众多难点、重点和痛点，深入总结乡村产业振兴实践中积累的宝贵经验，对于推进乡村产业振兴实现产业兴旺至关重要[①]。

---

① 何建华. 新时代乡村产业振兴基本经验研究［D］. 重庆：西南大学，2023：5.

（一）坚持群众主体

坚持群众主体在产业发展过程中至关重要，它不仅体现了群众在经济活动中的核心作用，也充分发挥了群众的能动性和创造性。在追求产业兴旺的过程中，群众作为主体力量应得到尊重和支持，通过激发其内在动力，以实现长远的经济发展目标。群众的主体性价值主要体现在其对产业发展的深度参与和主动性中。在发展过程中，聆听群众的需求、愿望与诉求，不仅能够确保政策与措施的有效性，更能够增强群众对发展的认同感和归属感，形成内外一致的推动力。

在具体实施过程中，产业发展应采取多元化的协作机制，以确保群众的利益能够得到体现，并建立符合当地实际的参与机制，从而在产业发展的各个阶段中保持群众的积极性。此过程中，应注重群众自主性的发挥，通过政策引导和资源支持，让他们真正成为产业兴旺的决策者和实践者，这不仅能有效提升群众的成就感，还能强化产业链的内生动力，使其在市场竞争中具备更强的韧性和适应性。

（二）坚持党建引领

基层党组织在推动产业发展的过程中发挥了组织动员和统筹协调的重要作用。通过夯实党的建设基础，基层党组织不仅为产业发展提供了坚实的组织保障，还在乡村治理中构建了有力的支持系统。产业的兴旺离不开人才的持续注入，而党建工作通过强化组织凝聚力和人才吸引力，有效地阻止了人才流失，从而为产业提供了长效的人才支持。此外，党建引领为产业发展提供了稳定的思想和政策指导，为基层干部提供了更加清晰的发展方向和工作目标，确保了上级政策在基层的高效落实。

在推动产业发展的过程中，基层党组织不仅要注重加强党组织自身建设，还要积极探索适应乡村经济实际的党建路径。通过优化党组织的组织能力和执行力，激发基层干部的创新活力，使党组织能够更好地服务于产业发展。

党建工作与产业发展紧密结合，既提升了党组织的影响力，又增强了乡村经济的可持续性，二者形成了良性互动。

（三）坚持规划先行

科学的规划不仅为产业发展提供了清晰的方向，还在发展进程中起到了整合资源、优化布局的关键作用。通过合理的规划定位，明确产业发展的任务和步骤，有助于在复杂的乡村生态和经济环境中统筹各类资源，保障产业兴旺的实现。在规划过程中，需严格遵循多规合一的原则，确保产业规划与土地利用规划、生态保护规划和区域经济规划等相互协调，形成一个相互支持、融合发展的体系。如此一来，不仅能减少资源浪费，还能有效规避各类可能的矛盾冲突，为产业发展营造良好的政策与资源环境。

规划的科学性和可持续性要求将产业发展与乡村总体发展目标有机结合，确保规划既具有科学性，又符合乡村长远发展需求。规划的落实不仅是短期的任务，更是一项需要长期坚持的战略措施，任何产业的成熟和壮大都需要时间积累。因此，规划的实施应有稳定的目标导向，避免因急于求成或管理中断而影响产业的可持续发展。坚持规划先行为产业兴旺提供了科学的、系统性的支撑，不仅是推动乡村经济发展的必要路径，更是实现乡村长效振兴的关键保障。

（四）坚持真抓实干

产业发展过程中，需要杜绝形式主义，避免一味地追求速度和规模，而忽视产业的质量和长远性，真抓实干要求各方在产业规划与实施中保持理性，摒弃急功近利的心态，真正将发展落实到实处，逐步积累资源和经验，稳步推进。特别是在各地区探索自身产业特色的过程中，真抓实干能够有效避免同质化倾向，通过注重内在优势和资源禀赋，形成具有竞争力的独特产业结构，保障发展具有持续性和创新力。

真抓实干要求在产业发展中建立健全的落实机制，强化责任意识，确保各级管理层在实际工作中不断反思和调整，从而使产业发展具备良好的韧性和适应性。通过真抓实干，产业才能在现实的考验中成长，避免资源浪费，形成良好的产业生态圈，这一务实态度不仅推动了产业的健康发展，还为乡村经济的长期兴旺提供了切实可靠的支撑，有助于形成乡村可持续发展的动力体系。

（五）坚持因地制宜

1. 突出本地特色

农业是乡村振兴的根基，是确保粮食安全、维系农民生活的核心产业。在实践中，要结合本地的生态特点和气候条件，优先发展适宜种植或养殖的农业形式，既能保证产出效率，也能优化资源利用率。同时，因地制宜的农业发展还可以强化与旅游、生态保护等功能的融合，实现农业的多功能性。通过农旅结合、生态农业等模式，农业产业链可以延伸至休闲、观光、教育等领域，使农业具备更高的附加值和更广泛的社会服务功能。

2. 注重可持续发展

坚持因地制宜应避免片面追求经济效益而忽视环境保护。产业兴旺的前提是资源的合理开发和生态系统的良性循环，因此因地制宜应包括环境承载力的考量，确保在产业发展过程中对生态环境的保护与修复。同时，在构建具有区域特色的产业体系中，还需不断引入绿色技术，推动产业的高质量、绿色化发展，使得产业发展既能提升经济效益，又能够符合生态保护的长远目标。

（六）坚持改革创新

1. 土地资源的改革与承包机制的创新

农村土地承包制度是农业生产的基本保障，但其长期发展中暴露出一些资源闲置和利用率低下的问题。通过确权颁证、产权延续等方式，可以使农户和村集体在土地使用中实现权责分明，进一步明确集体所有制和农户承包制的关系，使集体在土地使用的规划、管理、调控等方面拥有更大话语权，确保资源合理配置。加快推进土地利用体系的完善，将国家政策与地方需求相结合，提高土地整治和利用的效果，使得土地的潜在价值得以充分发挥。通过激发农户和村集体的积极性，推动土地资源在更大范围内的有效使用，实现集体经济的持续增长。

2. 社会服务机制的建设与创新

构建多元化的农业社会化服务体系，不仅能够有效满足农村产业发展的多样化需求，也能够为现代农业提供强有力的支持。以"三位一体"的改革为导向，鼓励社会各部门、行业共同参与农业服务，整合各类支农政策，从而优化服务的多元性与市场化程度。通过创新社会化服务主体，引入资金支持形式，可以有效发挥技术专家、农业顾问和养殖专业人士的作用，为产业兴旺提供专业支持。政府资金支持形式的创新，如通过购买服务推动项目推广，将激励各类社会资本投身乡村服务，促进农业服务企业的规模扩展与效率提升，推动农业现代化建设目标的实现。

3. 财政机制的创新

农业发展资金的分散和缺乏统筹，往往导致资源配置不合理，影响了农村产业的发展效果。通过整合涉农资金，构建统一的统筹机制，可以使资源向现代化程度高、发展潜力大的项目倾斜，鼓励创新型企业发展，提升产业活力。资金支持模式的创新，如补贴、担保等方式的引导，能够有效解决农村产业发展中融资困难的问题，同时保障了资金的合理流动和使用效益。通过引导工商资本的参与，为涉农项目提供切实可行的参考和支持，能够实现资金与产业需求的有效对接。财政机制的持续优化为农村经济提供了坚实的支持，确保"三农"服务项目获得可持续发展，使产业兴旺的实现具备坚实的资金基础。

第二节　农业现代化及技术应用

一、农业现代化内容与体系

农业现代化是中国式现代化的重要内容和战略基点[①]，是农业发展的未来形态，从本质上说，农业现代化是要通过农业变革，实现农业的生产效率和经济效益的提升。农业现代化水平直接影响我国加快建设农业强国的发展进程，切实关乎中华民族伟大复兴的战略布局[②]。

就本质目标而言，农业现代化就是要实现两个提升：① 提升农业经济的效率；② 提升农业经济的效益。效率的提升主要是指通过农业的变革来提高农业生产力的综合水平，主要表现为"增产"，即农业产量产值得以不断增长，在国民经济中的地位和贡献得到巩固和提升。效益的提升主要指农民"增收"，即农业生产的社会经济效益得到改善和提高。

（一）农业现代化的主要内容

1. 农业劳动者现代化

现代化农业劳动者应具备全面的素质，包含科学技术水平、创新意识和管理能力，这一过程要求劳动者具备较高的教育背景，并不断更新知识储备，以适应日新月异的农业科技发展。农业劳动者现代化的实现，不仅依赖于先进技术的掌握，还需要其具备敏锐的市场洞察力和适应法律规范的能力，以保障农业生产的可持续性。现代农业劳动者应能够高效运用现代化生产设备，

[①] 罗必良. 中国农业现代化：时代背景、目标定位与策略选择 [J]. 国家现代化建设研究，2023，2（1）：65.

[②] 孔陇，赵福昕. 中国式现代化进程中推进农业现代化发展的理论逻辑、现实短板与实践进路 [J]. 石河子大学学报（哲学社会科学版），2023，37（6）：7.

实施精细化管理，优化资源配置，提升生产效率，还应具备创新思维和开拓意识，以应对农业发展的多重挑战，推动产业链的延伸和价值链的提升。

2. 农业组织管理现代化

农业产业组织方式现代化强调专业化与社会化的深度融合，以更高效的资源整合和专业分工提升整体生产力。通过建立覆盖农业全产业链的服务体系，不同环节的专业化组织各司其职，逐步形成产前规划、产中生产、产后服务等功能分工的完整体系，实现农业产业的高度社会化与协同运作。农业企业经营管理现代化的关键在于建立适应市场经济的治理结构，完善管理制度，以企业化、科学化的管理方式提升资源配置效率和经济效益。为此，现代农业企业需引入先进的管理工具与方法，加强对管理流程的优化，构建以市场需求为导向的高效管理模式。农业组织管理现代化应注重社会效益的实现，以兼顾经济效益与社会责任为目标，推动现代农业产业链在生态和经济层面实现协调发展。

3. 农业生产手段现代化

农业生产手段现代化涵盖机械化、电气化、水利化和园林化等多个方面。机械化是农业生产手段现代化的核心，通过广泛使用农业机械设备，逐步替代传统的手工劳动，显著提升劳动效率和农业产出水平；电气化则推动农业进一步向自动化迈进，通过电能在农业生产中的广泛应用，提高了机械化的效能，为农业科技发展提供持续动力；水利化的实现以完善的水利设施为依托，通过建设高效灌溉和防洪排涝系统，保障水资源的合理分配和有效利用，支撑农业生产的稳定性与抗风险能力；园林化在现代农业中发挥重要的生态作用，以系统治理为主导，通过土壤改良、绿化等措施，营造良好的农业生态环境，从而实现生态效益和经济效益的平衡与共赢。农业生产手段现代化的全面推进，有助于构建可持续、高效的农业生产体系，满足现代农业发展的多元需求。

4. 农业生产技术现代化

农业生产技术现代化的核心在于将现代科学技术应用于农业生产过程，涵盖良种化、绿色化和种养技术改进等多个方面。

良种化通过运用现代生物技术，包括基因工程、细胞工程和杂交育种等，推动优良品种的培育与推广，以提升农产品的产量和品质，这一过程不仅提高了作物的抗逆性，还促进了生物多样性的维护，有助于农业的可持续发展。

绿色化强调在农业生产中合理利用化学产品，以减少化肥和农药的使用，实现对环境的保护与农产品质量的保障。通过采用测土配方施肥以及有机与无机肥料的合理搭配，农业生产能够在提高产量的同时，确保产品的安全性与生态友好性，这一策略有助于实现资源的高效利用，降低对生态环境的负面影响。

改进种养技术涉及多种农业实践，包括作物的轮作、间作与生态养殖等，旨在优化动植物的生长环境，提高资源利用效率，这些技术不仅提升了土地的生产率与经济效益，还促进了农业生态系统的健康发展。农业生产技术现代化的推进，为实现高效、绿色和可持续的农业发展提供了坚实的基础。

（二）农业现代化的支持体系

农业现代化的支持体系不仅包含了政策和法律的保障，还涵盖了财政金融支持和市场流通与科技服务等多个维度。构建有效的农业现代化支持体系，对于提升农业的整体素质、效益和竞争力具有重要意义。

1. 政策和法律支撑体系

政策和法律支撑体系通过制定和实施相关政策法规，确保农业发展方向的正确性与稳定性。政策支持应聚焦于土地承包权的保障、农业生产要素的合理配置以及农业创新与科技推广的促进。良好的法律环境能够激励农民积极参与农业生产与管理，鼓励各类社会资本进入农业领域，从而推动农业现代化进程的加快。此外，政策的灵活性与适应性也应与时俱进，能够根据农业发展阶段的不同及市场需求的变化进行相应调整，以满足多样化的农业生产和经营需求。

2. 财政金融支撑体系

充足的财政投入与合理的金融服务为农业发展提供了必要的资金支持。政府应通过设立专项资金、提供贷款担保、降低融资成本等手段，鼓励金融机构加大对农业的信贷投放。农业保险、农业信贷、风险投资等金融工具的应用，可以有效降低农业生产中的不确定性与风险，促进农业的可持续发展。通过构建完善的财政金融支持体系，农业生产主体能够获取更加便捷与高效的金融服务，从而提升生产能力与市场竞争力。

3. 市场流通和农村科技服务体系

完善的市场流通体系能够有效连接生产者与消费者，降低交易成本，提升农产品的市场竞争力。为此，需要加强农产品市场的建设，完善流通网络，促进信息共享与资源配置的优化。农村科技服务体系的建立与完善，将有助于提高农民的科技素养与生产水平。通过培训、技术推广、信息服务等方式，帮助农民掌握先进的农业生产技术，提升其对市场变化的适应能力。农村科技服务还应与现代农业产业体系紧密结合，推动科技成果的转化与应用，促进农业的高效、绿色发展。

二、现代化技术在农业生产中的重要性

（一）基于农民发展角度

现代农业的发展不仅是技术的进步，更是对农民发展需求的深刻理解与响应。传统农业模式往往依赖于大量的人工操作，效率低且易受外部环境的影响，这种模式不仅增加了农民的经济压力，还限制了其发展的空间。通过引入现代科技，特别是信息技术和智能农业技术，能够有效提高生产效率，降低生产成本，为农民创造更为优越的生产条件。

　　现代科技的应用，能够为农民提供实时的数据支持，帮助其精准管理生产过程。这种转变使农民能够更好地掌握市场动态与资源配置，从而做出更为科学的决策。科技的推广与应用，也为农民的知识更新与技能提升提供了可能，使其能够更好地适应市场变化与技术进步，提升自身的竞争力。借助现代化的生产工具，农民不仅能够提升产量，更能够增强产品的附加值，从而提高经济收益。

　　在农民发展的过程中，注重生态农业和可持续发展理念同样至关重要。通过采用生态友好的生产方式，不仅可以保障农民的长远利益，还能促进农村环境的改善。这种可持续的发展模式，将为农民提供更加稳定的收入来源，减少因市场波动带来的风险。

（二）基于农业发展角度

　　现代技术的引入促进了农业生产方式的转型，使得传统的劳动密集型生产模式向更加高效、智能化的方向发展，这种转型不仅提升了整体生产效率，还增强了农业在面对自然灾害和市场波动时的抗风险能力，从而为农业可持续发展奠定了坚实的基础。农业技术的推广与应用，使得资源的配置更加合理，推动了农业生产的规模化与集约化发展，在这种背景下，农业企业和农民合作社能够更好地整合资源，实现集约化经营，降低生产成本，提高经济效益。现代农业管理技术的应用，有助于实现精准农业，通过对土壤、气候及作物生长状况的实时监测，科学制定种植方案，进一步优化了生产流程。基于农业发展角度，重视生态环境的保护也是现代农业不可或缺的一部分。通过推广生态农业技术，促进循环经济的实现，能够在确保农业产量的同时，减少对环境的负面影响。这种发展理念符合可持续发展的要求，有助于实现农业与生态环境的和谐共生。

（三）基于国家战略层面

　　从国家战略层面来看，农业的稳定发展不仅关乎农村社会的安定，也直接影响到国民经济的整体稳定与发展。因此，推进农业现代化、实现可持续发展已成为国家战略的核心内容。在科技迅猛发展的背景下，农业的转型升级亟需依托先进的生产技术与管理理念，以满足日益增长的市场需求和提升国际竞争力。

为实现农业的可持续发展，国家在政策层面不断加大对农业技术创新的支持力度，这种政策导向不仅体现了对农业科技研究的重视，还反映了国家对农业生产方式转型的迫切需求。通过引导和鼓励科技在农业中的应用，国家致力于推动智能化、数字化农业的全面推广，使传统农业向更加高效、环保的方向迈进。国家战略的制定应注重生态环境的保护。推动生态农业的发展，实施绿色生产方式，将成为未来农业发展的重要方向。通过实施资源节约型与环境友好的农业生产模式，能够在确保农产品产量和质量的同时，有效降低农业生产对生态环境的压力。这种协调发展的战略，有助于实现经济效益与生态效益的双赢局面。

三、现代化技术在农业生产中的应用

（一）光照控制技术及其应用

光照作为植物生长的基本环境因子之一，其质量和强度直接影响作物的生长发育、产量及其品质，不同类型的作物对光照的需求各异，而光照条件又受到地理位置、季节变化及气候条件等因素的显著影响。因此，研究和发展有效的光照控制技术显得尤为重要，以确保作物在生长周期内能够获得最佳的光照条件。

光照控制技术的应用范围广泛，不仅限于传统的农作物种植，还涵盖了设施园艺、畜禽养殖、水产养殖等多个领域。在设施农业中，光照控制技术能够通过人工光源的优化配置，调节光照的强度和光谱组成，以满足特定作物的生长需求。现代光源，如 LED 技术的引入，使得光照控制更加精确和灵活。LED 灯具不仅能有效降低能耗，还能根据植物的光合作用需求调节不同波长的光谱，从而促进植物生长和提高产量。

在光照控制技术的实施过程中，智能化调控系统的应用也逐渐成为趋势。通过环境传感器和控制系统的协同工作，能够实时监测光照条件，并根据植物的生长状态动态调整光照强度与光照时间，这种智能化管理方式，不仅提高了光照的利用效率，也减少了人工干预的必要性，进一步提升了生产效率。

光照控制技术的研究和应用需要综合考虑环境因素及作物生理特性。不同作物在不同生长阶段对光照的需求差异，要求光照控制技术具备高度的适应性和可调性。因此，农业科学家和工程师需不断进行多学科交叉的研究，以推动光照控制技术的创新发展。通过对植物光响应机制的深入研究，可以为光照控制技术的优化提供理论基础，确保其能够在实际应用中发挥最大效用。

（二）生物技术及其应用

生物技术是现代科学技术的重要组成部分，特别是在农业领域的应用，极大地推动了农业生产方式的转变。农业生物技术通过运用基因工程、发酵工程、细胞工程、酶工程以及分子育种等多种生物技术手段，旨在提升动植物及微生物的生产性状，培育出新品种，同时生产生物农药、兽药和疫苗。这些技术的综合应用，正在重塑农业的未来。

在当前全球面临食品安全、生态环境及资源紧缺等多重挑战的背景下，农业生物技术提供了应对这些问题的重要解决方案。生物技术的进步不仅提高了作物的产量与品质，还增强了其抵御病虫害和逆境的能力。通过转基因技术，科学家们可以将特定基因导入植物体内，使其获得抗病、抗逆等优良性状，这一过程不仅使得农业生产效率显著提高，也为实现高效、可持续的农业发展奠定了坚实的基础。

生物农药的研发与应用，彰显了生物技术在生态农业中的重要角色。生物农药相较于传统化学农药，具有环境友好和可降解等特点，有助于减少农业生产对生态环境的负面影响。生物杀虫技术的引入，利用生物制剂有效控制害虫，不仅提高了作物的成活率和生长质量，还减少了对农作物生长的干扰,这种技术在促进生态平衡和生物多样性方面,具有重要的现实意义。

生物技术的应用不仅限于生产环节,其在农业管理、市场营销等领域同样发挥着重要作用。通过信息技术与生物技术的结合,可以实现农业生产的智能化管理,提升管理效率。数据采集与分析技术的应用,使得农业生产者能够实时监测作物生长状况、病虫害发生情况,并根据实际需求及时采取相应措施。这种科学化、数据化的管理模式,有助于提升资源利用效率,减少浪费。

(三)信息技术及其应用

在数字化时代的背景下,信息技术的进步促进了农业生产模式的转变。当前,现代信息技术,包括计算机、信息存储和处理、通信技术、人工智能、地理信息系统、全球定位系统以及遥感技术,在农业中的应用变得愈加广泛,这些技术的特点包括网络化、综合化和全程化,极大地提升了农业信息的传递效率与管理水平。通过这些技术,农业生产的各个环节都可以实现信息化,从而提高农作物的生产效率与质量。

信息技术的应用不仅限于生产环节,还延伸至农业经营管理的各个方面。通过网络平台,农民能够实现农产品的快速销售,缩短了传统销售模式中的时间消耗和资源浪费。信息技术使得生产者与消费者之间的沟通更加顺畅,消费者可以通过多媒体手段获取更为详尽的产品信息,这不仅增强了消费信心,也提高了市场的透明度。农业管理者可以通过信息技术对生产过程进行全面监控,确保产品质量,降低损失风险。

为了满足农业现代化对信息技术的需求,必须制定系统性的政策来推动农业农村信息化建设,这包括加大资金投入,强化农业经济大数据建设,以及完善数据的采集、传输和共享基础设施。只有通过优化农业资金投入结构,增加农业信息服务的资金保障,才能有效支持农业信息化的发展。同时,还需建立完善的农业农村数据采集、运算、应用及服务体系,强化农村生态环境的治理能力,以实现可持续的乡村发展。

第三节　农产品品牌建设与网络营销

一、农产品品牌的概念界定

农产品品牌的概念可以被视为一种综合性的符号和价值体系，它由农业生产者通过多种生产经营活动所创造的特定产品或服务而形成，这一品牌不仅涵盖了农作物的种植、牲畜的饲养，以及观光农业和创意农业等多样化的经营方式，还强调了产品与其初级加工过程之间的紧密联系。在乡村振兴战略的指导下，亟需全力打造农产品品牌，提升农产品质量，加快发展现代农业[①]。农产品品牌的核心在于其物质成果和体验性服务，这些成果和服务通过特定的符号体系得以设计和传播，进而构建了一个有机的整合体。

农产品品牌的定义涵盖了农业生产与经营所产生的物质产品和服务体系，同时也包含了消费者对农产品的体验感知，这种品牌不仅在商业交易中发挥作用，也在社会文化层面上形成了独特的价值系统与信用体系。农产品品牌的意义在于它能有效地链接生产者与消费者，促进双方的互动与沟通，从而在经济、文化和社会等多维度创造价值。

二、农产品网络品牌的特征

第一，消费者群体广泛。消费者群体广泛这一特征源于互联网为消费者提供了便捷的购买途径，使得各类消费者能够轻松获取品牌产品。随着网络购物的普及，消费者对品牌的认同感和忠诚度逐步提升，从而形成了一个相对固定且具备持续消费需求的群体，这为农产品品牌的稳定销售奠定了基础，确保品牌在市场中的持续发展。

---

① 贾静静. 乡村振兴战略下农产品品牌建设与发展研究［J］. 现代商业，2024（19）：31.

第二，市场占有份额大。通过线上销售渠道，品牌可以更高效地接触到目标市场，快速提升市场份额，这种市场占有率不仅反映了品牌在竞争中的优势地位，还展示了品牌在特定消费领域内的影响力。网络环境的开放性和透明性使得品牌能够实时获得市场反馈，从而及时调整营销策略，进一步巩固其市场地位。

第三，运作方式独特。与传统品牌相比，网络品牌在产品开发和市场销售上往往采取创新的方法，这种独特性体现在多个方面，例如灵活的产品设计、精准的市场定位以及高效的供应链管理等，这些运作方式使得品牌能够快速响应市场变化，满足消费者不断升级的需求，从而在激烈的市场竞争中脱颖而出。

第四，技术开发与创新能力强大。现代消费者对产品的新颖性和功能性有着越来越高的期待，品牌必须具备持续的技术创新能力，以适应这一趋势。通过不断推出符合市场需求和消费者偏好的新产品，品牌不仅可以增强自身的竞争力，还能不断提升市场认可度。

第五，高质量得到消费者的认同。在网络环境中，消费者的选择更加多样化，因此产品的质量控制显得尤为重要。品牌必须严格把控生产过程，确保产品质量符合甚至超越消费者的期望。这种高质量的保障能够帮助品牌建立良好的口碑，进而形成稳定的消费基础。

第六，盈利水平较高。通过有效的市场策略和高效的运营管理，品牌可以实现较高的销售额与利润率，这一盈利能力不仅反映了品牌的市场竞争力，也表明了其在资源配置与运营效率上的优势，增强了品牌的可持续发展能力。

三、农产品网络营销的意义

（一）扩大农产品贸易范围

现代科技的迅猛发展为农产品贸易的扩大提供了有利条件。数字技术、信息技术及物流技术的进步，使得农业生产、加工、销售各环节的效率显著提升。特别是大数据与人工智能的应用，能够帮助农产品生产企业深入分析市场需求、消费者偏好以及竞争对手的动态，从而更精准地制定市场策略。例如，利用数据分析，企业可以实时掌握国际市场上农产品的价格波动、供应链情况及消费者反馈，这为优化产品结构、调整生产计划提供了科学依据。因此，依托现代科技，提高产品的市场适应性和竞争力，是扩大农产品贸易范围的重要途径。

我国应积极参与国际农业贸易规则的制定，加强与主要贸易伙伴的沟通与协作，以提升在全球农业价值链中的话语权。通过参与多边和双边贸易协定，推动农产品的市场准入，降低贸易壁垒，促进农产品的自由流通。完善农产品的检验检疫标准和质量认证体系，不仅可以提高出口农产品的质量，还能增强国际市场对我国农产品的信任，进而推动贸易规模的扩大。

随着消费市场的多样化和全球需求结构的变化，拓展新的市场成为我国农产品贸易的重要方向。当前，我国农产品的主要出口市场仍集中在少数国家和地区，面临市场依赖度过高的风险。因此，企业应当加大对新兴市场的开拓力度，积极参与国际农产品博览会、贸易洽谈会等活动，寻找新的合作伙伴，拓宽贸易渠道。针对不同国家和地区的消费者特点，调整产品的种类、规格和包装，以满足不同市场的需求，提升市场占有率。

农产品贸易的可持续性发展是扩大贸易范围时必须考虑的重要因素。面对全球气候变化和环境保护的挑战，推动绿色农业和可持续发展成为了国际社会的共识。通过采用生态友好的生产方式和可持续的农业技术，不仅能提升产品的质量和安全性，还能提高企业在国际市场中的竞争力。加强对农产品生产过程的可追溯管理，确保产品在生产、加工、流通过程中的环境友好性，有助于增强消费者对我国农产品的信心，从而进一步扩大贸易范围。

（二）推动符合我国农产品特点的营销

1. 推动精准营销

精准营销强调通过数据分析和市场调研，深入了解目标消费者的需求和偏好，从而制定个性化的营销方案。利用现代信息技术，农业企业可以建立消费者数据库，分析消费趋势和行为模式，进而调整产品定位和推广策略。例如，通过社交媒体、电子商务平台等多渠道传播，能够更有效地触达目标消费者，增加品牌曝光度。企业应重视消费者反馈，通过动态调整产品和营销策略，实现与消费者的良性互动，提升客户满意度和忠诚度。

2. 增强农产品的供应链管理

农业生产的特点决定了农产品在生产、加工、运输等环节面临诸多挑战，因此，建立高效的供应链管理体系能够有效提升产品的市场竞争力。通过优化各环节的衔接与合作，减少不必要的中间环节，能够降低产品的流通成本，提高交易的时效性。采用现代化的信息技术，实现供应链的可视化管理，使各参与方能够及时掌握信息，从而提高决策效率和响应速度。

3. 加强农产品的质量安全管理

随着消费者对食品安全和健康的重视程度不断提高，农业企业必须建立完善的质量管理体系，确保产品在生产、加工、销售全过程中的安全可控。通过实施农产品追溯体系，消费者可以直观地了解产品的来源及生产过程，增强对产品的信任感，从而提高市场销售。强化质量管理不仅能够降低因质量问题造成的损失，还能够提升品牌形象和市场竞争力。

（三）让企业不断提升营销能力

提升营销能力需要企业在信息获取和分析方面进行深化。通过利用先进的数据分析技术，企业能够实时监测市场动态，分析消费者行为，从而制定更加精准的营销策略。高效的信息获取与分析能力使企业能够快速识别市场机会，调整产品定位，进而增强市场响应能力。

企业应当加强品牌建设，以提升市场竞争力。品牌不仅是企业形象的体现，更是消费者信任和忠诚度的重要基础。通过优化品牌传播策略，企业可以有效提升品牌认知度，增强品牌的市场影响力，在这一过程中，企业需注重通过多渠道的传播方式，增强与消费者之间的互动，建立良好的品牌形象。此外，企业还应强化品牌的差异化，突出产品的独特卖点，以满足不同消费者的需求，从而提升品牌的市场竞争力。

随着消费者对产品质量要求的不断提高，企业需建立健全的质量管理体系，确保产品在生产和销售过程中的高标准和一致性。持续的质量提升不仅能够增强消费者的信任感，还能提升企业的市场竞争力。在此过程中，企业可以通过引入先进的生产技术和管理方法，加强员工的培训与技能提升，以确保每一环节都能严格遵循质量标准。

企业应积极探索多元化的营销渠道，以提高市场渗透率。在当今信息化时代，网络营销已成为一种重要的销售模式，企业需充分利用数字化工具与平台，拓展线上线下相结合的营销渠道。通过多样化的渠道策略，企业能够覆盖更广泛的消费者群体，提升品牌的市场触达率。企业应注重与渠道合作伙伴的协作，通过共同营销和资源整合，实现共赢发展。

四、农产品网络营销的模式

（一）整合营销模式

整合营销模式的核心在于将各类营销要素、渠道和工具进行有机整合，以形成一个协调一致的整体，此模式不仅适用于农产品网络营销，也广泛应用于其他行业。通过有效的整合营销，企业可以在复杂多变的市场环境中提升其竞争优势，增强市场影响力，并实现更为显著的销售效果。

1. 整合营销模式强调了品牌形象的一致性

企业需致力于构建统一的品牌形象，包括视觉标识、品牌口号、核心价值观等，这样的品牌形象不仅是企业的象征，更是消费者识别与理解企业的关键。通过在各类传播渠道中保持一致性，企业能够有效增强品牌认知度与知名度，塑造独特的品牌个性，这种一致的品牌传播策略有助于在消费者心中建立强烈的品牌形象，从而提高客户的忠诚度和购买意愿。

2. 整合营销模式倡导多渠道营销传播的应用

企业应充分利用线上与线下多种渠道，确保营销活动覆盖广泛的目标受众。具体而言，线上渠道如社交媒体、电子商务平台和自有网站可以迅速传播信息，吸引潜在消费者；线下渠道如实体店、展会和地方市场则有助于建立与消费者的直接互动。通过整合这些渠道，企业不仅能够提升品牌曝光度，还能提高消费者参与度，增强产品的市场竞争力。

3. 整合营销模式要求企业设计一体化的市场推广活动

将不同的市场推广活动整合在一起，使其形成协调一致的营销方案，是提升整体营销效果的关键，这种一体化的活动包括广告、促销、展览展示等，目的是通过多元化的触达方式实现品牌传播与产品推广的最佳效果。通过有计划的市场推广活动，企业能够有效地协调资源，最大化营销活动的影响力，从而提升市场份额。

（二）万维网（WWW）商业模式

WWW 中文译为"万维网""环球网"等，分为 Web 客户端和 Web 服务器程序。WWW 通过 Web 客户端（即浏览器）进行访问浏览 Web 服务器上的所有页面。"商业模式"是指企业运用现代化的技术结合商业销售，将企业盈利作为最终目标而制定实施的一系列模式。网络营销模式使现实生活与网络相结合，通过技术人们可以利用网络更方便更快速更省钱地传递相关信息，可以利用网络的特定手段，直接在虚拟平台进行买卖，并且可以将信息实时反馈给买方和卖方，便于异地沟通。根据服务对象的不同，通过网络进行的商务模式一般可分为：商业机构之间的商务模式（Business to Business），商业机构与消费者之间进行的商务模式（Business to Costumer），消费者之间的商务模式（Costumer to Costumer）等。网络商务模式主要还是以 B2B 和 B2C 为主。

1. B2B——企业对企业的交易

B2B 是指企业对企业之间的交易模式，也称为企业间交易或商业间交易。B2B 交易通常发生在供应链中的不同环节，涉及原材料、零部件、设备、服务等产品。

（1）B2B 的特点

第一，复杂性。B2B 交易往往涉及复杂的供应链和商业流程。产品通常是定制化的、专业化的，涉及技术规格和合规要求。交易过程可能需要多个层级的决策和批准。

第二，专业性。B2B 交易要求参与方具备专业知识和技能，以理解产品特性、解决问题和提供支持。交易双方需要建立互信关系，以确保质量、可靠性和持续性。

第三，长期合作。B2B 交易往往是长期合作关系，涉及连续供应、技术支持和售后服务等。合作伙伴关系的建立和维护是成功的关键。

（2）B2B 的模式

第一，直接销售模式。在直接销售模式下，供应商直接与买家进行交易，没有中间商参与。供应商通过拜访客户、销售团队和展会等方式，与潜在买家建立联系，提供产品和服务。

第二，分销渠道模式。在分销渠道模式下，供应商通过分销商、经销商或代理商等中间商，将产品推向市场。分销渠道模式可以帮助供应商拓展市场、提高产品的可及性，同时降低销售和市场推广的成本。

第三，电子商务模式。随着互联网和电子商务的发展，越来越多的 B2B 交易发生在线上平台。供应商和买家可以通过电子商务平台进行交流、询价、下单和支付。这种模式节省了时间和成本，增加了交易的便捷性。

（3）B2B 的策略

第一，建立合作伙伴关系。在 B2B 交易中，建立稳固的合作伙伴关系是关键策略之一。供应商和买家应共同制订长期合作计划，建立信任、共享资源、共同发展，以实现互利共赢。

第二，产品定制化和创新。B2B 交易通常需要根据买家的特殊需求进行产品定制化。供应商应关注买家的需求，提供创新的产品和解决方案，以增加竞争优势。

第三，提供高质量的产品和服务。在 B2B 交易中，质量和可靠性是买家关注的重要因素。供应商应确保产品的质量、交货准时，并提供专业的售后支持和服务。

2. B2C——企业对消费者的交易

B2C 是指企业对消费者的交易模式，也称为企业对个人的交易。B2C 交易是指企业直接向个人消费者销售产品和服务的过程。

（1）B2C 的特点

第一，个性化需求。个人消费者对产品和服务的需求通常是个性化的。企业需要关注消费者的喜好、需求和购买习惯，提供个性化的产品和定制化的服务。

第二，大众市场。B2C 交易是面向广大消费者的市场，涉及大量的个人消费者。企业需要面对大规模的市场需求和消费者多样化的需求。

第三，快速决策。在 B2C 交易中，消费者通常具有较短的购买决策周期。他们倾向于通过在线渠道浏览产品、比较价格和评价，然后迅速作出购买决策。

（2）B2C 的模式

第一，在线零售模式。在线零售模式是 B2C 交易中最常见的模式。企业通过自己的电子商务网站或第三方电商平台，向消费者直接销售产品。消费者可以通过在线购物车、支付系统和物流配送等流程，方便地完成购买。

第二，社交媒体营销模式。随着社交媒体的兴起，企业可以通过社交媒体平台（如微信、微博等）与消费者进行互动和销售。企业可以通过发布产品信息、推广活动和与消费者互动，吸引消费者的关注和购买。

（3）B2C 的策略

第一，多渠道销售。消费者在购买产品时可能采用多种渠道。企业应提供多种销售渠道，包括线上平台、实体店铺、手机应用等，以满足消费者的不同购买习惯和需求。

第二，用户体验优化。用户体验是 B2C 交易成功的关键。企业需要关注网站或应用的界面设计、页面加载速度、购物流程、支付安全性等方面，以提供流畅、愉悦的购物体验。

第四节　数字赋能农村一、二、三产业融合发展

产业融合是一个动态发展的过程，旨在应对产业增长的需求，通过产业边界的收缩或模糊，促进不同产业或同一产业不同行业之间的渗透与交叉，最终实现融合。这一过程主要包括边界拓展、深度提升与创新方式，是产业链自然延伸的必然结果。在乡村产业振兴中，一、二、三产业的融合潜力巨大，但要充分发挥数字赋能的作用，仍需进一步加强。数字化技术的应用将是推动产业融合深化和提升效能的关键因素，推动乡村产业实现更高质量的发展。

一、数字赋能产业融合边界拓展

《中共中央关于制定国民经济和社会发展第十四个五年规划和二〇三五年远景目标的建议》中指出，通过构建数字中国、发展网络强国战略加快产业体系的现代化进程，在乡村振兴背景下为数字经济助力农村三产融合提供了理论上的可行性。由此可见，利用数字科技从而拓展产业融合边界已经有了现实和理论上的可能性，数字科技对于拓展农村产业融合边界有着不可替代的作用。

（一）产业振兴的趋势：产业融合边界拓展

1. 产业融合边界的内涵

产业融合边界是产业经济系统内部各子系统与外部环境相联系的界面，指向农业产业与第二产业、第三产业相互交汇的区域，即农业与工业、服务业在相互作用中的衔接点。农村产业融合的核心在于打破传统产业之间的壁垒，促使各产业之间相互渗透和交汇，以实现资源、技术、资本的高效配置。将农业、工业和服务业视作三个独立的大圆，产业融合的边界则体现为这三者交集的部分，而拓展这一交集区域是推动农村产业融合的关键路径。

拓展农村产业融合的广度，本质上是以农业为依托，通过新型经营主体的引领和利益联结机制的强化，以产业联动、要素集聚、技术渗透和体制创新为手段，推动资源跨界优化配置。因此，拓展农村产业融合应聚焦于农业生产与加工销售、餐饮服务、休闲娱乐等环节的有机整合，构建多层次、多样化的产业链条，使农业不仅限于传统生产领域，更拓展至生态、休闲、旅游、文化和教育等附加值高的领域。

通过拓展农村产业融合，农业被赋予了更为丰富的功能，不仅涵盖科技创新、文化传承和环境保护，还能促进生态旅游、健康养生等新兴业态的发展。农村产业融合的最终目标在于实现农业与文化、旅游、教育、健康等产业的协同发展，从而提升农业的综合价值和社会效益，有助于弘扬中华优秀传统文化，增强文化自信，并最终推动农民增收和乡村振兴[①]。

2. 农村产业融合边界拓展的尝试

当前，各地在拓展农村产业融合边界方面进行了多种探索，形成了若干具有代表性的模式。休闲观光农业推动了农业与旅游业的深度融合；创意农业实现了农业与文化创意产业的结合；会展农业促进了农业与商务及教育领

---

① 郭起珍. 实施乡村振兴战略，实现农村一、二、三产业融合发展 [J]. 农业开发与装备，2018（7）：81+87.

域的交汇；籽种农业则整合了农业与科技服务业的资源；环保农业有效结合了农业与生态修复及环境保护产业。这些尝试通过多产业联动与跨界融合，推动了农村经济的多元化发展，提升了农业的综合效益和可持续性，促进了农村经济结构的优化升级。

3. 拓展农村产业融合边界对乡村产业振兴的推动

在推动乡村产业振兴的过程中，各地相关部门积极促进农村一、二、三产业的深度融合，不断丰富融合内容与提升融合质量，致力于在农民增收和就业创业等方面取得突破并取得一定成效。随着科技进步和生活水平的提高，传统的单一融合模式已难以满足当前社会对多元化生活的需求，导致农村产品品牌竞争力不足，产业增值收益有限，进而制约了农村产业融合的高质量发展。因此，当前农村发展亟需顺应时代需求，拓宽产业融合边界，推动农业产业的多功能化。通过挖掘农业的生态、文化、旅游等多种价值，可有效增强农村产业的多元化竞争力，进而更高效地实现乡村振兴，为农民增收创造更多机会。

（二）数字赋能产业融合边界拓展的作用

拓展农村产业融合边界是推动乡村经济高质量发展的重要举措，同时也面临诸多挑战。目前，农村产业主体主要集中在生产资料、技术及基础营销手段等环节，使得整体服务效率和质量偏低，难以有效促进产业融合的深入发展。因此，数字技术的引入为农村产业升级提供了新的路径。数字技术不仅在资源配置和渠道拓展方面展现出独特优势，还能够通过空间互补弥合传统三产融合的物理局限，提升产业协同效应。借助数字经济，农业产业可以突破时空限制，实现更加高效的要素联动与市场对接，从而提升产业链的附加值，增强农村经济的竞争力。同时，数字技术在优化农业生产模式、创新销售渠道和推动信息共享方面，也为农村经济注入了新的活力，为拓展产业融合边界提供了持续的动力。这不仅有助于完善现有三产融合体系，更为乡村振兴注入了强劲动能，推动农民增收和农村可持续发展[①]。

1. 数字科技推动普惠金融以助力拓展农村产业融合边界

数字科技的迅速发展，为普惠金融在助力拓展农村产业融合边界上提供了全新路径。作为经济发展的基础性要素，金融的合理配置不仅直接影响国民经济的整体效率，也对农业主体在产业融合中的扩展起到关键的支持作用。传统农村金融模式在支持农业发展上，虽然通过非正规民间借贷和正规金融机构信贷发挥了一定作用，但其覆盖面和效率受限。由于农户规模小、农业生产规模效益不明显，金融机构在信贷供给中往往倾向于高回报项目，导致农村普遍面临融资难、融资贵的问题，从而制约了农业主体拓展产业边界的能力。

数字普惠金融的兴起为解决上述问题提供了有效的突破口。借助大数据和人工智能技术，数字普惠金融不仅通过低成本、广覆盖的服务优势，有效缓解了农户与金融机构之间的信息不对称，还通过建立大数据征信体系，解决了农户缺乏传统信贷抵押品的困境。数字化平台的引入，使零散社会资金得以有效汇聚，进而在降低融资成本的同时，更精准地匹配农户的资金需求，破解了传统金融中存在的信贷歧视现象。

数字普惠金融超越了传统资本供给的局限，进一步通过数字化手段促进农业的全产业链升级。通过与电商平台深度融合，数字普惠金融不仅拓宽农业产品的销售渠道，还推动生产模式的转型，使农业从单一的产能提升转向价值链的延伸。在提升农业附加值的同时，有效推动了农村产业的多元融合，为产业边界的拓展注入新的动能，有力地支持了乡村产业振兴与可持续发展。

2. 数字科技推动农业产业链延伸以助力边界拓展

随着数字技术在农村的广泛应用，农业产业链的延伸与拓展获得了新的动能。农业物联网和智慧农业的快速发展，使农业产业链各环节的信息交流

[①] 朱子升，张莉莉. 数字经济赋能三产融合：理论逻辑、实践考察与制度保障 [J]. 湖北农业科学，2022，61（1）：157-160+194.

更加便捷高效。通过数据集成技术，农业生产者、加工者和销售者可以深入挖掘各环节的数据价值，实时获取市场动态信息和消费反馈，这种动态捕捉机制使农业主体能更加精准地调整生产和加工流程，优化农产品供给结构，从而有效提升农产品的市场竞争力。同时，数字化技术的应用也在推动农产品流通渠道和交易体系的完善，进一步扩大了农产品的市场覆盖面，提升了整体交易规模。

基于数字远程监控技术，消费者能够对农产品的种植、加工和流通过程进行全程追溯，不仅保障了食品安全和消费信任，还能够稳定消费者的购买预期，实现以销促产，从而畅通农业的产销循环机制。数字科技的介入增强了农业产业链各环节的信息衔接，使农业产业链得以不断延伸。通过实现更为高效的产销对接，农业产业链在提高附加值的同时，也推动了农村产业边界的进一步拓展，为农业与其他产业的深度融合奠定基础，助力乡村经济的可持续发展[①]。

3. 数字科技推动"互联共通"以助力边界拓展

数字科技通过"互联互通"的方式，助力拓展农村产业融合边界，主要依赖于大数据等技术的先导作用。数字技术在农业生产、加工、销售和服务各环节的深度应用，不仅催生了大量的数据资源，还与新材料等技术相融合，形成了新的关键生产要素。这些数据的共享与共生成为了推动产业联结的重要纽带，为各产业间的合作与互动提供了基础。

"数据+人工智能"技术，特别是在大数据这一数字化生产要素中的应用，具有显著的比较优势。通过这一技术，能够有效打破乡村产业融合中的壁垒，推动产业内部化进程。这些技术成果使得乡村产业能够更加高效地进行要素配置和资源整合，为产业融合的边界拓展提供了有力支持。

数字技术的引入加速了产业链中各生产要素的合理流动，促进农业生产

---

① 王定祥，冉希美. 农村数字化、人力资本与农村产业融合发展——基于中国省域面板数据的经验证据[J]. 重庆大学学报（社会科学版），2022，28（2）：1-14.

要素的持续投入和全要素生产率的提升，有效解决农村产业发展中的不平衡问题，改善生产投入和流程中的不足，推动农村一、二、三产业的专业化分工与现代化发展。数字科技所带来的聚合效应，推动了产业之间的深度融合，并加速了产业融合边界的拓展，助力乡村经济的高质量发展[①]。

4. 数字科技挖掘农业多功能性以助力边界拓展

随着农村数字化进程的加速，数字技术为农业的多功能性拓展提供了新的机遇。农业作为基础性产业，其多元功能在推动农村产业融合的过程中至关重要。挖掘农业的多重功能，尤其是在产品供给多样化方面的提升，已成为拓展农村产业融合边界的关键所在。数字科技的引入，不仅加速了农业产业的现代化，还为农业的多功能性提供技术支持，推动了农业与其他产业的深度融合。

数字技术的广泛应用有效推动了休闲农业、乡村旅游等新型农村服务业的发展，数字平台的建设为这些新兴业态提供了宣传和交易渠道。农户和经营者通过数字平台，可以迅速对接市场需求，打破地域限制，拓宽销售渠道，推动农业产品的市场扩展。这不仅增加了产品的销量，也提升了农业的附加值，尤其是在文化、休闲等功能方面，为农业发展增添了新的维度，有力促进了农村产业边界的拓展。此外，数字技术的深入应用还推动了传统农业领域的现代化进程。互联网、物联网、大数据和云计算等技术在农业中的广泛应用，使农业生产、加工与销售各环节实现了智能化管理与资源优化配置。通过数字化的手段，不仅提升了生产效率，还加强了农业产业链的协同合作，特别是在农业新兴业态的推动下，农业经营主体与相关产业之间的联系日益紧密，推动了产业结构的优化与升级。

随着数字化程度的提升，农业产业链的上下游之间，及农业与其他产业之间的边界逐渐模糊，产业融合的深度不断加深，促进了精准农业、智慧农业以及农村电商等新兴业态的快速发展，这些新兴业态是传统农业与现代数

---

① 谢晓雯，苏卓君. 农村"三产融合"视阈下数字经济发展的法制思考［J］. 南方农村，2021，37（2）：45-49.

字技术相融合的产物，是推动农村产业边界拓展的重要力量。数字科技不仅提升了农业的多功能性，还推动了产业间的协同创新，为乡村经济的高质量发展注入了强大动力[①]。

（三）数字赋能产业融合边界拓展的策略

拓展乡村产业融合边界要以市场需求为导向，其本质是交叉、融合和内部化的过程，而借助数字技术能够加速"要素流动"，拓展乡村的产业链条与融合能力。要通过数字科技赋能拓展乡村产业融合边界的治理路径、推进农业产业链整合和价值链提升、培育农民增收新模式，必须在相关政策上予以支持。

1. 加强农村数字基础设施建设以促进边界拓展

数字科技赋能农村产业发展的关键在于为各类社会投资主体提供完善的基础设施支持。特别是在5G基站等硬件设施的建设上，需要加快步伐，以打造一个数字化信息生态圈，从而为产业融合提供坚实的技术基础。政府应继续推进农村数字化建设项目，如"金农"工程、"三电合一"工程，以及农村信息化示范和农村商务信息服务等，通过整合资源、共建平台，强化精准农业、智慧农业等信息系统的应用，推动信息服务深入乡村，促进农业与其他产业的有效衔接。政府应积极探索创新途径，使信息服务真正实现"进村入户"，扩大数字技术的普及范围，通过财政贴息等政策措施，加大对农产品批发市场、物流配送中心等流通基础设施的投入，推动农村流通设施的现代化，提升农产品批发市场的信息化水平，促进农产品流通的高效运转。强化农产品电子商务平台的建设，完善流通环节的食品检疫检测体系，有助于确保农产品质量，提高流通效率，为农业产业的多元化发展创造更有利的条件[②]。

① 叶云，汪发元，裴潇. 信息技术产业与农村一二三产业融合：动力、演进与水平 [J]. 农业经济与管理，2018（5）：20-29.
② 赵树杰. 泰山区加快实施乡村振兴战略问题研究 [J]. 当代经济，2018（23）：68-70.

2. 推动普惠金融发展，破解融资难题以拓展边界

在解决农村地区的数字科技基础设施条件之后，要想更加高效地拓展产业融合边界，还得解决农村地区融资难、融资贵的问题，助力农村产业链的拓展和深化。

（1）深化金融供给侧结构性改革，突出数字普惠金融在农村金融改革中的作用。运用数字普惠金融技术，能够打破传统金融在农村的服务盲区，通过在线信贷、数字化支付以及智能化风控体系等手段，降低金融服务成本，提高服务覆盖面。

（2）拓宽数字普惠金融支持拓展农村产业融合边界的渠道，完善金融产品种类，金融机构应当积极进行数字化转型，创新金融产品和服务模式，精准识别农村各类新型经营主体的金融需求。例如，龙头企业、农民合作社、家庭农场及专业大户等新兴主体在不同生产环节中存在多样化的资金需求。通过引入大数据分析、人工智能和区块链等前沿技术，金融机构可以更精准地评估这些主体的信用状况和融资能力，从而为其量身定制适合的金融解决方案。

（3）充分发挥政府在制度建设、法律建设中的主导作用，建立健全数字普惠金融的监管体系，确保金融服务在合规、透明的环境中展开。具体措施包括：制定针对数字普惠金融的监管框架，加强对农村金融市场的监控力度，防范因过度借贷和信息不对称导致的潜在金融风险。通过完善相关法律法规，政府可以为农村产业主体的投融资活动提供更加稳定的政策保障，确保农村经济在产业融合拓展中的可持续性。政府应积极发挥其在政策引导和资源配置中的作用，通过财政补贴、税收优惠和担保基金等措施，支持金融机构深入农村市场。在推动金融产品创新的同时，还应加强对基层金融机构的风险管理能力培训，确保普惠金融在服务农村产业融合的过程中保持稳定与高效。

3. 促进农村数字化转型以深化融合发展

在解决数字科技基础设施和融资问题之后，还需要大力推动农村地区的

数字化发展，如此才能高效拓展农村产业融合边界。

在数字乡村建设的过程中，应充分挖掘和发挥数字要素的生产力，推动数字技术在农业中的深度应用。通过引入物联网、大数据和智能化管理系统，可以显著提升农业生产的效率和智能化水平，促使农村产业朝着高附加值和多元化方向发展。这不仅能助力农业生产从传统模式向智慧农业转型，还能为农村产业主体拓展产业融合的边界提供坚实基础，进一步促进农村经济的可持续增长。

持续推进农业全产业链数字化改造升级，各地应注重"线上线下"相结合的融合模式，通过建立健全农产品电子商务市场，实现从生产到销售的全流程数字化管理。数字技术的深度应用应贯穿于农业生产、加工、流通和消费等各个环节，以提升供需匹配的精准度，确保农村产业链条的高效运转，从而畅通农村产业的内外循环体系，推动区域经济的良性互动。

高度关注农村人力资本水平及其区域异质性。各地区应根据自身发展特点，着重培养适应数字经济需求的新型职业农民。通过开展系统化的数据技术培训，可以显著提升农村劳动力对数字技术的理解和应用能力，促使其在农业生产中有效运用数字工具。提高农村从业者的科技素养，有助于增强其适应市场变化的能力，推动农村产业的创新发展。通过强化人力资本的投入，可以在更大程度上拓展农村产业的融合边界，实现农村经济与社会的高质量发展。

4. 完善监督保障体系以确保融合边界拓展

建立监督保障体制，可以解决农业主体在拓展农村产业融合边界之时的后顾之忧，具体如下：

（1）完善新兴主体准入门槛的标准化设置

随着农村电子商务的迅速发展，由于行业整体意识尚未完全形成，缺乏明确的准入标准容易导致市场混乱，从而不利于产业融合边界的拓展。标准化准入机制的建立，有助于规范市场秩序，确保行业健康有序发展，进一步

71

推动农村经济的高质量转型。

（2）构建多方参与的电子商务市场治理体系

通过政府部门的规章和指导意见，确立电子商务领域的监管方向，以法律和政策为基础形成"刚性内容"，确保市场环境的安全和可持续性。鉴于农村经济相对落后，农业主体对数字科技的理解和应用能力有限，因此需建立完善的事后责任追溯机制，以有效弥补因恶意行为造成的经济损失。

5. 打造农村电子商务平台助力边界拓展

在推动农村产业融合的过程中，仅为农业主体提供基础条件仍不足够，还需为其搭建有效的"舞台"，以实现更广泛的产业边界拓展。单纯依靠农业生产者自身利用数字科技来开发新产品和扩展产业链条，存在技术和资源的局限。因此，需要通过整合掌握高新技术的食品制造业、具备营销能力的流通企业以及覆盖线上线下销售的电商平台，以形成农工商一体化的产业协同体系。这种整合将有效推动各产业要素的深度融合，提高资源配置效率。

（1）引入新技术、新业态以及新模式

推动电商平台与传统实体流通渠道相结合，有助于完善农产品的流通骨干网络，加强产销对接，构建更为高效的农产品流通服务体系。在"互联网＋"和大数据的背景下，应大力发展食品短链、社区服务型农业和电子商务型农业，进而打通农产品流通的"最后一公里"[①]，提升农村产业链的附加值和市场竞争力。同时，通过整合线上线下资源，实现农产品供需信息的精准对接，将更好地促进市场效率的提升。

（2）推动农产品品牌战略的实施

通过加强对外贸易，塑造中国农业品牌，可以进一步丰富产品和品牌的文化内涵，提升中国农产品在全球市场中的知名度和美誉度。通过多元化的营销渠道，确保农产品能够顺畅进入更广阔的市场空间，从而扩大产业边界，提升农村经济的整体活力。

---

① 谭明交, 向从武. 日韩农业"六次产业化"对我国实施乡村振兴之镜鉴[J]. 新疆农垦经济, 2018（4）: 10-18.

（3）农业与其他领域相结合

鼓励农家乐业主、休闲农业企业及电子商务企业等主体，将农业与加工、流通、销售、旅游和文化等领域有机结合，推动休闲农业、品牌农业、乡村旅游及创意农业等新业态的稳步发展。这不仅能丰富农村经济业态，还能进一步延长产业链，实现农村经济的多元化发展目标。

二、数字赋能产业融合深度提升

数字技术是新一轮科技革命的主导性技术，其通用性与高渗透性等特性与乡村产业具有天然的融合性。数字经济基于信息与商务活动展开，实际上本质在于信息化，强调运用技术改造实现包括农业在内的三大传统产业发展提升，快速提升产业发展效率，有效降低产业成本。在该过程中，当然也融入了更为丰富的数据资源融合互联发展机制，它在拓展服务行业发展空间方面颇有好处，也全面促进了三大产业的融合发展，持续优化了三大产业结构。

（一）产业振兴的要求：产业融合深度提升

产业融合作为一种动态的过程，指的是不同产业之间或者同一产业内不同行业的交叉、渗透，最终形成新的产业形态的过程。在这一过程中，产业融合的深度提升尤为重要。产业融合的深度不仅体现了各产业之间融合的规模，还代表了其融合程度的提升。在农业领域，土地作为生产要素之一，具有较高的专用性。通过产业融合，土地的价值能够得到提升，例如通过融合生态旅游等新兴行业，土地的附加值得以提高。随着产业之间交易费用的降低、技术壁垒的消除，原本在市场中由纵向分离的中间产品和原料，转而由企业内部进行生产，从而深化了产业的纵向一体化。由此，产业的广度逐步扩展，而产业融合的深度提升则是产业融合达到一定广度后的延伸，通过业务流程的优化、经营模式的创新、产业效能的提高、经营渠道的拓展以及运营成本的降低等手段，实现融合产业的经济效益提升，进而提升各产业间的融合程度，最终推动高质量的产业融合。

产业融合的深度提升对产业结构优化和产业发展具有重要推动作用。从市场结构理论来看，有限的市场容量与企业追求规模经济的动向相结合，会导致生产的集中化以及企业数量的减少。在产业融合深度提升的过程中，其他产业的企业也会加入这一过程，从而加剧了市场竞争。在产业融合前，属于同一产业的企业群内部及其间存在竞争关系，而产业外的企业则不涉及竞争。随着产业融合的深入，原本处于非竞争关系的产业部门之间相互交叉渗透，最终使得不同产业之间形成竞争关系。与此同时，产业融合的深度提升也为企业提供了规模扩展的机会，促使其视野拓展，并在此过程中推动了新产品和新服务的创新与发展。

在当前经济新常态的背景下，我国传统农业生产模式所面临的局限性愈发明显，农村经济发展与农户增收的瓶颈也日渐突出。基于这一背景，"第六产业"理论应运而生，提出通过农业与第二、第三产业的深度融合，拓展农业产业链和价值链，增强农业的内生发展动力，以突破传统农业在产业结构上的局限性。这一理论为农业组织形式的转变提供了理论支持，指出农业可以通过与其他产业的融合，摆脱"农业弱势产业"的困境，实现更为可持续的发展。

（二）数字赋能在提升产业融合深度中的作用

产业发展具有规模性、动态性和社会功能性特点，数字经济不仅能够推动产业结构的升级优化，还能降低信息不对称及优化资源配置，通过提升社会供需的匹配效率带来新的价值创造。事实上，产业融合深度提升的数字赋能并不是数字技术或数字经济应用模式在乡村产业中的叠加，而是乡村产业数字化的扩展，是依托于数字经济和数字技术网络，重构乡村产业发展的过程、手段及方式[①]。数字经济对产业融合深度促进作用体现在以下方面：

---

① 刘军凯. 乡村振兴战略实施背景下农村产业融合发展探索［J］. 农家参谋，2022（6）：84-86.

1. 通过流通数字化提升乡村产业融合深度

农村流通数字化转型不仅是推动农村三产融合的重要力量，也是促进乡村振兴战略实现的关键环节。随着数字技术在农村流通领域的深入应用，农村三产融合得到了前所未有的推动，三大产业之间的协同效应显著增强。数字技术的普及，尤其是在运输、仓储、代理、配送等环节的应用，极大提升了农村流通的效率和透明度。通过互联网平台的连接与互动，农村流通渠道实现了纵向和横向的多层次扩展，各环节之间的联系日益紧密，从而有效缓解了传统农村流通中存在的供需信息不对称问题。

数字化技术不仅提高了农村流通的时效性，更为农村产品的销售提供更为广阔的市场。电商平台的发展、各类农业 App 的广泛应用，不仅突破时空的限制，还大大丰富农村产品的销售渠道和范围。通过这些数字平台，农产品能够快速到达城市市场，极大地缩短物流周期，提升流通效率，同时推动城乡流通的融合。尤其是在农产品交易的过程中，数字化使得信息的获取和流通管理变得更加高效透明，各方主体可以实时监控商品的流通过程，迅速发现并解决问题，进一步促进农村三产的深度融合。

通过信息技术，数字金融能够有效解决农村流通中的融资问题，打破传统金融服务的时空限制，为农村三产融合提供充足的资金支持。无论是土地使用、产品生产、深加工，还是销售、储运等环节，数字金融都能为供应链中的各类主体提供灵活的融资服务，降低融资门槛，打破传统金融机构对农村流通的服务制约。与此同时，数字金融通过大数据与物联网的结合，增强了农村供应链的融资能力，优化了资金配置，拓展了融资渠道。

2. 通过基础设施数字化优化产业融合深度

在数字经济快速发展的背景下，农产品流通向智慧化、数字化转型已成为大势所趋，而数字基础设施的建设正在稳步加速。基于现代数字技术开展的数据采集和分析，建立起高效的信息互通平台，大幅度缩短了农产品从产地到市场的流通时间。同时，区域间的信息壁垒逐步打破，显著降低了产业链条上的交易成本，进一步提升了农村一、二、三产业的融合效率。

随着数字经济的深入渗透，农业与二、三产业的融合正获得新的动力，尤其是在推动农村基础设施数字化方面。通过实施"宽带中国"等国家战略，我国农村地区的数字基础设施建设得到了显著提升，进一步强化了数字经济对乡村产业的赋能效果，使得产业融合深度不断拓展。当前，互联网、物联网和大数据等前沿技术已被广泛应用于农业生产各环节，如种植养殖、农产品加工与流通。在畜牧管理、病虫害防治、土壤轮作及农产品初加工等方面，这些数字技术取得了显著成果，推动农业生产效率和效益的全面提升。关于农村基础设施数字化具体如何影响产业融合深度，主要体现在以下方面，见表 2-1。

表 2-1　农村基础设施数字化影响产业融合深度的手段与表现

农村基础设施数字化影响产业融合深度的手段	农村基础设施数字化影响产业融合深度的表现
借助数字技术提升乡村产业的智能化水平	运用 5G、大数据、物联网等先进技术，乡村产业实现了智能化升级，不仅能够对温室种植环境进行精细调控，还实现了灌溉设备的远程智能化管理，从而精确掌控农业生产流程，降低环境因素的不确定性对农产品质量的影响，显著提升农业生产效率和经济效益，促进农业产业的深度融合与高质量发展
借助数字经济和数字技术来提升农民的综合素养及技能	随着"村村通宽带"的全面实现，农民能够便捷地接入互联网，利用智能终端获取现代农业知识，提升经营管理能力，并实时掌握市场动态，为其参与市场竞争提供了有力支持
借助数字技术来提升乡村产业经营管理的精准化	依托大数据平台，管理者能够迅速识别产业运行中的问题，并作出及时响应，有效提高了管理效率与决策科学性

3. 通过促进多业态融合加深产业融合

在科技日新月异、信息网络不断健全、教育资源日益丰富、物流体系日趋完善以及社会资本积极涌入的宏观环境下，乡村经济呈现出前所未有的多元化与融合化态势。数字技术向乡村产业的广泛渗透，不仅为传统农业向现代农业的转型提供强大动力，还催生诸多新业态与新模式。借助互联网、物联网、大数据及云计算等前沿技术，农业生产、加工与销售的全链条得以智能化升级，资源配置效率显著提升，农业经营主体与上下游企业的信息协同进一步增强，有效推动了农业劳动生产率的飞跃。

数字技术的持续融入使得乡村一、二、三产业间的壁垒逐渐消融，产业间的交互融合成为常态，不仅加速了精准农业、智慧农业及农村电商等新兴业态的蓬勃兴起，还促进了现代科技与传统农业体系的深度融合。

（三）数字赋能推动融合深度提升的政策建议

随着地方政府重视程度的不断提升，我国各地的三产融合虽已取得显著进展，但农村三产融合仍面临诸多问题。目前，农村产业融合正处于由初级阶段向中高级阶段转型的关键时期。为有效提升产业融合的深度，需要各级党委和政府在政策引导及资金支持方面发挥更大作用。同时，新型经营主体应在市场导向和商业规律的引领下，有序参与、积极实践，以推动农村产业融合的高质量发展。在乡村振兴战略实施背景下，可以从以下两个方面入手，促进农村产业融合的进程：

1. 提升农业生产工业化与产品多元化品质

当前，我国农产品加工仍存在粗放低效的问题，难以有效提升农产品的附加值。因此，推动农产品精深加工是拓展农业产业链的重要路径。在农业生产的各个环节引入先进的农业机械设备，减少对传统劳动力的依赖，能够推动农业生产与现代科技成果的深度融合，有效降低人力成本，提升生产效率和农产品的质量，从而推动农业整体向现代化转型。同时，优化农产品的保鲜、储存和加工环节，有助于巩固农业产业的基础地位。

通过提升农产品的精深加工水平，不仅能拓展农业价值链，还能推动农业产业结构的升级。因此，应建立先导示范区和培育龙头企业，具体包括：① 通过加大对龙头企业的资金支持力度，强化市级以上龙头企业的动态监测和服务体系，确保其持续发挥带动作用；② 支持具有较强市场潜力和成长性的企业，以便构建完善的企业扶持机制，营造有利于龙头企业发展的经营环境，推动农产品深加工产业的健康发展；③ 地方政府应积极出台针对农业先导区的扶持政策，优化利益联结机制，以增强农民的就业机会和收入水平。在此过程中，创造更优越的政策环境和条件，不仅能促进农业产业链的延伸与升级，还为农村经济的可持续发展奠定坚实基础。

2. 加大资金投入强化农村产业基础与信息化

（1）积极投建农村产业基础设施

积极投建农村产业基础设施，包括对传统物理基础设施的数字化改造以及新型基础设施建设。鉴于我国乡村长期存在的数字基础设施发展不均衡、技术水平偏低问题，积极投建并改造传统基础设施，同时加强信息基础设施与融合基础设施建设，成为推动乡村产业振兴的迫切需求。当前，尽管数字基础设施逐步完善，网络效应日益显著，但乡村数字基础设施仍存较大完善空间，亟须进一步投入与升级。

（2）积极加强农村信息化建设水平

加强农村信息化建设水平主要包括：① 改造和升级现有通信网络与宽带服务，因地制宜地构建"互联网＋农业"模式，并建立乡村数字通信基站与数据服务中心，从而推动数字化在农业领域的深度应用；② 科学布局电商网点，以覆盖更多农村区域，解决物流配送的"最后一公里"难题；③ 结合乡村产业经营主体的特点与需求，设计定制化的资费方案，以提升其对数字服务的使用意愿，最大限度地发挥数字基础设施的效益，推动乡村产业的全面发展。

三、数字赋能产业融合方式创新

三产融合以农业为核心，通过产业渗透、交叉及重组的方式推动农业向更广泛的产业链延伸，从而拓展至第二、第三产业领域，逐步构建农业综合体和产业联合体。三产融合模式不仅能够延长农业产业链条，还在推动农业现代化、城乡统筹发展及农民收入提升方面发挥关键作用。为实现农业高质量发展，必须从根本上转变农业的发展路径，通过调整和优化农业产业结构，聚焦质量变革、效率变革和动力变革，提升整体农业的效益与市场竞争力。

农业需要由传统的粗放型增长模式向精细化、集约化方向转型，借助新技术和新业态的创新驱动，形成可持续的现代农业体系。同时，通过数字技术的深度赋能，推动农业与二、三产业的深度融合，实现产业链条的延伸和价值提升。利用信息化手段，不仅能够优化资源配置，还可提升各环节的生产效率，进而为农业产业链的创新发展注入新动能。

（一）产业振兴的关键：产业融合方式创新

农业涉及面广，与之相关联的产业众多，不同产业间差异较大，与农业的关联点也不一样，进而造成与农业的融合方式存在差异。因此，根据不同产业与农业的关联方式将农业产业融合方式归结为如下三种类型。

1. 技术渗透型融合

技术渗透型融合核心在于高新技术如生物技术、信息技术等向农业领域的深度渗透与广泛扩散，深刻地引发了农业生产经营管理方式的根本性转变。高新技术对农业的渗透并非局限于某一特定环节，而是全方位、多层次的深度融合。在此过程中，工业工程技术、先进装备与设施被广泛应用于传统农业的改造升级之中，通过引入机械化、自动化乃至智能化的管理手段，极大地提升了农业生产效率与资源利用效率，从而推动了高效农业的快速发展。典型代表如生态农业、精准农业、智慧农业、植物工厂等。

（1）高新技术对土地管理模块的赋能

面对农业经营中地块多样性带来的复杂管理挑战，包括土壤结构的差异性、水利条件的各异、种植作物的多样性，以及土地承包流转过程中涉及的出租人信息、出租年限、地块边界等关键要素的管理，高新技术提供了有力的技术支持。承租人通过遥感技术与地理信息技术的综合运用，能够将所有耕地的详细信息，如地号、面积、土地属性、种植作物等，精准录入计算机系统，构建起一套完善的土地电子图文档案，由此便于信息的存储与查询，更通过软件生成的电子地图，实现了对土地资源的可视化管理与动态更新。另外，地理信息系统与遥感技术的深度融合，使得对作物面积、种类、种植户信息以及地号位置、面积、土壤情况等关键信息的分类管理成为可能。

（2）高新技术对生物育种模块的赋能

传统育种方式存在周期长、效率低、改良效果有限等问题，通过引入现代生物技术、航天技术和转基因技术，可大幅提升动植物品种的改良效果，从而显著提高农业产量和整体生产能力。此外，高新技术还深入渗透至农业生产模块，改变了传统粗放型的生产模式。以往灌溉、施肥等环节普遍采用"一刀切"的管理方式，导致资源利用效率低下，效果欠佳。而在高新技术的支持下，农业生产向精细化管理转型，能够精准调控各生产环节，从而提升生产效率和产出质量，推动农业可持续发展。

（3）高新技术对产品营销模块的赋能

高新技术在产品营销模块的赋能，为农业增值提供了重要支撑，不仅关乎农业产量的提升，更在于通过精准的品种选择、有力的品牌推广以及多元化的渠道拓展，有效应对日益激烈的市场竞争环境。随着信息技术的飞速发展，公共信息平台在农业领域的应用日益广泛，为农场主提供了获取农产品供求信息的便捷途径。通过成为信息平台的会员，农场主能够实时掌握市场动态，根据需求变化灵活调整种植结构，实现农产品的供需匹配与优化配置。农产品公共信息服务平台是农场主树立品牌形象、推广产品的重要阵地。农场主可以直接与需求方建立联系，减少中间环节，提高营销效率。同时，社交平台作为新兴的营销渠道，为农场主提供了开展促销活动、进行体验型产品推介的广阔平台。通过这些活动，农场主不仅能够增加品牌的知名度和美誉度，还能够拓展销售渠道，实现农产品的多元化销售，进一步提升农业附加值。

（4）高新技术对产品追溯模块的赋能

在食品安全问题日益受到关注的背景下，消费者对农产品生产和流通环节的可追溯性提出了更高要求。高新技术在产品追溯模块中的应用，不仅有助于企业实现对产品质量的全程监控，还能提升产品透明度，从而增强消费者的信任度。通过区块链、大数据、物联网等技术手段，可实时记录农产品从生产到销售的全过程信息，实现精准追溯。这种信息化管理模式不仅确保了食品安全，还提升了品牌信誉，为农业产业链的高效管理与可持续发展提供了技术保障。

2. 重组型融合

重组型融合旨在依据生物链的基本规律，对农业内部的种植业、养殖及畜牧等子产业进行深度整合与重构。传统农业中，各子产业间往往呈现孤立的"资源—产品—废弃物"线性模式，导致资源浪费与环境污染问题严峻。而通过重组型融合，各子产业的生产流程得以优化重组，形成协同互补的良性循环。此融合形式不仅灵活多样，可涵盖种植业与畜牧业的结合、种植业与养殖业的融合，乃至三者的全面整合，且其固定投资相对较低，适应性强，便于各地区根据自身产业特色灵活实施，以促进农业资源的高效利用与可持续发展。

3. 延伸型融合

延伸型融合是将现代服务业，特别是旅游业的经营理念、模式及其相关资源，融入农业生产活动的过程。通过将旅游业与农业的有机结合，延伸农业产业链，发展农业的观光休闲功能。旅游业与农业的结合形成了旅游农业，其基本特征是以农业生产为基础，结合农产品生产、农业自然景观及农产品加工等农业资源，通过观光、娱乐、购物、餐饮等旅游服务的形式实现产业融合。这一融合方式使农业与旅游产业相互渗透，形成全新的农业发展模式，既丰富了农业的功能，又拓宽了其市场渠道。

在现代农业发展中，互联网技术的优势被充分利用，尤其是在电商平台上，提升了农产品的销售和服务能力。农业电商成为连接消费者和农产品的重要纽带，同时推动农业信息化发展，增强了市场的流通效率。通过举办各类农业主题的论坛、博览会和节庆活动，进一步加强了农业与消费者之间的互动，提升了农业产业的综合效益。尽管这种融合方式需要较大规模的固定投资，并且单位产值较高，但其核心客户群体主要集中在城市，适宜在城市周边或著名景区附近进行开发。在这种模式下，农业通过依托本地的特色资源，发展精深加工和综合利用，不仅增加了农产品的附加值，也推动了农业的现代化转型。

产城（镇）融合型——围绕城市及其郊区开展的农业与城市融合模式。通过在城市郊区建设科技型和生态型农业，推动现代都市农业与城市生态环境的双向融合。这种模式强调在县城及重点乡镇发展农业二、三产业，促进农业生产与城市经济的互动，带动相关产业如加工、包装、运输、餐饮、金融等发展，形成农业与城市协同发展的良性循环。农业的二产向三产的拓展，如工业旅游业的发展，通过展示工业生产过程、工厂风貌及产品展示，吸引游客参与，实现了产业多元化和互联互通。文化创意产业的介入，为农业加工注入了新的活力，通过创意加工手段，将农村的文化资源转化为不同形态的市场产品，进一步促进了农业与其他产业的深度融合。

功能拓展型融合——注重加强产业链的横向拓展，推动农业与其他产业如旅游、教育、文化、体育、会展、养生、养老等的深度融合。通过多维度的功能拓展，农业不仅仅局限于生产和加工，还能够涉及更广泛的社会服务领域，促进农业的多元化发展。大力发展创意农业和农业文化资源的转化，如建设农业主题公园、农耕文化展示等项目，以创新方式将农业与文化、教育、休闲等产业结合，形成综合性的休闲农业示范区。通过创意农业的发展，将传统农业和现代生活方式结合起来，提升农业的文化内涵与附加值。典型的融合业态包括农产品物流、智慧农业、工厂与牧场观光、酒庄旅游等，这些业态将农业生产、文化传播、休闲娱乐等多功能集合在一起，促进农村经济和社会的全面发展。

综上所述，一、二、三产业的深度融合不仅推动了农工、农商产业的协同发展，还促进了农村向生态化、绿色化、特色化转型，拓展了农业的功能边界。通过构建涵盖农业生产、加工和销售的全链条产业平台，并推动休闲农业和乡村旅游的发展，可以实现产业形态的多样化。这一过程有助于在专业大户、家庭农场、农民合作社、龙头企业与工商资本之间建立稳固的利益联结机制，推动基础设施互联互通及公共服务高效运行，从而加速城乡融合。

数字技术的赋能与创新改革为一、二、三产业深度融合提供了新动力，激发了新的消费模式和市场需求。基于"改革＋创新"的理念，应结合农业实际情况，推动跨界、跨区域及跨产业的融合，以支持农业现代化。此过程中的改革与创新应聚焦智能化，通过优化生产与销售环节，降低成本、拓宽销售渠道、提升效益。农业发展必须依赖科技，特别是在智能化改造方面，推动乡村农业与大数据深度融合，解决农产品购销难题及深加工不足问题。为了深化农业农村三产融合改革，必须不断从改革和创新中汲取动力，实现二者的深度融合和相互促进。通过双轮驱动，提升农产品品牌化、市场化和规模化水平，确保农民获得更多实惠，增强其产业发展的信心与积极性。

（二）数字赋能在创新产业融合方式中的作用

产业发展是激发乡村生产力的基础，三产深度融合是乡村振兴的重要标志。农业农村应借助数字技术，通过资源整合、信息共享和要素互联，健全一、二、三产业融合发展利益联结机制，推进农业产业全面升级。

1. 农业生产数字化

农业生产数字化增强了农业领域的信息捕获能力，从而获取精准的农业生产数据，推动了农业向"精确化"生产模式转型，实现了对农业生产过程的精准管控。通过合理调整农业生产布局，农业生产数字化不仅最大限度地降低了能耗成本，还有效减少了经营中的不确定性风险，为农业生产的高效稳定运行提供了有力保障。

2. 农业经营数字化

农业经营的数字化转型为农业产前农资服务和产后销售提供了新的解决路径，有效突破了传统模式中的多项瓶颈。在数字技术的支持下，传统农资企业得以实施电商化转型，解决了农资市场中的信息不对称、供需失衡及中间环节过多等问题。数字技术促进了农技推广体系的完善，提升了农机具的售后服务质量。这一系列改革措施不仅增强了农户在农业产业链中的话语权，还提高了小农户在收益分配中的能力，有助于激发其生产积极性，推动农业产业链的健康发展。

3. 农业服务数字化

农业服务数字化，依托互联网平台的开放与共享特性，有效打破了农业技术应用与服务的传统壁垒，实现了农户技术需求的快速传递与响应，使农户无需离家即可提升农业技术应用能力，加速了农业技术成果的普及与应用。数字金融作为数字技术的重要应用，以其低成本、高效率的优势，优化了农村资金供需配置，有效缓解了农村金融的地域歧视与供给型金融抑制问题，显著提高了小农户获取金融服务的可及性，为乡村三产融合发展注入了强劲动力。

（三）数字赋能助力创新产业融合方式的政策建议

当前必须要强化数字技术创新能力和正外部效应，提升数字服务水平和数字技术运用能力，推进数字技术对农业融合发展和功能拓展支撑作用，释放数字技术对创新产业融合方式的赋能效应。

1. 生产体系：强化数字技术标准及其创新效应

（1）加强数字技术标准引导，推进农业数字化转型

全面衡量数字农业发展水平的指标评价体系，涵盖发展环境、技术支撑、生产数字化、经营数字化以及服务数字化等多个维度，确保评价的科学性与全局性。同时，还需着力建立健全数字乡村的规范标准体系，其中包括但不限于农产品质量标准、网络安全标准以及农产品流通标准等关键领域，以此作为数字农业健康发展的基石，推动农业领域全面实现数字化、标准化与规范化。

（2）加大农业数字技术研发投入，发挥技术创新的扩散效应

政府应增强财政支持，重点关注前沿战略性技术的布局、集成技术应用及关键共性技术的研发，打造集农业科技装备、技术攻关与系统集成于一体

的创新平台。通过促进科研机构、企业等主体之间的协作，构建科技人才返乡挂职、离岗创新创业及技术项目合作等多元化机制，推动技术研发与应用的深度融合。结合重点技术研发、重大项目攻关与农业数字技术的协同支持政策，加速农业数字技术管理与科技创新团队的建设，全面提升农业数字技术的创新能力，从而推动农业生产效率和可持续发展水平的提升。

（3）推动技术成果转化，发挥技术转化的溢出效应

为推动技术成果的有效转化，并充分发挥其溢出效应，需聚焦核心技术突破与广泛应用。具体而言，应重点攻克如专业卫星遥感技术、农业无人机技术、生产环境与体征传感器技术等关键领域，确保这些技术能够紧密贴合农业农村的发展需求，为农业生产经营及管理服务提供坚实的数字技术支撑。着力提升农业数字信息智能检索、信息关联、深度学习等技术的研发创新能力，以期提高技术成果转化的效率与质量。通过强化数字技术的赋能作用，应大力推进农产品供应链体系与运营服务保障体系的完善，助力农村电商的蓬勃发展，从而实现数字技术成果的高效转化与农产品市场的产销无缝对接。

2. 经营体系：提升数字服务水平和技术应用能力

（1）加强资源整合和持续投入保障

第一，围绕农业全产业链的各个环节、不同阶段及主体的需求，应深入研究农业数字服务模型，提高数字资源的整合力度，以减少资源配置中的不对称性，进而提升数字资源的质量与交易价值。这一过程有助于拓展垂直领域的数字服务市场，尤其是面向小农户的数字服务，降低数字交易成本，促进农业生产效益的提升。

第二，拓宽数字技术的多元化投资与融资渠道，鼓励社会资本进入数字技术领域，通过设立专项基金，提升数字技术企业的融资能力。

第三，支持银行与金融机构根据数字技术发展的需求创新金融服务模式，为相关产业提供差异化的资金支持。

第四，探索将股权、知识产权等资产形式纳入质押担保范围，为数字技

术企业提供更加灵活的贷款与保险服务，以进一步激发农业数字化领域的创新活力。

（2）提升数字服务能力和服务质量

第一，完善农业数字服务的软硬件端口、数据共享及相关标准规范，满足农户对电子商务、便民服务和体验服务等数字化需求。

第二，提升远程数字技术服务是关键举措，通过在线诊断和集成方案的指导，帮助农户解决经营困境，提供有效的解决方案。

第三，加强数字服务的售后反馈机制，降低农户接受数字服务的时间成本、知识门槛和咨询成本，使农户能够更加便捷、快速地获取所需的信息与服务。

3. 产业体系：推进数字技术对农业融合发展的支撑作用

（1）利用数字技术拓展农业功能

完善覆盖城乡的数字基础设施，特别是加强全网共享的构建。通过促进大数据、物联网、人工智能、5G等技术的深度融合，能够将这些先进技术嵌入农业产业的全过程，提升农业生产的智能化水平。数字技术在农产品质量安全追溯等产业链薄弱环节的应用，将有效提高农业生产过程的透明度与可控性，减少安全隐患，并优化生产流程。此外，数字技术的广泛应用还能够提升农业薄弱领域，诸如种植业和水产养殖的技术水平，推动这些领域的数字化、智能化转型，从而全面提升农业产业的综合发展水平。

（2）探索数字技术赋能农业高质量发展的长效机制

第一，强化数据源头采集的质量保障，制定科学的数据采集标准，确保所采集数据的市场价值和实际应用价值，激发市场主体的创新和活力。

第二，加强数字乡村资源的管理与运营，促进基于"天、空、地、海"资源库的数字确权、流通交易和共享开放机制的建设。

4. 创新融合方式：促进产业融合方式多样化

（1）强化数字平台的建设

通过益农数字平台的建设，可以有效实现"以需定产"的目标，既能节省农业发展的交易成本，又能够降低生产成本，进而激活产业链条上各利益主体的积极性，促进产业链的延伸和产业的有序发展。

（2）开发信息技术的功能

通过提升信息技术在整合乡村各类资源方面的支撑能力，可以有效促进产业融合方式的多样化发展。信息技术的创新和应用，不仅能够推动农业产业的智能化和现代化，还能为农业产业注入新的发展动力，促进产业链条的全面升级与优化。

（3）保证食品安全

食品安全问题一直是农业领域亟待解决的重大挑战，尤其是在农业产业链的生产、流通、消费等各环节中，如何保证食品安全显得尤为关键。加强以信息技术为主导的农业物联网工程建设，能够通过精确的数字技术指导农业的各个生产环节，实现全过程可追溯。通过技术手段的介入，不仅能够确保食品质量的安全，还能提升消费者对食品安全的信任度，进一步推动农业产业的健康发展。

（4）制度规范的建设

加强数据标准体系的建设，制定统一的数据行为准则，能够为数据的应用和管理提供明确的规范。此外，构建完善的数据要素市场规则，并探索符合我国国情的数据市场化路径，将有助于激发数据的潜在价值，推动产业的数字化转型。通过统筹好数据开放和数据安全治理，能够为数据市场的健康发展奠定坚实基础。

（5）适度超前地建设信息网络设施

适度超前地建设信息网络设施，提升网络载体的赋能效能，能够更好地释放有效需求，推动数字技术的全面赋能。通过这些手段，不仅可以加强产业融合的基础设施建设，还能在数字化转型的过程中发挥更大的作用，从而为推动产业的高质量发展提供有力支撑。

第三章
新时代乡村生态振兴发展与优化实践

乡村，作为自然与人文交织的宝贵财富，其生态环境的优劣直接关系到国家的生态安全、人民的福祉以及乡村经济的长远发展。本章深入剖析新时代乡村生态振兴的核心要义及发展目标，研究乡村生态文明建设与环境治理，并对乡村生态旅游发展及优化对策进行探究。

第一节　新时代乡村生态振兴及发展目标

一、乡村生态振兴的意义体现

"乡村生态振兴是农业农村可持续发展的重要战略，是农民实现美好生活的现实要求。"[①]其重要意义体现在以下方面：

第一，保护生态环境和生物多样性。通过恢复生态系统功能、改善生态环境质量，并有效减少污染和生态破坏，有助于保护珍稀濒危物种及维持生物多样性，对于确保生态平衡和保障生态系统稳定性具有至关重要的作用。

第二，应对气候变化。通过增加碳汇、提升碳吸收能力，可以有效减缓气候变化对环境和经济的负面影响。例如，湿地恢复、植树造林等措施能够

---

① 程思静，郎群秀．乡村生态振兴实施困境与对策建议［J］．农村经济与科技，2022，33（7）：38．

减少温室气体排放，推动低碳生产方式的广泛应用，从而为应对全球气候变化提供支持。

第三，提升人民生活质量。通过改善生态环境，能够为人们提供更优质的生活条件，减少污染带来的健康威胁，进而提升人们的幸福感和整体生活品质。优良的生态环境不仅是经济发展的基础，也是民众生活改善的前提。

第四，促进经济的可持续发展。通过推动绿色经济的发展，培育生态产业，推动循环经济的建设，能够有效创造就业机会并促进经济增长。生态旅游、生态农业等产业的兴起，为经济提供了新的增长点，推动了社会经济的绿色转型。

第五，改善城市和乡村环境。生态振兴规划能够有效改善城乡环境面貌，提升居民的生活质量。通过改善水体质量、增加绿化空间、减少垃圾堆放等措施，城市和乡村的宜居性和美观性得以提升，从而使居住条件更加优越，也增强了人们的归属感与幸福感。

第六，响应全球可持续发展目标。生态振兴规划积极响应全球可持续发展目标，尤其是与环境保护和气候行动相关的目标。通过推动这一规划的落实，国家能够履行国际环保承诺，提升自身的国际影响力。生态振兴不仅有助于国内发展，也向国际社会展示了国家在应对全球性环境挑战中的责任与作为，促进了全球可持续发展目标的实现。

第七，传承文化和历史遗产。生态振兴规划保护了自然景观，还承载和传承了人文遗产，提升了地域文化的价值。通过保护和恢复生态环境，生态振兴规划在确保生态可持续性的同时，也为后代留下了文化与自然的双重遗产。

二、乡村生态振兴的人居改善

在当前的生态振兴规划中，人居环境的改善已成为一项至关重要的任务，且这项工作具有较高的复杂性和艰巨性。农村人居环境的改善并非一蹴而就。受多种复杂因素的影响，农村经济发展滞后，基础设施建设仍显不足，因此

89

在人居环境的改善过程中，必须从长远考虑，逐步推进，确保每一项措施能够切实惠及每一个村民，带来最真切的感受和体验。

农村人居环境的改善是一个长期性的任务，需要形成全体人民共同参与、共同推进的良好局面。要让绿色环保成为每个村民的信仰，逐步改善不良的生活习惯，增强环保理念。这项工作需要在坚持的基础上，不断增强农民对生态环境保护的意识，努力改变他们对生态和环境问题的态度，推动形成以绿色发展为导向的乡村文化。

人居环境的整治与农村经济发展息息相关，在经济发达地区和经济相对滞后的地区，应当采取差异化的标准和方法。不同地区的经济发展状况、群众的需求等因素决定了该项工作的具体推进策略。例如，在经济相对落后的地区，可以将垃圾处理和村容改善作为首要任务，逐步推进山水林田路房的综合治理；而在经济相对发达的地区，可以根据当地的经济发展水平，分层次、分梯度地进行人居环境改善工作，确保工作的整体性和协调性，而非单纯模仿其他地区的做法。这种因地制宜的差异化推进，能够更加精准地实现人居环境的改善目标。

改善工作需要一定的资金投入，而这一点必须考虑到可持续发展和长期维护的需要。在建设阶段，资金的合理配置尤为关键；而在后期的管理和维护中，政府应明确自身的主体责任，建立起系统化、标准化、经济化、科学化的长效管护机制，确保所做的工作能够持续有效地发挥作用。与此同时，政府还应通过经济奖励、政策支持、贴息等方式，吸引更多资本的投入，形成良性循环，推动乡村环境改善工作的常态化。

人居环境的改善应注重乡村文化和经济的发展。经济条件较好的地区可以发挥当地特色产业的优势，发展乡村旅游等产业，进而促进环境改善工作的持续性和常态化发展。农民是这一过程中的重要主体，必须明确其在生态振兴和人居环境改善中的角色。农民的积极参与，不仅能提高其参与感和获得感，还能通过他们的实践推动项目的顺利实施。因此，应充分调动农民的积极性，让他们在改善自身生活环境的过程中感受到实实在在的利益，从而为美丽乡村建设和人居环境改善工作注入更多的活力和动力。

三、乡村生态振兴的规划编制

（一）乡村生态振兴规划编制的思想

坚持走可持续发展的道路，坚持生态文明建设与政治文明、精神文明一起抓。坚持农村经济发展、村庄建设与环境保护同步规划，全力解决农村在经济与建设发展中存在的环境与生态建设问题。坚持以人为本、统筹兼顾，创造良好的农村居住环境和良好的农业生态环境。加强农村的综合整治，努力改善农村的环境质量，实现经济建设发展和环境保护与生态建设的"双赢"。

（二）乡村生态振兴规划编制的内容

1. 环境规划

在应对环境污染问题上，需从治理与预防两个维度入手，双管齐下，且均需追溯至污染源头。一方面，对于已遭受污染的环境，应采取科学合理的治理措施，以恢复其生态功能。例如，在大气污染治理方面，需对排放气体进行严格净化处理，有效降低有毒有害气体排放量，从而改善空气质量。另一方面，针对可能引发污染的生产活动，则需强化预防措施，从源头上规避污染风险。在污水处理领域，需通过先进工艺将污水中的有害物质降至安全标准以下，确保不会对人体健康及生态系统构成威胁。同时，对于固体污染物，应积极探索资源化利用途径，通过科学处理实现变废为宝，既解决了污染问题，又促进了资源的循环利用。

总之，通过治理，变污染废物为可利用的资源，增加和节约资源，达到合理利用、变废为宝的目的。要把环境治理和保护作为村庄规划的一项重要内容，具体表现见表3-1。

表 3-1　环境规划

环境规划	具体内容
建立安全、清洁的生产机制	环境保护的预防实质就是建立安全、清洁生产的保障机制。在企业建设之初，从规划阶段就要建立在安全、清洁生产的要求之上，从根本上堵住污染的源头
加大环境保护管理力度	加大环境保护管理的力度主要在于：① 加强对污染企业的管理，增加排污费用，用于污染物的治理；② 限制污染严重企业上马，对于那些污染严重又无治理能力的企业，一定不予批准；③ 对那些污染严重又无治理能力的企业，一定要关、停、并、转，严禁再生产；④ 禁止使用污染严重的农药、化肥和难以降解的塑料薄膜；⑤ 要根据当地实际情况，分片建设污水处理场所，达到污水治理标准
农村建设要走"四节""八新"的建设道路	"四节"即节地、节能、节材、节水；"八新"即建设新环境、利用新能源、利用新材料、建立新的管理和服务体系、建设新的基础设施和公益建筑、培育和完善新的社会主义市场体系、培育和造就一代新农民、建设社会主义新农村和树立新风尚

2. 生态建设规划

生态建设规划包括三个方面，具体见表 3-2。

表 3-2　生态建设规划

生态建设规划	具体内容
建立循环经济	建设社会主义新农村的一项重要任务就是建立农村的循环经济，以农业资源为基础，对农产品进行深加工，充分利用资源进行再生产，尽可能实现废弃物质资源化利用，充分发挥资源的利用程度
使用新能源	我国农村面广点多、人口众多，能源消耗量大，农村生态环境较差，农民收入偏低。使用新能源就是减少煤炭、石油等耗竭资源的使用量，尽可能使用太阳能、水能、风能、潮汐能、地热能和再生能源，充分利用自然能和再生能源，减少污染，节约资源
农业生态环境建设	我国人口多、开发历史久远，人类对自然资源的过度开发造成自然环境和农业生态环境的严重破坏，使得农村生态环境较差，成为农村生产、生活的重要限制因素。编制新农村规划必须把农村生态建设作为一项重要任务

3. 水环境规划

水环境规划方案是由许多具体的技术措施构成的组合方案，这些技术措施涉及水资源开发利用与水污染控制的各个方面。治理水污染一般有两种方式：① 最大化减少污染物排放，对污染超标的地区进行管理；② 发挥水体的自净功能，让环境承载力不断提升，把环境容量有效利用起来。治理水污染的具体措施包括四个方面，见表 3-3。

表 3-3　水环境规划

水环境规划	具体内容
严格执行排放标准	浓度控制是对人为排入环境的污染物浓度所作的限制规定，以达到控制排污量的目的
企业清洁生产	清洁生产是一种基本的污染防治战略，企业在带动区域经济发展的同时，也带来了较大的环境污染。企业清洁生产、减少污染负荷是乡镇企业的正确发展方向
污水治理与资源化	建设污水处理设施是解决城镇水环境污染的最终出路。应根据经济社会发展水平，在有条件的地区开展污水治理和污水资源化工作。在对污水进行一定的处理后，应考虑如何进行水回用，也可以考虑污水资源化。在进行绿化的过程中，可以使用中水来实现，满足灌溉需求及相关指标的污水可以进行灌溉，这是节约水资源的一种重要方式，也将水污染的危害降至最低
农业污染控制	不断促进农业结构的改善，通过作物轮种促进土壤质量的不断提升。采取绿化林网的方式充分发挥土壤资源优势。必要的时候可以实施坡地改造的方式，让水土流失的危害降至最低。优化配置化肥农药的使用，尽可能使用有机肥，倡导使用低残留化肥。大力推广有机农业的发展，发挥生态农业的优势，让农业发展的结构更加优化。倡导绿色农业发展，尽可能减少畜禽养殖带来的各种危害。对于那些发展规模较大的这类型产业，必须要严格进行污染处置，让粪便的作用得到充分释放。在进行粪便堆存时，要严格实施科学的处理，尽可能减少与水源的接触；对于那些实施分散养殖的企业，则应该严格控制污水排放，确保粪便的存放要科学合理

4. 生态农业建设规划

要遏制生态破坏，保护和改善农业生态环境，实现农业现代化和保持农业可持续发展，必须发展生态农业。生态农业建设规划的指导思想是以生态理论为指导，充分认识农业生态系统是农村复合生态系统中的一个半人工生态系统，农业生态系统不但自身处于高效稳定运转状态，而且要与其他生态系统保持协调稳定。应因地制宜制定生态农业模式，充分合理利用农业内部的能源和资源，注重农源，注重农、林、牧、副、渔等各业的全面发展和合作，促进农业生态系统的良性循环，使自然资源得以永续利用。注重经济与环境协调发展，使经济效益、社会效益和环境效益达到高度统一。

5. 农业生态林建设规划

根据农业环境保护目标，对规划区域内的宜林宜草荒山、荒地、荒坡、荒滩面积进行普查统计，划出范围，进行绿化，提高植被覆盖率；对于水土流失、草场退化、土地沙化严重的地区，会同有关部门划出退耕还林、还耕还牧区域；对林业用地、各种防护林、道路、农田林网等采取相应的绿化措施；制定并执行有关法规，提出相应的管理措施，以保护森林植被资源，提高绿化覆盖率。

6. 生物多样性保护和自然保护区建设规划

生物多样性包括遗传多样性、物种多样性和生态系统多样性。生物多样性保护了农业生产的重要资源，同时生物多样性保护也是当今自然保护工作的一个热点，保护生物多样性的最有效途径就是建立自然保护区，具体措施包括：① 保护生物多样性。进行自然保护区现状调查，按照建立自然保护区的条件和标准，会同有关部门共同确定保护对象及其类型级别。② 确定保护区。确立自然保护区具体地点，并划定保护范围。③ 建立管理机构。建立相应的管理机构，提出自然保护的要求，并制定防护措施。

（三）乡村生态振兴规划编制的原则

可持续发展原则：坚持对自然资源合理开发和保护并重的原则，有效利用和保护自然资源，提高植被覆盖率，治理、恢复退化的环境，增强生物的生产力和抗灾能力。综合治理环境污染，改善环境质量，提高资源环境系统对经济、社会发展的支持能力。要把生态文明建设和物质文明、精神文明建设放在同等重要的位置。

坚持三大效益统筹兼顾原则：村庄规划要坚持经济发展、村庄建设、村庄环境保护与生态建设同步规划、同步实施、同步发展的方针，要做到生态效益、经济效益、社会效益统筹兼顾。

实事求是、因地制宜原则：根据村庄的地理位置、环境特征、周边城镇空间配置及污染物处理的设施条件，正确安排村庄污染物的治理处理出处，发挥区域综合治理的优势。

污染防治和生态环境保护并重原则：坚持防护为主、保护优先，统一规划、同步实施，使村庄环境保护与生态建设的目标同步实现。

四、乡村生态振兴的基本原则

（一）坚持党对农村工作的领导

在推进新时代乡村生态振兴的过程中，中国共产党的坚强领导至关重要。新时代乡村生态振兴建设不仅要坚持党的领导，更要加强党的领导，这是走乡村生态振兴道路和制定乡村生态振兴方案的根本政治保障。

1. 坚持党对乡村生态振兴的全面领导

坚持党对乡村生态振兴的全面领导，体现了在中国式现代化和中华民族伟大复兴的背景下，推动生态优先和绿色发展的核心原则。乡村生态振兴不仅要贯彻马克思主义的基本立场、观点和方法，还应以习近平生态文明思想为指导，推动乡村的全面振兴。党的领导要求将乡村生态振兴作为一项与农民密切相关的事业，确保其以农民为主体、服务农民、并最终使农民共享其成果。强调乡村生态振兴应维护农民的合法权益，尤其是其中的生态权益，以促进农民的可持续发展。

2. 加强基层党组织建设

在推进此战略的过程中，应着重发挥农民的主体地位，尤其是农民党员的积极作用。这要求不断强化农村基层党组织建设，确立其在乡村生态振兴中的核心引领地位，通过提升基层党组织的能力，将农民党员锻造成为推动乡村生态振兴的主力军。同时，需坚持并完善党的领导制度体系，以此作为提升党的执政能力的关键路径。确保党在思想、政治及行动上的高度统一，并着重优化党的领导体制机制，使党能够统筹全局、协调各方。此举措旨在保障党的领导效能，通过革新党的领导制度体系，进一步增强党组织与党员的工作效率及创新能力，从而确保乡村生态振兴战略的稳步实施与成功推进。

（二）坚持农民主体地位

人民至上是中国共产党的根本价值立场，作为马克思主义执政党，中国共产党深刻认识到人民群众在社会历史进程中的主体作用，并始终将其作为各项工作的出发点和落脚点。在乡村生态振兴战略中，党坚持农民作为这一进程中的主体地位，确保乡村生态振兴的各项措施和成果服务于农民、依靠农民并最终由农民共享。

1. 坚持发展为了农民

发展应紧紧围绕农民的实际需求展开，确保发展成果能够有效提升农民的生活质量，推动社会的全面进步。乡村生态振兴的核心任务之一便是注重农民利益，将其置于工作中心，确保每一项政策措施都能回应农民的期盼，满足其多方面的需求。在实践中，发展必须着眼于农民的长远福祉，不仅要加强基础设施建设，改善生活条件，还要优化生态环境，创造有利于农民生产和生活的条件。生态环境的改善与污染问题的解决，直接影响农民的生活质量与幸福感。

2. 坚持发展依靠农民

"社会生活在本质上是实践的"[①]，通过实践活动不断认识世界、改造世界是人类的重要使命。人民群众不仅是社会物质和精神财富的创造者，也是推动社会变革的决定力量，更是实现乡村生态振兴的根本动力。因此，乡村生态振兴战略的实施必须深刻植根于基层社区和农村居民。农民的广泛参与是确保乡村振兴战略有效推进的关键要素。若农民未能积极参与其中，乡村生态振兴的基础将无法稳固，战略的实施也将失去支撑。

在乡村生态振兴的规划与实施过程中，必须高度重视农民的主体地位，尊重并保障其基本权利，确保农民能够在生态振兴过程中获得充分的参与机

---

① 马克思，恩格斯. 马克思恩格斯选集（第1卷）[M]. 北京：人民出版社，2012：139.

会。这不仅能够凝聚群众的集体智慧和共识，还能激发农民的积极性、主动性和创造性，为乡村振兴提供强大动力。同时，应注重培养具备生态文明意识的高素质创新型农民，使其成为乡村生态振兴的主力军，推动乡村建设成为宜居宜业的美丽家园。

3. 坚持发展成果由农民共享

坚持发展成果由农民共享，体现了人民主体利益的核心价值，是检验乡村生态振兴成效的重要标准。发展成果的共享不仅是实现农民利益的具体表现，也是确保乡村振兴战略取得成功的根本目标。根据发展为了人民，发展依靠人民，发展成果由人民共享的基本原则，这一逻辑关系紧密相连，层层递进。发展为了人民，是前提和条件，意味着要尊重和保障农民的主体地位，确保农民的利益始终处于政策的核心地位；发展依靠人民，是实现乡村振兴的途径，要求动员农民积极参与，发挥其在振兴过程中的主力作用；而发展成果由农民共享，则是最终目标，要求确保乡村振兴的成果能够公平地惠及农民，提升其生活质量和幸福感。

（三）坚持有序推进

我国地域辽阔，农村群体分布广泛，不同地域的农村在地理风貌、区位特征和人口结构等各个方面呈现出多样化特点。因此，新时代乡村生态振兴必须坚持普遍性和特殊性相结合，其政策的规划与实施必须与乡村实际情况相结合，遵循有序推进的基本原则。

1. 坚持规划引领，统筹兼顾

在乡村生态振兴的过程中，科学规划具有至关重要的作用。科学的规划不仅能准确识别乡村发展的优势和潜力，还能有效调动各方资源，促进资源的合理配置和高效利用，从而实现生态振兴的目标。相较之下，缺乏科学规划的盲目行动容易导致资源浪费，甚至影响振兴进程。因此，科学规划作为乡村生态振兴的重要基础，必须从系统性和整体性出发，统筹兼顾各方面要素，确保各项措施得以有序推进。

乡村生态振兴是一项复杂的系统工程，涉及人才、资金、技术、政策等多个方面。如何合理整合这些资源，实现各方优势的互补和共同发展，是成功的关键。科学规划能够帮助各类资源实现有效对接，确保农村发展的各个环节都能得到充分的支持。通过优化功能结构，提升资源配置效率，可以在有限的资源条件下，发挥最大效益。此外，规划过程应着眼于乡村生态振兴的长远发展，从现实利益出发，处理好不同群体之间的关系，寻找各方的共同利益点，做到资源的共享与互助。在实施过程中，规划应具有灵活性和前瞻性，既要根据不同阶段的实际情况进行调整，又要根据长远目标做出科学的决策。同时，强化规划的引领作用，还需要政府、企业、社会组织等各方共同参与，形成合力，最大程度地调动全社会的力量，推动乡村生态振兴事业的顺利开展。

2. 坚持问题导向，精准施策

乡村生态振兴面临的复杂性要求在制定政策时，必须紧密结合地方实际情况，注重因地制宜，避免千篇一律的方案。针对不同地区的实际条件，科学制定发展战略，以确保每个乡村的独特优势能够得到充分发掘与利用，形成具有地方特色的振兴模式。

乡村生态振兴的成功与否，很大程度上取决于是否能够精准识别问题的根源并提出切实可行的解决方案。我国农村在生态振兴的过程中，存在着较为显著的区域差异和发展不均衡现象。不同地区由于自然条件、经济基础、文化传统等因素的差异，其发展重点和路径也应有所不同。因此，在推进乡村生态振兴时，必须突出核心领域，抓住关键节点，确保每一项政策措施的落地和实施能够真正切合当地的需求，并针对性地解决其面临的具体问题。

精准施策要求在对地方特色和优势的深刻理解基础上，推动不同区域的个性化发展，既要关注农业生态的恢复与保护，又要注重乡村文化的传承与创新，同时推动产业结构的调整和优化。乡村振兴应通过推动自然生态、文化生态和产业生态的深度融合，激发乡村的内生动力，使其在尊重自然、文化和社会实际的基础上，推动经济社会的协调发展。

乡村产业的提升不仅仅是追求数量的增加，更应注重质量的提高。通过推动产业振兴，加强标准化生产，培育和推广具有地方特色的乡村品牌，能够有效提升农村经济的整体质量，为乡村生态振兴提供坚实的物质基础。品牌的打造和产业的升级，将促进农村经济的内生增长，带动就业与收入的增加，进一步巩固乡村振兴的成果。

五、乡村生态振兴的发展目标

（一）农业生产发展绿色化

推动农业生产发展绿色化，是实现农业可持续发展与生态环境保护的关键所在，不仅要求对传统农业生产方式进行深刻反思和调整，更需要在政策、科技、理念等多个层面进行全面布局，从而构建符合生态文明理念的现代农业生产模式。

首先，推动农业生产绿色化的基础在于农民观念的转变。在传统的小农观念中，农民往往侧重于追求短期的经济效益，而忽视了资源的可持续利用和生态环境的长期保护。因此，必须通过加强对农民的教育与引导，帮助其逐步认识到农业发展与生态环境保护之间的内在联系，进而自觉改变生产方式。农民在意识上要明确，农业和农村的可持续发展不仅依赖于资源的合理利用，还要注重生态环境的保护，只有在这两者协调发展的基础上，农业才能实现长远发展。

其次，农业绿色化的发展应建立在自然、经济、社会和资源的协调发展上。在农业生产过程中，必须重视农业面源污染的治理，尤其是化肥、农药和地膜等农业投入品的过度使用所带来的环境问题。通过推进化肥农药减量增效，科学使用农业投入品，并大力推进农膜的回收与再利用，可以有效减少农业生产对环境的负面影响。同时，畜禽粪便和秸秆等有机废弃物的合理利用，不仅有助于资源的循环利用，也能够提高土壤肥力，促进农业生态的良性循环。

最后，农业绿色化离不开农业科技的支撑。必须坚持农业科技的自主创新，探索提升科技水平的新途径。绿色农业的发展，尤其依赖于病虫害防治、土壤管理等方面的技术进步。通过推广绿色农作物病虫害防治技术，推广可降解农膜的研发与使用，不仅可以有效减少农业生产对环境的污染，还能提升农产品的质量和安全性。同时，完善农业科技研究的支持机制，推动相关技术的研发与应用，将进一步提升农业生产的绿色化水平。

（二）农村人居环境清洁化

人居环境的优化不仅需要满足农民对居住条件的基本需求，还关乎乡村振兴战略的全面落实。在推进乡村生态振兴的过程中，改善农村人居环境是首要任务，主要体现在提升村容村貌和解决一系列突出环境问题上，包括加强村庄公共空间的整治、持续开展村庄清洁行动以及实施美丽宜居村庄和最美庭院创建活动。

农村厕所改造是改善人居环境的重要环节。随着农村基础设施建设的逐步完善，农村厕所的改良成为亟待解决的问题。应加大对农村卫生厕所的建设和维护力度，确保各类厕所设施的清洁与功能的正常运行。此外，农村污水处理问题也是提升人居环境的一项关键任务。针对农村地区污水处理设施不足或缺乏的问题，必须着力推动生活污水的有效治理。这不仅仅是简单的污水收集和排放问题，还涉及如何因地制宜、根据不同地区的实际需求建设合理的污水处理系统，逐步实现污水的集中处理与资源化利用。

农村生活垃圾的收运和处理体系亟待完善。在这一过程中，垃圾分类工作尤为重要。应根据不同种类的垃圾实行分类收集和处理，从源头减少污染和资源浪费。此外，还应推动垃圾的资源化利用，探索有机垃圾的回收和再利用路径，最大化地发挥其经济与生态效益。在垃圾处理的基础上，农村有机废弃物的处理设施建设同样至关重要。这些设施不仅要具备处理污水和垃圾的能力，还应具备将有机废弃物转化为可利用资源的功能，进一步推动绿色循环经济的发展。

除去污水和垃圾问题，村庄清洁与美化行动也是农村人居环境提升的重要内容之一。在实际操作中，应加强村庄绿化景观的打造，因地制宜地设计具有地方特色的绿化景观，同时保证绿化的可持续性和美观性。为此，应完善农村环境设施的管理体系，保障环境管理的长效机制和村庄环境的常态化维护。通过定期检查和维护，确保清洁行动和美化工作能够持续开展并取得显著成效。

在推动农村人居环境提升的过程中，充分发挥村民的积极性和自治能力至关重要。村民是农村环境治理的直接参与者，其环保意识和行动力直接影响整治工作的效果。因此，除了政府和社会各界的支持与推动外，还需鼓励村民参与到村庄环境的管理和美化中，形成共治共享的良好局面。同时，推动专业化和市场化的建设和管理，借助专业力量提升环境治理的效率和质量，助力乡村的可持续发展。另外，农村人居环境的整治工作应与当地的经济发展水平、文化特色以及风土人情密切结合。仅依靠外在的硬件设施建设是远远不够的，还需关注当地的实际情况和发展需求，避免脱离实际的形式主义。

（三）农民生活方式低碳化

乡村文化和传统习俗承载着丰富的生态智慧与环境伦理观念，对于促进生态振兴和低碳生活方式的推广具有独特的价值。通过深入挖掘和传承这些文化元素，能够有效激发农民对生态环境的关注，促进其在日常生活中自觉践行环保理念。

乡村振兴需要积极推动风俗习惯的转变，通过教育与引导村民，特别是在传统节庆和社会活动中避免奢侈浪费，能够树立节约资源和保护环境的核心价值观。摒弃过往的一些陈规陋习，替代不环保、不文明的行为模式，进而塑造出更加健康、文明、向上的乡村社会氛围。这种文化意识的转变将推动农民从日常行为中形成环保自觉，增强低碳生活的内生动力。

生态保护的观念普及教育至关重要，尤其是对青少年群体的教育工作。通过加强生态文明教育，提升农村居民的生态意识和环保能力，能够使村民更加尊重自然、珍爱环境。科普教育能够帮助农民认识到，保护生态环境不仅是道德责任，也是社会发展的长远需求。青少年作为未来的乡村建设者，他们的生态环保观念和行为习惯将直接影响到乡村振兴的成效，因此，早期的教育和引导尤为重要。

推动农民生活方式的根本性转变是实现低碳化的关键。生活方式的转变涉及方方面面，从饮食习惯到交通方式，从日常生活到生产方式，都需要朝着更环保、更健康的方向发展。通过倡导绿色消费、鼓励公共交通和低碳出行、减少过度包装和浪费等举措，可以帮助村民在日常生活中实现低碳行为的落实。同时，积极开展丰富多样的活动形式，推广健康、科学、文明的生活方式，能够激发村民参与乡村生态振兴建设的热情，从而推动乡村社会整体向低碳化、可持续方向转型。

第二节　乡村生态文明建设与环境治理

一、乡村振兴的生态文明建设

（一）强化基层党组织领导

推动乡村振兴绿色发展，农民在乡村绿色生态、绿色生产、绿色生活中，发挥着重要的作用，要保护好农民的权益，就必须要有健全的组织体制保证，具体如下：

1. 突出基层党组织的引领作用

乡村生态治理的有效推进，既需要顶层设计的指导，又依赖于强有力的基层党组织的引领作用。农村生态管理的成功实施，离不开党组织的核心领导地位，尤其是在从上层到下层的具体实践过程中，党组织必须发挥引领作用，整合各方资源，确保政策和措施的落实。

党组织在农村生态管理中的中心地位不可或缺，必须明确党的工作方向和行动策略。党组织要深刻分析并掌握农村社区的组织结构，排查其中的"空白"点，消除可能存在的治理漏洞，从而有效提高基层工作效能。为此，乡村基层党建工作亟需改革创新，推动党的工作从单一的组织管理向更加多样化的服务型发展转变。这不仅要求党组织增强与社会组织的联系，还要扩大其对乡村居民的服务覆盖面，发挥党组织在居民与政府、社会之间的纽带作用。

基层党组织要充分调动社会力量参与乡村生态治理。在此过程中，党组织需通过多种方式吸引外部力量，尤其是利用政府和社会资本的合作模式，引导社会资源积极参与乡村建设。通过加强对乡村的人力资源支持，党组织能够调动更多社会力量参与其中，充分发挥共青团、科协、妇联等社会团体在推动生态建设中的积极作用。这种多元化的合作模式，能够促使乡村生态建设成为政府、社会与市场共同参与的开放性平台。

2. 构建乡村生态治理的多元共治体系

乡村生态环境治理应构建一个多元共治的格局，其核心要素包括党委领导、政府负责、民主协商、社会协同、公众参与、法治保障与科技支撑。在这一体系中，党和政府担负着领导与协调的核心职责。党委负责对生态治理进行总体规划，确保治理方向的正确性与有效性，同时协调各方力量，推动治理措施的落实。政府作为基层社会和经济发展的主要负责人，必须全面管理乡村生态环境，确保政策的实施和生态保护工作的具体落地。

在生态治理的过程中，区域市场和工业企业是重要的环保主体，承担着不可或缺的治理责任。它们不仅要对自身的环保行为负责，还需积极参与乡村生态环境的保护与治理。特别是污染企业，应根据"谁污染、谁负责"的原则，采取强制性措施，确保其履行治理义务。环保型企业应发挥其技术优势，参与到乡村生态管理中，推动科技创新在生态保护中的应用。另外，各类社会组织和普通民众应当在生态治理中发挥积极作用。公众的广泛参与有助于形成对政府和企业的有效监督机制，并对基层政府和工业企业的生态治理产生持续影响。社会力量的参与不仅能加强生态治理的透明度和公正性，还能推动治理工作的长期有效性。

因此，构建乡村生态治理的多元共治体系，关键在于改变传统的"单一中心"治理模式，提升各主体的自主性和责任感。在这一体系中，每个主体都应明确自己的责任与义务，通过协调合作与相互监督，共同推动乡村生态环境的可持续发展。只有形成"人人有责"的治理理念，才能确保乡村生态治理体系的长效运作与全面成功。

3. 提升非政府组织参与生态治理的能力

随着乡村生态治理日益受到重视，非政府组织（NGO）在其中的作用逐渐显现。尽管我国的 NGO 在乡村生态环境管理中发挥了积极作用，但其独立性与资源匮乏仍然制约了其影响力的提升。因此，提升 NGO 在乡村生态治理中的能力，成为实现可持续发展的关键因素。

（1）拓展其资金来源

NGO 应积极向企业寻求赞助，或通过公众募捐等方式筹集资金。此外，NGO 还可以在合法框架下，通过自我创造收入来补充资金来源。自我创造收入不应违背 NGO 的非营利性质，而是在资源短缺的情况下，借助社会监管机制，通过为排污单位提供专业服务，获取增值收益，并从中获得国家的补贴。这一方式不仅能够增强 NGO 的资金自给能力，还能在一定程度上提升其在生态治理中的地位。

（2）加强 NGO 之间的协作

通过互相合作，NGO 能更好地发挥其在不同地区的治理作用，最大限度地提高其管理效益。在协作的基础上，应当构建完善的监管体系，为政府与 NGO 之间的合作提供制度保障。这一体系能够有效促进信息的共享与合作的深度，从而确保生态治理行动的持续性与效果。

（3）加强与国外环保组织的交流与合作

在国际范围内，许多 NGO 积累了丰富的生态环境管理经验，通过与其合作，能够帮助我国减少治理过程中可能遇到的困难和误区。在合法合规的框架下，国外经验的借鉴可以提高国内治理的效率和效果，为我国乡村生态环境保护提供更为广泛的支持和指导。

（4）加强与地方环保机构的密切配合

通过与地方环保机构的合作，NGO 不仅能够及时反馈乡村生态问题和潜在的生态风险，还能在某种程度上弥补地方环保机构在资源、技术等方面的不足。这种协同作用能够更好地提升乡村生态环境管理的整体水平，形成多方合作、共同治理的良性循环。

（二）培育与发展乡村生态文化

在新时期推进乡村振兴的绿色发展过程中，内外部动力的有机结合至关重要，其中，发展生态文化更为关键。生态文明强调人与自然的和谐共生与共同进步，这一理念在乡村振兴中的体现尤为重要。通过构建和推广生态文化，可以增强乡村居民的环保意识和绿色发展理念，推动乡村在保持生态平衡的基础上实现经济和社会的可持续发展。乡村生态文化的构建与完善需要从以下三个方面发力：

1. 加大乡村生态文化宣传与教育力度

认知的形成是实践的基础，教育是培养认知和传播文化的主要手段。因此，提升农民的生态文化素养，是构建乡村生态文化的首要任务。乡村生态文化教育应紧紧围绕"协调人与自然，促进人的全面发展"这一核心主题，增强农村居民在经济社会发展中的主体意识和主动参与的积极性，使其自觉投入到生态保护和可持续发展的实践中。要实现这一目标，应从三个方面入手：① 提高农村居民的生态文化素质，帮助其树立科学的生态观念；② 增强他们参与生态文化建设的能力，使其具备实际操作和落实的技能；③ 培养其对家乡和生态环境的责任感，激发其主人翁意识。

乡村生态文化教育应注重因地制宜和因人施教，根据各地实际情况和不同人群的特点，制定有针对性的教育策略。主要包括：① 将生态文化教育纳入中小学课程，从小培养学生尊重自然、保护自然的生态价值观。同时，通过开展生态文化知识竞赛和组织社会实践活动，激发学生的学习兴趣，增强其生态文明意识。通过科普讲座、植树活动、参观自然博物馆等方式，拓宽学生了解生态文化的渠道，培养其对生态环境的责任感。② 充分利用专题教育的方法，面向广大村民开展生态文化宣传。基层管理者应积极组织并引导各类环境保护活动，发挥乡村社区在生态文化建设中的作用，进一步提升农村居民的环境保护意识。通过多样化的教育方式和实践活动，让生态文化理念深入人心，使乡村生态文明的建设真正落到实处。

2. 完善乡村生态文化的基础设施建设

要实现乡村生态文明的构建，应建立与之相匹配的基础设施。完善乡村基础设施不仅是推动产业兴旺、生态宜居、乡风文明、治理有效、生活富裕等总目标的必要途径，也是激发农村居民参与生态文明建设热情的有效手段，从而推动其更积极地参与到乡村发展的各项实践中。在提升乡村生态文化基础设施的建设过程中，可以从以下两个方面着手：

（1）提升文化体育设施的质量

各地应建立专门的文化机构，作为开展生态文化建设的重要依托。通过建设高质量的文化体育设施，能够为村民提供丰富的精神生活资源，提升其生活品质，进而增强其对生态文化的认同感。

（2）建设配套设施

每个村庄应建立功能完善的文化中心包括图书阅览室、老人活动中心等配套设施。通过这些设施的建设，为村民创造一个优质的文娱和体育活动空间，进一步提升他们的生活质量。此举不仅有助于丰富村民的精神生活，同时也为乡村社区营造出更为和谐的文化氛围，从而满足村民在精神层面的需求，推动乡风文明的建设。

3. 建立健全乡村生态文化的制度体系

在建设乡村生态文化的过程中，除了注重从物质、精神和行为等多个维度入手，还需在制度层面提供有力支撑。为了有效推进乡村生态文明建设，应从组织管理体制、考核奖惩机制以及社会公益组织的培育等方面进行系统完善。

（1）构建高效的管理机构和制度

各地区应强化乡村生态文化组织的职能，设立专门机构并配备具有相应专业知识和能力的人员，确保其能够胜任生态文化宣传和教育工作。这不仅有助于生态文化理念的传播，也有助于提升农村管理者的专业素养。基层管理人员的专业能力提升将增强其引导乡村生态文化发展的水平，使其更有效地适应现代生态治理的要求，从而提高整体工作效率。

（2）健全科学的评价、奖励和惩罚制度

制定严格的考核标准，对相关工作人员的管理行为进行系统规范，确保乡村生态文化建设有据可依、奖惩分明。这种制度化的管理机制有助于激发工作人员的积极性，使生态文化建设工作更加有序和高效。通过清晰的绩效评估标准，可以有效督促各方落实生态文化建设任务，从而推动整体工作的深入开展。

（3）鼓励民间公益组织参与乡村生态文化建设

民间组织在接触乡村居民、传播生态知识方面具有独特的优势，能够弥补政府管理的不足。在推动乡村生态文明的过程中，需充分发挥生态公益机构的作用，构建长效的合作机制，以强化其在生态文化传播中的影响力。通过与民间组织建立良好的合作关系，可以更有效地动员乡村群众参与生态文化活动，提升其生态环境保护意识。

（三）建设高素质的乡村生态人才队伍

要想推动乡村振兴绿色发展之路，就先要将人才队伍的建设摆到第一位置，培养更多新型农民、吸引更多的有才华的人到乡村去，呼吁更多有才华的人回到家乡，让他们能够更好地在乡村生态环境治理、产业绿色发展中发挥出自己的优势。

1. 培育具备生态意识的新型农民

农民作为农业和乡村建设的主体，其综合素质直接影响乡村生态发展的质量与可持续性。在当前乡村振兴的背景下，亟须通过培养新型职业农民，推动农业绿色化转型，实现乡村经济与生态的协调发展。这不仅是农业现代化发展的必然选择，更是推动乡村经济转型升级的重要途径。

（1）充分认识到农民在乡村生态建设中的主体作用

乡村振兴的顺利推进离不开农民的积极参与，而农民整体素质不高一直是乡村可持续发展的瓶颈。要在新时代背景下培养适应现代农业需求的新型农民，首先需要从根本上提升其生态意识、专业技能和知识水平，使其不仅能够在农业生产中融入生态理念，还能够有效参与产业融合和绿色经济的实践。因此，打造"复合型"农民队伍，培养其适应农业现代化与乡村绿色发展的能力，是当前乡村建设的重要方向。为实现这一目标，应当建立农业专业教育体系，培养具备生态意识和现代农业技术的新型人才。绿色农业、循环农业、科技农业已经成为农业发展的新趋势。因此，国家需要建立一批面向未来的农科院校，专注于培养高素质的农业技术人才。通过设立国家层面的农业职业教育机构，并辅以地方政府提供的专业技术培训，可以为广大农民提供无偿的职业技能提升机会。尤其在职业教育方面，政府应发挥主导作用，通过政策支持和财政补贴，鼓励农民积极参与培训。建立完善的农业职业教育体系，将有助于提升农民的专业素养，为乡村振兴和生态建设提供强有力的人才保障。

（2）加强与高校和科研院所的合作

高等院校和科研机构在农业技术研发、生态保护和绿色发展领域拥有丰富的资源和经验。通过与高校和科研院所的深入合作，可以有效引入先进的农业技术和生态理念，并在乡村推广应用。这种协作模式不仅能够加速农民的知识更新，还能够推动农业技术的落地应用，实现科技与农业生产的深度融合。因此，应进一步鼓励高校和科研院所与乡村地区开展技术合作，通过举办农业技术培训班、技术推广活动等方式，帮助农民掌握先进的绿色生产技能。

（3）结合乡村的实际情况实施教育培训

新型农民的培养不仅依赖于专业教育和技术培训，更需要通过实际的农业生产实践来加深对生态理念的理解。因此，应鼓励各地根据自身资源条件，开展适应性强的生态农业培训项目，将理论学习与实践操作相结合，使农民在实践中掌握绿色农业的核心技术。

2. 吸引并留住各类人才投身乡村建设

推动乡村振兴的绿色发展路径，应当将城乡融合作为重要抓手，积极吸引和留住各类人才参与乡村生态建设，以实现乡村的可持续发展。在当前乡村振兴战略的推进过程中，不仅需要支持农民进城谋生，更应鼓励其返乡创业，以此激发乡村发展的内生动力。只有通过双向的人才流动，乡村地区才能在经济与社会发展中保持长久的活力，实现城乡资源的有机结合与高效利用。

我国农业生产近年来取得了显著进展，但也面临着一定的"两面性"挑战。通过鼓励城市居民下乡，城乡资源得以双向流动，不仅有助于盘活乡村的闲置资源，还能有效促进乡村绿色发展的深化。吸引各类人才投身乡村建设，应将人力资源开发作为核心，以此为突破口畅通技术与管理的双向交流渠道。

在乡村绿色发展战略下，一部分城市居民选择下乡，不仅仅是基于商业利益，而是为了追求更高品质的生活环境和社交氛围。这些人进入乡村后，不仅能够促进乡村资源的有效利用，还能够将先进的科学技术和现代管理理念引入农村地区，推动农业现代化的转型升级。这种城乡间的人才互动，为乡村振兴注入了新的发展活力，促进了乡村基础设施建设和服务水平的提升，从而为乡村的现代化建设提供了有力支持。

中国乡村建设的整体环境正逐步改善，为农民提供了更多就业和创业的机会。要在乡村振兴绿色发展中取得成效，不仅需要吸引城市居民的加入，更需要为返乡的农民工创造良好的发展环境。这就要求通过激励机制，促进农民工返乡创业，将他们的生产经验、资金和技术投入到乡村建设中。这不仅能够解决农村人口外流问题，还能最大程度地利用乡村现有的资源，助力乡村的经济振兴。

为了更好地鼓励进城务工人员返乡，国家应进一步优化政策环境，为他们提供必要的资金、税收优惠以及住房保障等多方面支持。只有为返乡农民工创造一个稳定且有吸引力的生活和工作环境，才能有效激发其投身乡村建设的意愿。尤其是对那些具备一定技术专长和管理能力的返乡人才而言，提供更具针对性的支持政策，如创业资金、医疗保障和子女教育等配套措施，将会极大地提高其回乡的积极性。这就需要国家在政策层面上进行调整，从单纯的资金投入向更系统化的人才支持政策转型，推动形成以人才为核心的乡村振兴新模式。

从长远来看，吸引并留住各类人才是实现乡村振兴绿色发展的关键因素。通过制定和完善相应的政策措施，不仅能够促进外来人才下乡创业，还能激励本地农民回乡参与乡村建设，使得乡村生态环境得到更好的保护和利用。通过人才的引入和返乡人员的回流，能够有效推动乡村产业的多元化发展，为乡村的可持续繁荣奠定坚实基础。此外，增强乡村社区的社会资本，促进乡村文化的重构和生态文明的建设，也是实现乡村振兴的重要方面。

3. 充分发挥并激励突出人才的引领作用

要实现乡村的可持续发展，必须依靠具备专业能力与责任感的优秀人才作为引领力量。当前，我国乡村在绿色发展和生态转型的道路上正不断加速，而人才短缺成为其进一步发展的主要瓶颈。因此，激发并充分发挥人才的作用，是推动乡村振兴战略落地的核心任务。

（1）充分认识人才在乡村振兴中的核心作用

乡村振兴的有效推进依赖于有能力、有视野的人才引领和带动。改革开放以来，伴随着城市化进程的加快，大量农村劳动力和有技能的人员涌向城市谋求更好的生活与发展机会，这在一定程度上导致了乡村人才的流失。随着近年来城乡融合的深化，乡村逐渐展现出巨大的发展潜力，并为返乡人才提供了更为广阔的机遇。此时，应抓住这一契机，通过吸引和培养人才，将城市的资源、知识与经验引入乡村。

（2）积极推动"人才回流"战略

当前，吸引在外务工、创业的能人返乡是推动乡村绿色发展的重要途径之一。许多在外发展的人才拥有丰富的经验和资金积累，将其吸引回乡，不仅能够激活乡村经济活力，还能推动乡村的技术和管理水平提升。因此，应通过政策激励、经济扶持以及营造良好的创业环境，吸引更多有志于乡村振兴的人才回归家乡。因此，政府需要通过提供创业支持、降低税收负担、优化居住和子女教育条件等措施，促使更多人才愿意参与乡村建设。同时，还应鼓励这些返乡人才在农业绿色发展和生态保护方面发挥带头作用，以点带面促进乡村整体可持续发展。

（3）注重从外部引进高素质人才

对于一些本地人才不足的乡村，应积极从城市中引进具备专业知识和管理经验的高素质人才。通过借鉴国外的成功经验，可以看到，有效的激励措施有助于吸引城市精英和知识分子进入乡村。政府可以在创业资助、医疗保障、子女教育等方面提供一系列优惠政策，以降低外来人才在乡村工作的生活成本和适应门槛。同时，应建立灵活的人才管理机制，为有志于投身乡村振兴的各类人才提供平台，使其能够更好地发挥个人优势，为乡村绿色发展贡献智慧和力量。

（4）注重挖掘和培育本地优秀人才

地方能人是乡村绿色发展中不可或缺的中坚力量。相比外来人才，当地能人更了解本地情况，能够更迅速地推动各类生态项目的落地。因此，在推动乡村振兴的过程中，应更加重视对本地人才的发掘和使用。这不仅包括基层管理者、技术人员，还应包括农业生产和生态治理方面的优秀农民。有关部门要积极识别本地人才，并通过合理的激励和培养措施，使其在乡村生态建设中发挥更大作用。要强化对地方能人的培养，使其具备更高的生态治理能力和管理水平，从而确保乡村振兴绿色发展战略的持续推进。

（5）加强对人才的专业培训

借鉴国外成功的经验，利用党校及各类培训机构，对乡村党员干部及基层管理者进行生态农业和绿色发展的系统培训，使其掌握现代农业科技知识和管理技能。这种培训不仅有助于提升本地管理者的决策水平，还能够通过"以点带面"的方式，提高整体乡村居民的绿色发展意识。此外，通过开展专题讲座、技术推广和农业实验示范基地等方式，将理论与实践结合起来，帮助农民和管理者更好地理解和应用生态农业技术。这种多层次、多渠道的人才培养体系，将有效促进乡村绿色发展的深度推进。

（6）建立完善的激励和保障机制

为了确保引入和培养的人才能够长期扎根乡村，需要建立健全的激励机制。应通过绩效考核、奖励制度和发展前景规划，激励人才在乡村持续投入。在这一过程中，政府和社会各界应形成合力，共同营造尊重人才、激励创新的社会氛围。同时，通过设立专项资金，扶持优秀乡村项目，为人才提供更为广阔的发展空间，使其能够在乡村绿色转型中实现个人价值。

二、基于乡村振兴的生态环境协同治理

（一）深化治理主体的协同合作机制

农村生态环境协同治理是对传统的政府管理方式的再一次重构，政府要携手其他主体共同构建协同治理体系，积极调动各主体参与积极性，充分发挥各自优势，通过强化自身角色定位，树立协同共治理念，健全治理主体共治合作平台等方式，调动治理主体的积极性，提高治理效率，实现有效治理。

1. 明确各治理主体的角色与定位

（1）强化农村基层党组织的领导能力

第一，注重农村基层党组织的组织建设。选拔培养政治素质高、业务能力强且具备广泛群众基础的党员干部，通过定期培训和交流学习，提升其综合素质和业务水平。党员干部在治理过程中应以身作则，积极制止破坏环境的行为，以充分发挥其在农村生态治理中的先锋模范作用。同时，应强化基层党组织的组织纪律，确保决策的权威性和执行力。建立完善的内部监督和考核机制，对党员干部进行定期考核和评估，对表现突出的给予表彰与激励，而对存在不足的及时进行批评教育与引导，从而确保基层党组织在治理过程中的高效运作。

第二，加强农村基层党组织的协调能力。与政府部门、乡镇企业、社会组织等建立紧密合作，通过共同制定治理方案、落实具体措施、监督治理效果，确保生态环境治理的协同推进。通过健全联动机制，保障各部门和单位之间的信息畅通、资源共享及高效协作。通过召开联席会议和开展联合行动等方式，形成治理合力，切实推动治理成效。此外，基层党组织还应积极引入市场机制，并运用现代技术手段，不断创新治理方式，以提高农村生态治理的专业化水平和整体效率，助力乡村生态环境的可持续改善。

（2）转变政府治理理念

第一，乡镇政府应在推动农村生态环境治理中积极转变角色，从传统的单一治理者转变为多元化治理的引导者与协调者。在现代治理体系中，单靠政府自身力量已无法有效应对日益复杂的环境问题。因此，政府应加强对企业、社会组织以及村民的引导与支持，形成多元主体共同参与的治理格局。这种多元共治的模式不仅有助于集聚各方资源和智慧，还能够在多重视角下实现更为科学和有效的决策。政府应当注重为各个参与治理的主体提供优质服务和专业指导，以回应其合理诉求，从而促使治理模式从传统的管制型向服务型转变。通过这种转变，不仅能够提升治理效率，还能够增强治理主体的积极性和主动性，促成良性互动，推动乡村治理模式的现代化发展。

第二，乡镇政府应当将生态环境的价值纳入经济社会发展的总体规划中，从根本上实现经济发展与环境保护的有机结合。长期以来，经济增长往往以牺牲环境为代价，而现代绿色发展的理念则要求在追求经济利益的同时兼顾生态环境的可持续性。为此，政府应通过制度设计和政策导向，将绿色发展、循环经济理念深入融入乡村经济活动之中，倡导和推广绿色生产方式。与此同时，政府应积极推动企业和个人采取环保措施，减少对农村生态系统的破坏。具体而言，可以通过制定鼓励政策，引导农民采用更加环保的农业生产方式，减少化肥和农药的使用；推动企业应用绿色生产技术和工艺，以减少污染物的排放。在此过程中，政府不仅应承担政策制定者的角色，还应充当实施者和监管者，以确保各类环保政策的有效落地。

第三，乡镇政府应通过创新宣传方式，提高环保政策的传播力度和普及范围，以加强社会各界对环保理念的认知与接受度。现代信息技术的发展为政府推广环保政策提供了新的渠道，政府可以充分利用微信公众号、短视频平台等新媒体工具，制作内容生动且具有吸引力的环保教育资料，使环保知识的普及更加生动、形象。政府还应采用定期发布环保工作报告、公开治理成效等多种形式，以增强政策的透明度和公信力。这不仅能够加深各治理主体对政策的理解与认同，还能够促进其自觉遵守环保规范，从而增强政策的实际执行力和有效性。

（3）发挥市场调动作用

在当前环境治理制度日益完善的背景下，企业作为污染的主要来源，同时也是治理的关键主体。

企业应切实履行国家节能减排政策要求，不断更新落后设备，促进废弃物资源化利用。此外，通过采用先进的生产方式和管理模式，引入高素质人才，将为农村生态治理奠定坚实的基础[①]。企业应主动向村民公开环境信息和相关资质，以最大限度获得村民理解和支持，减少因信息不畅引发的环境纠纷。企业还需严格遵守政府环境监管要求，确保环保设备正常运行，优化生产技术以提升治理效率。

企业应积极利用市场机制，以促进绿色生产和环保事业的发展。通过市场竞争和价格杠杆，扩大绿色产品与服务的优势，引导消费者选择更加环保的产品与服务，以实现市场对生态治理的正向引导。企业应根据自身的业务特点和资源优势，选择合适的生态治理项目，如水土保持、垃圾分类、污水处理等，通过参与这些项目，既能提升其环保形象和社会责任感，也能获得一定的经济收益，从而实现环境与经济效益的双赢。

企业还应加强与其他乡镇企业的合作，通过良性的竞争机制推动农村绿色转型。在协同治理过程中，企业可以分享先进的环保技术和管理经验，共同提升整个农村地区的环境治理水平。通过市场的调动作用，不仅能够促进乡镇企业在绿色发展的道路上不断前行，还能助力农村地区实现生态环境的可持续改善。市场机制的引入，使得企业在追求经济效益的同时，更加注重生态效益，从而推动农村生态环境治理取得更大成效。

（4）提升村民参与主动性

村民既是农村环境问题的受害者，又是治理成果的直接受益者，因此其积极参与是生态环境治理取得成效的关键所在。提升村民的参与主动性，是

---

① 罗福周，李静. 农村生态环境多主体协同治理的演化博弈研究［J］. 生态经济，2019，35（10）：171-176+199.

推动生态环境治理持续发展的必要条件。为此，必须采取一系列措施，激发村民的参与热情，从而有效提升其治理能力。具体如下：

第一，村委会作为基层治理的主要力量，应承担起动员村民参与生态环境治理的责任。通过情感动员，激励村民积极参与环境保护工作。村委会不仅要通过日常的沟通与引导，增强村民对环境问题的认知，还应组织开展形式多样的环保活动，使村民亲身参与其中，深刻感受到环保的现实意义。例如，通过组织植树造林、清理河道、垃圾分类等活动，使村民在实际操作中理解并体会到环保的重要性，进而激发其主动参与的责任感。此外，村委会可以利用环保竞赛、评比等方式激发村民的创新意识和参与热情，创造一种良性的竞争氛围，促进村民在环保方面的积极行动。

第二，党员干部应发挥表率作用，带动村民参与环境治理。党员干部作为村民的榜样，应当在环保工作中率先垂范，展示出强烈的责任感和行动力，通过自身的示范作用影响并感染其他村民。通过党员干部的引领，能够在村民中树立起正确的环保价值观，使环保行动成为村庄文化的一部分，进而推动集体行动的开展。

第三，加强对村民环保知识的普及和技能培训，是提升其参与能力的重要途径。通过定期组织环境治理知识讲座和技能培训，不仅可以提高村民对环保工作的认知度，还能增强其环保实践能力。特别是通过送学上门等方式，将环保知识深入到每一位村民中，消除其参与环保工作时的知识盲区。同时，针对年轻人的需求，可以通过互动性强的活动，如"快闪"式环保行动，吸引年轻群体的关注和参与。这样的方式有助于激发村民的集体参与热情，增强他们在日常生活中实施环保措施的自觉性。

第四，注重培养村民的绿色生活理念，帮助其转变传统的生产和生活方式，是提升村民生态环境治理意识的长远之策。通过移风易俗活动，引导村民树立绿色生活理念，鼓励其减少对化肥、农药等有害物质的依赖，采用环保的农业生产方式。这不仅能够减少对农村环境的污染，还能提高村民对生态环境保护的认同感，进而推动生态环境治理工作深入开展。村民在日常生活中逐渐形成绿色理念，也将有助于他们在社区层面推广环保行为，从而实现生态环境治理的广泛参与和持续推进。

（5）加强环保社会组织建设

在农村生态环境协同治理的过程中，农村社会组织作为一个重要的治理主体，不仅对治理效果产生深远影响，也是乡村资本培育的重要途径①。社会组织通过参与宣传、协调与监督等多方面工作，能够有效弥补治理主体单一和力量不足的问题。在实践中，社会组织的参与已被证明能够显著提升乡镇政府的治理能力，解决农村生态污染等环境问题，进而提升整体治理效率。同时，社会组织为政府、村民和企业之间搭建了沟通与交流的平台，有助于推动多元化治理主体的和谐协作，从而促进社会经济与环境治理的良性互动，推动高效、持续的生态治理进程。

环保社会组织的功能发挥，离不开自身能力的持续增强。因此，组织必须抓住政府对环保事业的扶持政策，明确自身的宗旨、使命与发展方向，并在此基础上制定科学合理的工作计划和方案。

一方面，环保社会组织应特别注重治理能力的提升，这包括决策能力、执行能力和协调能力的增强。为此，组织应建立科学的决策机制，确保决策过程的民主性与科学性，避免决策失误对治理效率的影响。此外，组织还应加强执行能力建设，确保政策措施和具体行动方案能够得到有效贯彻落实，确保治理目标的实现。

另一方面，环保社会组织在发展过程中，必须高度重视人才的培养与引进。通过建立完善的人才培养机制，组织能够持续提升自身核心竞争力。在人才培养方面，组织可以通过内部培训、外部学习与交流等多种方式，提升现有工作人员的专业素质和综合能力。与此同时，积极引进外部优秀人才，为组织注入新的活力和创新动力，不仅能增强组织的执行力和创新能力，还能提升组织的整体治理水平。在人才引进过程中，注重吸纳具备环保专业知

---

① 张诚. 社会资本视域下乡村环境合作治理的挑战与应对［J］. 管理学刊，2020，33（2）：36-42.

识和实践经验的人才，有助于提升生态环境治理的专业性和效率。

为了激发人才的积极性与创造力，环保社会组织还应建立健全的激励机制。这一机制不仅能够鼓励现有成员发挥各自的专业优势，还能吸引更多优秀人才的加入。通过建立合理的激励措施，组织能够调动人才的工作积极性，激发其为农村生态环境治理贡献智慧和力量，进一步推动农村生态环境的改善。

2. 树立并强化协同共治的治理理念

构建多元主体协同治理模式不仅是实现生态环境可持续发展的核心内容，也是推进农村治理体系现代化的关键步骤。为了有效构建这一协同治理模式，应当树立并强化协同共治的治理理念，提升治理主体的责任意识、知识水平以及合作精神，从而更好地应对日益复杂的社会与环境挑战，提高治理效能，实现社会各方的共同利益和目标。

治理主体需要增强理论和技术层面的知识学习，尤其是在协同治理和生态环境治理方面的专业知识。通过对协同治理理论的深入学习，各主体能够更好地理解协同共治的内涵和重要性，并能够在实践中发挥出应有的作用。在提升理论知识的基础上，治理主体还应学习现代化技术，尤其是在生态环境治理领域的最新技术与方法。随着现代科技的不断进步，治理方式和技术也日益多样化和高效化，治理主体需要掌握这些技术，以便在实际操作中有效应用。提升专业知识后，各治理主体应当通过交流合作、经验分享等方式，进一步推动协同治理的创新与完善。在此过程中，应综合考虑地方现实情况，各地的社会、经济、环境等条件存在差异，因此在治理实践中，必须根据本地具体的情况量体裁衣，制定符合地方特色的协同治理模式，从而提高治理效果和效率。

提升治理主体的荣誉感和责任感是推动协同治理理念深入实施的重要步骤。治理主体不仅应当认识到自身职责所在，还应清楚地意识到自身的行为与社会整体利益之间的密切联系。通过加强对治理主体责任的宣传，使其明确参与协同治理不仅是个人利益的实现，更是对社会和环境的贡献。各治理主体应通过主动参与治理实践，履行社会责任，推动社会整体发展。为了进一步加强各治理主体的责任感，必须通过多渠道的评价体系，来反馈和认可治理主体的工作成果。通过社会评价、民意调查等形式，社会可以对治理主体的付出和贡献进行全面的评估，并给予一定的奖励和表彰，从而激励治理主体持续投入更多的精力和资源，也能通过积极的社会反馈，增强治理主体的自豪感和归属感。

营造浓厚的协同共治文化氛围是强化治理理念的重要途径。文化氛围能够在潜移默化中影响治理主体的思想和行为。为此，应通过多种渠道和形式广泛传播协同治理理念。媒体、社交平台、社区活动等都可以成为宣传协同共治理念的重要阵地。通过这些渠道，治理主体能够进一步了解协同共治的内涵和实践意义，从而在实际操作中贯彻这一理念。通过定期组织培训和教育，治理主体可以进一步深入理解协同共治的核心价值，明确其在治理过程中的责任和角色。这种文化教育不仅有助于增强治理主体的合作意识，也有助于提升其参与治理的积极性和主动性。

文化氛围的营造不仅限于理论教育，还包括通过组织文化活动、设置宣传标语等形式，增强公众对协同共治理念的认同感和归属感。通过这些具体的活动，可以在群众中广泛传播协同治理的价值观和成果，促使更多的社会成员意识到协同治理的重要性，进而形成全社会共同推动生态环境治理的良好氛围。此外，社会舆论和媒体的支持也是营造文化氛围的关键，通过广泛的宣传，使协同共治理念深入人心，真正成为推动生态环境治理的主流思想。

3. 搭建并完善多元共治的合作平台

多元共治合作平台的构建，有助于整合不同主体的优势，促进政府、企业、社会组织及公众等多方力量的有效参与，从而实现资源共享、优势互补，共同解决农村生态环境问题，提升治理效率与效果①。

---

① 胡溢轩，童志锋. 环境协同共治模式何以可能：制度、技术与参与——以农村垃圾治理的"安吉模式"为例 [J]. 中央民族大学学报（哲学社会科学版），2020，47（3）：88-97.

融合"互联网＋"大数据技术搭建信息共享平台，为各方主体提供信息获取的便利，成为多元共治合作平台的重要基础。信息的透明化和实时共享是实现各治理主体协作的前提条件。技术手段，尤其是大数据与互联网技术，通常由企业和社会组织掌握，因此，它们在平台建设中的作用不可或缺。借助这些技术手段，可以打破信息壁垒，确保各方主体在同一平台上实时获取有关农村生态环境治理的数据与信息。政府部门可以通过赋予平台一定的权威性与公信力，进一步提升平台的可信度与影响力，确保信息的准确性和透明性。通过大数据平台的搭建，政府、企业和社会组织能够更有效地进行数据分析与决策，从而为治理措施的制定提供科学依据。此外，推行多元主体联席会议制度，也为各方提供了更加直接与便捷的沟通渠道。线上与线下的联席会议形式，能够让各参与主体充分表达意见，分享治理经验，从而形成良性的互动和合作。这种信息共享与互动机制，不仅能增强各方对治理工作的理解与支持，还能促进政策执行的顺利进行，并有效提高各方参与生态环境治理的积极性。

充分发挥村委会、行业协会等组织的作用，通过成立圆桌会议制度，进一步推动多元主体的协作与沟通。圆桌会议是一种强调平等对话和协商的决策模式，能够为各利益主体提供平等表达观点的机会。在农村生态环境治理中，借鉴这种合议制度，可以促进政府与其他社会主体之间的合作与交流，避免单方面决策带来的偏差或局限。圆桌会议制度的实施，有助于促进各方在同一平台上就治理问题进行深入讨论，从而达成共识，形成统一的行动方案。政府作为核心决策主体，需要在严格遵循生态环境政策的基础上，发挥主导作用，各相关社会主体也应积极参与，提供切实可行的建议与方案。乡镇基层政府可以依据本地实际情况，制定适合自己区域特点的社区圆桌会议制度，并确保会议的公开性、公正性与透明性。所有参与主体在会议中应自愿参与、平等协商，会议过程应严格遵循规范化的操作程序。例如，会议地点的选定、参与人员的资格要求、讨论事项的清单等，都需要提前明确，并严格执行。这种制度不仅能够保障各方利益的平衡，还能提高治理决策的民主性和科学性，为推动农村生态环境治理提供更加务实和有效的方案。

为了提升农村生态环境治理的效率与质量，建立社会力量积极参与的专业团队显得尤为重要。乡镇政府可以通过购买服务的方式，组建一支具有专业能力的团队，负责协调政府与社会组织的沟通与合作。这些专业团队不仅能协助政府制定和实施具体的治理措施，还能承担环保宣传、问题解决、技术支持和培训等任务，加强社会组织与政府的联动，提升社会力量在治理过程中的参与意识与责任感。通过这些专业团队的建设，社会力量能够更好地融入农村生态环境治理的工作中，发挥其在社会动员、环保教育、资源整合等方面的独特优势。专业团队的运作有助于提升公众对环保事业的认同感，增强其参与治理的动力与积极性，为打造一个良性、可持续的治理体系奠定基础。

4. 鼓励并支持多元主体共同参与治理

农村生态环境问题的复杂性和多样性决定了治理主体的多样化要求。因此，鼓励和支持政府、企业、社会组织及村民等各方主体积极参与，共同推动治理目标的实现，具有极为重要的理论和实践意义。通过有效的协同共治，不仅可以实现资源共享和优势互补，还能显著提高农村生态环境的治理效率，从而推动生态环境的持续优化和改善。

构建多元主体协同共治模式的基础是建立一个共同的目标，共同目标的设定应具有明确性和包容性，能够涵盖环境保护、资源利用、社会发展等多方面的需求，并使所有参与者在推动目标实现的过程中获得切实的利益。这一目标的共同认同将有效调动各方资源，形成合力，推动生态环境治理的深度开展。只有在这一共同目标的指引下，各主体才能在各自的角色中充分发挥作用，避免目标冲突和利益偏离，确保治理活动的有序推进。

不同主体在农村生态环境治理中，各自的职责和义务应当得到明确界定。政府作为治理的主导者，负责政策引导、资金支持、法规制定等工作；企业应当承担生态环境保护的社会责任，推动绿色生产和环保技术的创新；社会组织则可通过宣传教育、资源动员等手段，协助提高公众的环保意识；而村民则是治理的最终受益者和实践者，其参与的深度和广度直接影响治理效果。因此，明确各方责任，避免重复任务和责任推诿，能够保证治理过程的顺畅进行，提升治理效率。同时，这种分工与合作的机制能够有效避免治理过程中因权责不明导致的冲突或资源浪费。

为了确保多元主体协同共治的有效性与公正性，应制定明确的规则和程序。治理的规则和操作流程应当具有规范性和操作性，确保各主体在治理过程中的行为符合既定的标准，并能够在合法合规的框架下进行协作。通过法律法规、规章制度以及具体的操作流程，可以有效规制各方主体的行为，避免治理过程中出现随意性、片面性或不公正现象。此外，规则和程序的明确也有助于保障治理的透明度，增强各方对治理结果的信任感和认可度，进而推动更多主体参与其中。

政府应通过政策激励、资金支持、技术指导等方式，积极鼓励企业、社会组织和村民等各主体的参与。通过政府的协调和推动，可以整合社会各方资源，提高治理的整体效率和水平。具体而言，在环保教育项目中，政府可以引导社会组织和村民共同参与，通过合作开展环保宣传活动，普及环保知识，推动乡村居民树立绿色生活理念，减少对环境的负面影响。类似地，在垃圾分类和资源化利用项目中，政府可以发挥主导作用，鼓励各主体共同参与垃圾的减量化、资源化和无害化处理，从而提高农村垃圾治理的效果，减少生态环境污染。在生态修复项目中，乡镇政府通过组织多方主体的协同参与，不仅能够实现生态系统的快速恢复，还能提高农村生态系统的稳定性和可持续性。

鼓励多元主体共同建设示范村也是推动农村生态环境协同治理的重要途径。通过示范村的建设，可以探索出适合当地实际情况的治理模式和经验，为其他村庄提供可复制的样板。示范村不仅能够展现协同治理的成功实践，还能通过辐射效应带动周边地区的生态环境治理工作。通过示范效应的传播，可以有效提升全社会的治理意识，推动更多地区加入到农村生态环境保护的行列中。

（二）强化治理手段的协同运用策略

农村生态环境协同治理是一项复杂而艰巨的任务，涉及多个利益相关者和多个治理层面。通过巩固行政手段的基础地位、发挥经济手段的调节作用、落实法律手段的保障作用、强化技术手段的支撑作用等方式，可以提高协同治理效率、降低协同治理成本、增强治理效果，促进农村生态环境的可持续发展。

1. 充分发挥行政手段在调控中的作用

行政手段的核心目标在于通过政府的决策和执行力，规范并引导各参与主体的行为，确保治理措施落实到位，避免形式化，确保生态环境保护的实际成效。

（1）利用行政手段进行宏观调控

政府应当制订科学合理的规划和实施计划，对生态环境治理工作进行全局性的安排和调度。规划和计划的制订不仅是对资源配置的指引，也是确保治理项目能够高效推进的关键。通过政府的规划，能够合理分配资源、明确任务进度，并进行严格的时间控制，保证每项治理措施的顺利实施。此外，政府还需设立相应的责任制度，明确各级政府和相关部门的职责，推动形成合力，确保各方力量的有效协同，共同推进生态环境保护目标的实现。通过宏观调控，政府不仅能够在规划阶段做好资源优化配置，还能在实施阶段通过监控和调整确保每项措施不偏离既定目标，从而实现生态环境治理的长效机制。

（2）利用行政手段加大监管和执法力度

政府在生态环境治理中，必须建立健全的监管体系，确保各项治理措施得到严格执行。对乡镇企业及社会组织的监管，特别是对可能对生态环境产生负面影响的活动，政府要采取有力措施，确保其遵循环保法规。为了避免治理过程中可能出现的执行不力、法规滞后等问题，政府必须增强执法力度，确保违法行为受到严惩。通过完善的法律法规体系，建立起有效的威慑机制，提升违法成本，防止破坏生态环境的行为发生。与此同时，执法过程要规范化，做到公开透明，信息发布真实可靠，以此树立政府的公信力。诚信的政府形象能够获得村民及其他治理主体的支持，形成良好的社会治理环境。

（3）利用行政手段推动形成社会共治格局

第一，强化公众对生态环境保护重要性的认知。政府应当通过广泛的宣传教育活动，提高农村居民的环保意识，使其在日常生活中自觉参与生态环境保护。政府要加强舆论引导，回应社会关切，营造和谐的治理氛围。这种良好的氛围有助于调动各方力量，为实现乡村生态环境的可持续发展创造有利条件。

第二，推动多元主体的参与，形成有效的协同治理格局。政府应通过政策引导和资金支持等方式，鼓励企业、社会组织和村民积极参与生态环境治理。通过激励措施，可以调动各方主体的参与热情，推动形成一个包括基层党组织、村民、乡镇企业以及社会组织在内的协同治理网络。各方主体在行政引导下共同参与环境治理，不仅能够实现资源共享、优势互补，还能够加强各方的责任意识和合作意识，推动环境治理工作的深入开展。

2. 重视经济手段在驱动中的激励作用

在农村生态环境治理中，经济手段作为一种重要的调控工具，能够有效激励各类治理主体的参与，推动生态环境保护和修复的进程。在经济常态化发展的背景下，政府通过经济手段的激励作用，能够充分调动市场、企业及社会各方力量，促进农村生态环境的改善和可持续发展。

（1）建立生态补偿机制

生态补偿机制通过对采取环境保护措施的主体进行经济奖励，能够有效激发各类主体积极参与环境治理。特别是对采取绿色农业生产方式的农民，政府可以根据其减少化肥、农药使用的程度，给予相应的经济补贴，从而补偿农民在转型过程中可能面临的经济损失。该机制不仅可以鼓励农民采取更环保的生产方式，还能激励乡镇企业通过降低排放、采用清洁生产技术等方式，减少对环境的负面影响。生态补偿基金作为保障机制，能够为这种激励措施提供财政支持，确保补偿措施的实施效果。

（2）实施税收优惠政策

对于环保产业的企业，政府可以通过减免所得税和增值税等手段，降低其经营成本，增强企业参与环境治理的动力。这种经济激励可以有效地推动乡镇企业投资生态环境保护设施和技术，提升其环保水平。政府还可以通过对农业生产中的环境污染行为征收环境税或相关费用，增加污染源的治理成本。

（3）建立排污权交易市场

通过市场化机制，排污权交易能够使乡镇企业根据市场需求进行排污权的买卖，从而形成一种价格信号，反映出排污的成本和环境容量的稀缺性。这种机制通过市场化手段，引导乡镇企业减少污染物排放，并在一定程度上促进资源的优化配置。通过设置排污权的总量控制，政府能够有效管理污染排放，保证环境质量不被过度破坏。政府可以根据地区实际情况调整排污权的交易价格，进一步激励企业在达到排污总量控制的前提下，减少污染物的排放，提升生态治理效率。

3. 落实法律手段在保障中的权威作用

法律的本质作用在于通过强制性手段规范社会行为，消除污染、提高资源的科学合理利用率，从而保障生态环境的持续健康发展。因此，强化和落实法律手段，不仅能够为生态环境治理提供稳定的法律依据，还能够确保各项治理措施能够有效执行，实现环境治理有法可依、依法依规。

在农村生态环境治理中，应根据治理目标和实际需求，制定一系列内容全面、目标清晰的法律规范，确保法律体系的科学性和实践可行性。这些法律条文应当涵盖各类生态环境治理活动，特别是针对企业排污行为的严格规定。结合地方特点，政府应细化并制定地方性行政法规和规章制度，将这些法律条文转化为具体的操作性法规，以确保地方治理工作的顺利开展。通过制定并实施具有地域特色的法律法规，地方政府能够根据具体情况对污染企业和责任主体进行有效惩处，确保法律的权威性得以充分体现。在实践中，法律的执行必须依赖于具体的惩治措施，对于环境污染行为，必须采取严格的处罚手段，并确保治理行为得以落实，从而达到对相关企业的警示和规范作用。

法律不仅需要在书面上形成规范，更需在执行过程中严密把控，确保每项法规都能够落到实处。要加大对生态环境违法行为的执法力度，通过严格的执法程序和有效的法律追责机制，确保违规行为受到应有的惩罚。同时，针对违法企业的相关信息，要做到公开透明，形成强有力的震慑效果，使得各个主体在从事生产、经营时能够时刻保持法律意识，减少违法行为的发生。政府应建立健全执法监督机制，确保执法过程公正、合法，避免出现行政权力滥用或执法不力的情况。在执行过程中，对于未按照规定公开环境信息或存在信息造假的企业，应根据法律法规对其处以罚款，并公开曝光，增加其社会压力。对于严重破坏生态环境的违法行为，还应追究责任人的刑事责任，以此形成法律的强制力，确保生态环境治理工作能够高效有序进行。

环境司法是确保法律实施的重要保障，它能够为农村生态环境治理提供强有力的司法支持。为了提升环境司法的效率和质量，特别是在农村环境治理过程中，设立专门的环境法庭或环境审判庭，专门审理生态环境保护案件，能够快速、精准地处理相关纠纷，及时解决环境治理中的法律问题。此外，应当加强环境公益诉讼制度建设，鼓励社会组织和公众积极参与到生态环境司法活动中，尤其是在生态环境污染和破坏的案件中发挥重要作用。通过这样的法律安排，可以更好地调动社会力量共同参与环境治理，形成全民参与、社会共治的良好局面。

为了确保法律的有效执行，提升各方对生态环境保护法律的认识和重视程度，需要通过多种渠道进行广泛的宣传教育活动，增强各主体的法律意识和环保意识。政府应加大法律法规的普及力度，使乡镇企业、村民等基层治理主体明确生态环境保护的重要性，并进一步落实环境监察工作。通过定期开展法律培训，增强村民和企业对环保法律的理解和运用，提升其遵守环境法规的自觉性，减少违法行为的发生。在具体的环境监察实践中，相关人员应主动向企业传递环保法律的相关知识，帮助企业正确理解法律条文，树立环保责任意识，以避免因对法规不了解而犯错①。

4. 强化技术手段在支撑中的创新作用

技术手段在农村生态环境协同治理中具有不可替代的重要作用。技术手段的运用能够促进政府、乡镇企业和村民、社会组织等多方参与者的协同合作。通过共同研发和推广先进的治理技术，各方可以形成合力，共同推动农村生态环境治理工作的开展。先进的技术手段如生态修复技术、资源利用技术等，能够大大提高农村生态环境治理的效率。通过持续的监测和评估，可以及时发现和解决治理过程中出现的问题和不足，确保治理工作能够取得实效。

（1）加强科技创新与研发

政府通过设立专项基金、提供税收优惠等政策措施，激励科研机构、高校与企业形成产学研用合作机制，聚焦于农村生态环境治理的关键技术突破。这包括但不限于精准农业技术、生态修复技术、污染监测与预警系统等。同时，加强国际合作，引进并消化吸收国际领先技术，结合本土实际进行二次创新，加速技术本土化进程，是快速提升我国农村生态环境治理技术水平的捷径。

（2）大力推广先进适用的生态环境治理技术

政府应构建多层次、多渠道的技术推广体系，利用政策引导、财政补贴、

---

① 金晶. 利用法律和经济手段强化环境监察职能［J］. 经济研究导刊，2022（36）：159-161.

技术培训等手段，降低农民和乡镇企业采用新技术的门槛。特别是针对农村地区的特点，开发易于操作、成本适中的技术解决方案，如智能灌溉系统、生物农药与肥料等，以提高农业生产效率并减少环境污染。加强农民技术培训，提升其科技应用能力，是确保技术落地的关键。此外，通过政社合作、公私伙伴关系（PPP）等模式，促进技术资源的有效整合与共享，形成政府引导、市场主导、社会参与的技术推广新格局。

（3）加强农村生态环境协同治理技术的示范与引领

政府应精选具有代表性的区域，建设一批集技术研发、示范展示、教育培训于一体的综合示范区，通过实地展示技术成果，让农民直观感受到技术进步带来的环境效益与经济效益。同时，组织技术交流会、研讨会，搭建线上线下相结合的信息交流平台，促进技术经验的广泛传播与深度交流。通过示范引领，激发更多地区主动探索适合本地的生态环境治理模式，形成技术应用的良性循环。

（4）加强对农村生态环境协同治理技术应用的监管和评估工作

政府需建立健全技术应用的监管体系，明确技术标准与规范，加强对技术实施过程的监督，确保技术应用的合法合规。同时，建立科学的技术评估机制，通过第三方评估、同行评审等方式，客观评价技术的实际效果与潜在风险，为技术调整与优化提供决策依据。构建覆盖监测、评估、预警、治理全链条的技术支撑体系，实现农村生态环境治理的智能化、精准化与高效化。此外，强化公众参与，建立反馈机制，让农民成为技术应用的监督者与受益者，形成政府、企业、公众共同参与的技术治理新模式。

（三）优化治理资源的协同配置方案

国家和单位的运行都离不开各类资源的运用，农村生态环境治理具有一定复杂性和综合性，涉及要素有技术、人力、市场等。只有将现有的治理资源协同配置，创新治理资金的投入形式、加强环保基础设施建设、加大治理人才队伍建设，坚持"一盘棋"的系统思维，才能形成强有力的推动力。

1. 创新并多元化治理资金的投入形式

在当前的二元结构下，农村环境保护问题长期被忽视，导致农村环保基础设施建设滞后、环保经费严重不足，许多环境治理措施停留在表面，未能有效改善农村的生态环境。为了解决这一困境，必须从创新和多元化治理资金的投入形式入手，确保资金得到最大化的使用，从而提升环境治理的实际效果。

（1）加强资金来源的整合

农村生态环境治理的资金来源主要依赖于财政预算，因此，构建一个上下协同的财政预算体系至关重要。中央政府应定期向地方政府拨付资金，用于支持农村地区解决生态环境污染问题，确保地方政府拥有足够的财政支持。同时，政府需要通过政策措施积极引导社会资本的投入。一方面，可以通过财政补贴、税收优惠等方式，吸引社会资本流入农村生态环境治理领域；另一方面，政府可以设立专项的农村生态环境治理基金，鼓励更多的社会资本参与环境治理，拓宽资金来源渠道。除此之外，政府还可以出台相关政策，激励企业投资农村生态环境治理。特别是对于那些在治理过程中表现突出的企业，政府应给予一定的税收减免或资金扶持等优惠政策，以此推动企业在农村环境治理中的积极参与。

（2）农民自筹资金

政府可以通过设立奖励机制，激励农民积极参与环境治理工作。与此同时，通过广泛的宣传活动，向农民普及环境治理的公益性和长远利益，使其深刻认识到环境保护对于自身生活质量提升的重要性，从而主动参与资金的筹集。通过这种方式，不仅能够增强农民对环保事业的参与感，也能进一步充实治理资金的来源。

（3）治理资金的使用和运行效率

要想提升治理效果，必须加强资金的运行整合，确保资金使用的高效性和透明度。政府应设立专门的资金管理机构，负责治理资金的筹集、分配、使用以及监督，该机构需要制定严格的资金管理制度和操作规范，确保治理资金的使用符合政策要求，做到公开透明。其次，还应当明确各项资金使用的具体流程，做到制度化、规范化管理。

（4）优化资金配置结构

在资金使用过程中，必须根据实际的环境治理需求，合理配置资金。应针对农村生态环境治理的实际情况设立专项资金，并由专人负责管理，简化资金审批和分配流程，确保资金能够迅速且高效地投入到最迫切的项目中。通过对资金进行精准分配，可以避免资金在治理过程中的浪费，提高资金的使用效率。政府还可以通过引入市场竞争机制，利用信息化手段进行资金的动态监测和效果评估。这不仅能够提升资金的运营效率，还能降低农村生态环境协同治理的运营成本，确保资金的每一分钱都能够用到实处。

（5）资金监管和审计制度的完善

政府应建立健全的资金监管和审计制度，加强对资金使用情况的监督，确保每一笔资金的使用都能经过严格审查，防止出现资金挪用、浪费等问题。特别是在资金投入较大的项目中，应加强审计力度，对资金使用进行实时追踪和评估，及时发现和纠正资金管理中的漏洞，保障资金的使用效果。此外，要建立完善的责任追究制度，对于在资金管理和使用过程中出现的违规行为，应依法追究相关责任人，确保治理资金的安全和高效使用。

2. 加强并提升环保基础设施的建设水平

提升环保基础设施的建设水平是推动可持续发展、保护生态环境的重要举措，特别是在农村地区，环保基础设施的建设水平直接关系到乡村生态环境的改善及农民生活质量的提升。因此，必须通过科学规划、技术支持与运营管理等多方面措施，切实提高农村环保基础设施的建设水平。

（1）进行全面的调查和评估

掌握农村地区的生态环境现状及污染源信息。农村地区的生态环境面临着多种挑战，如生活污水、垃圾处理滞后等问题，因此，通过调研可以为建设方案的制定提供精准的科学依据。在评估过程中，应详细分析不同区域的环境容量，特别是要考量当地的经济发展水平、人口密度和农业生产方式，以确保建设方案既能满足当前的环保需求，又能具有长远的可持续性。

（2）科学规划设施布局

农村地区的基础设施建设需要根据不同地区的特点量体裁衣，例如生活污水和垃圾处理设施的数量、规模、布局等，应结合人口分布和环境污染状况进行细致规划。在设施的布局上，倡导设施互联互通、资源共享，力求通过集中处理和区域化协作提高处理效率和资源利用率。重视设施的区域覆盖面，确保设施能够有效服务到每一个农村社区和村民。

（3）选择合适的技术和设备

随着环保技术的不断进步，新型设备和技术不断涌现，农村地区的环保基础设施应尽可能采用先进、适用的技术，做到既能有效治理污染，又能节能减排，避免二次污染的发生。在污水处理和垃圾处理等领域，应选择具有高能效、低污染的技术和设备，减少对环境的负面影响，并尽可能提高设施的使用寿命和处理能力。

（4）加强设施建设过程中的质量监管和验收

在建设过程中，应严格按照国家和地方的环保标准进行施工，确保设施质量符合规范要求。建设完成后，必须进行严格的验收评估，确认设施能够正常投入使用，避免出现设施投入使用后运行不畅或达不到预期效果的情况。只有确保建设质量，环保设施才能真正发挥其应有的作用，保障农村生态环境的长期改善。

（5）注重设施的运营和维护

环保设施的运营维护需要建立健全的管理机制，明确责任分工，确保管理规范化、标准化。特别是在设施投入使用后的长期运营过程中，应定期进行检修、维护和更新，及时发现并解决问题，保证设施的长期稳定性和效益。农村地区尤其要注重设施的适应性和灵活性，在确保稳定运行的基础上，逐步提高服务水平，回应村民日益增长的环保需求。

3. 加大治理人才队伍的培育与引进力度

随着乡村振兴战略的深入推进，农村生态环境的改善已成为推动乡村发展的关键环节之一。农村生态环境治理不仅需要资金、技术的支持，更需要具备专业知识和实践经验的治理人才。因此，加快治理人才队伍建设、提高人才素质和能力，对于确保生态环境治理工作取得实效具有重要意义，具体有以下方面：

（1）优化现有的生态环境治理队伍

治理人才的培养不仅仅依赖政府部门的努力，还需要全社会的共同参与。基层党组织在其中发挥着不可忽视的作用。党组织应积极引导社会各界力量参与人才队伍建设，鼓励企业、社会组织以及个人为治理人才的培养提供支持。特别是企业和社会组织，具有丰富的资源和经验，能够为治理人才的培养提供实践平台。政府可以出台相应的政策，提供财政支持和税收优惠，鼓励企业、社会组织参与其中。党组织还应加强与这些社会力量的合作，形成合力，共同推动治理人才的培养和提升。政府和相关部门应制定科学的评价标准，既注重治理人才的工作业绩，也要考核其专业能力和实践经验。在评价机制的基础上，可以通过表彰奖励等方式激励优秀人才，增强其工作动力，鼓励更多的治理人才投入到生态环境治理工作中。

（2）完善生态环境治理人才的培养机制

随着乡村振兴战略的推进，基层党组织及政府部门应科学规划人才培养的目标、任务和措施，以更好地服务于生态环境治理需求。在制订人才培养计划时，应充分结合农村生态环境治理的实际情况，特别是针对不同领域和岗位的具体需求，制定有针对性的培养方案。培养的重点应放在提升治理人才的实际操作能力和专业技术水平，注重培养人才的实用性，确保人才培养与基层治理的实际需求相匹配。基层党组织应充分发挥其领导作用，政府部门则应加大对人才培养的支持力度，鼓励通过各种培训形式，提升农村生态环境治理队伍的整体素质。

（3）建立和专业机构的合作关系

加强与高校、科研机构的合作，能够有效将理论研究与治理实践相结合。高校和科研机构拥有丰富的科研资源和专业人才，可以为农村生态环境治理提供先进的理论指导和技术支持。政府在制定相关政策时，应积极吸收这些专业机构的意见，听取在生态环境治理领域有深入研究的专家和学者的建议，制定更加科学、合理的决策。与此同时，乡村规划师、设计师、建筑师等专业人士在参与农村生态环境建设规划的过程中，能够提供创新性的思路和方案，为生态环境治理提供切实可行的指导。

第三节　乡村生态旅游发展及优化对策

乡村生态旅游是一种以欣赏乡村自然景观、体验乡村生活为核心目的的旅游形式。游客在此过程中不仅享受自然与文化的融合，还主动融入当地社区，尊重并保护当地的生态环境和传统文化，促进乡村的可持续发展。该旅游形式强调人与自然以及人文环境的互动，注重绿色、低碳和环保的旅游理念，同时也重视文化体验和乡村社会的和谐发展。

一、乡村生态旅游的发展轨迹

乡村生态旅游的发展历程经历了从初步兴起到逐步完善的过程。其起源可以追溯到20世纪末，当时人们由于对城市生活的疲倦和对自然环境的向往，开始寻求乡村的宁静与舒适体验，乡村旅游因此应运而生。随着社会环保意识的提高，乡村旅游逐渐转向强调生态保护与可持续发展的方向，开始重视对环境的保护和资源的合理利用。在此过程中，政府与社会组织逐渐开始介入，对乡村旅游进行规划和管理，推动其健康有序地发展。政府的政策支持和社会组织的积极参与，使得乡村生态旅游得到了更广泛的认可，并吸引了大量的投资，进一步推动了旅游基础设施的完善和服务质量的提升，从而吸引了越来越多的游客前来体验。

二、乡村生态旅游对乡村振兴的助力

（一）乡村生态旅游助力乡村振兴的内在逻辑

乡村生态旅游与乡村振兴之间的内在联系构成了一个驱动—状态—响应—目标的循环模型[①]，在该模型中，乡村生态旅游作为一种驱动力，能够引导乡村在多个领域进行协调性发展和升级，主要包括经济、文化、生态、社会以及民生等领域。乡村生态旅游的发展不仅促进了乡村经济的转型升级，还推动了文化、生态及社会结构的优化与完善。通过其引导和推动作用，乡村振兴能够响应市场需求，调整原有的生产模式与发展思路，实现资源的合理配置与优化。在此过程中，乡村的经济结构得到了调整，文化特色得到传承与发扬，生态环境得到了保护与改善，社会结构也实现了更加合理的发展布局。

（二）乡村生态旅游助力乡村振兴的作用过程

1. 优化产业结构，促进产业高质量发展

优化产业结构，推动乡村产业高质量发展是实现乡村振兴的重要举措之一。产业的兴旺是乡村振兴的核心要素，是推动农民增收、促进农村繁荣和农业发展的基础条件。乡村旅游产业通过引导和推动相关行业的发展，能够形成强大的产业联动效应，进而促进乡村经济的全面繁荣。这不仅为乡村产业的兴旺奠定了坚实的基础，也为提升乡村整体经济发展质量提供了有力支撑。

作为一种兼具经济效益、生态效益和文化效益的特殊旅游形式，生态旅游已成为推动乡村经济转型升级的重要动力之一。生态旅游的独特性使其成

[①] 辛本禄，刘莉莉. 乡村旅游赋能乡村振兴的作用机制研究 [J]. 学习与探索，2022（1）：137-139.

为一种可以促进经济发展同时保护生态环境的可持续发展模式。而我国众多乡村地区普遍具备优越的自然环境与独特的资源禀赋，具备发展生态旅游的天然优势。因此，推动乡村旅游业发展，不仅能够为当地经济注入新活力，还能有效实现环境保护与可持续发展之间的平衡。

乡村地区根据不同的地理位置和产业特色，能够借助"旅游＋"模式将旅游业与农业、文化、康养等多种产业深度融合，从而加速产业结构的优化和升级。这一融合模式不仅推动了各个行业的相互促进，还带动了更多创新型产业的涌现。乡村旅游产业与农业、文化、康养等产业的融合，能够推动乡村产业体系的多元化和高质量发展，提升产业层次和竞争力，从而更好地助力乡村振兴战略的实施。

2. 改善生态环境，构建生态宜居环境

生态旅游环境核心在于优良的生态环境是生态旅游发展的基础。农村地区因其得天独厚的生态环境而具有发展生态旅游的潜力，各地应充分利用这一优势，对乡村环境进行合理保护与开发。为此，可以采取多种措施，如加大旅游生态环境保护的宣传力度，实施乡村清洁行动，提升乡村绿化率，改善公共设施，并及时处理生活垃圾等。这些措施不仅能够显著提升乡村的外观和形象，还能让村民直接体验到生态环境改善带来的益处，进而推动乡村振兴战略中"生态宜居"目标的实现。

3. 提升村民素养，营造文明乡风

乡土文化包括传统的民居、村落布局、民风民俗以及民间工艺等元素，深刻体现了村民自身的文化特征。乡土文化为乡村生态旅游注入了独特的文化魅力，成为游客体验乡村风情和感知地方文化的载体。

乡村生态旅游的推进，不仅为当地经济带来了积极效益，也对乡村的文化建设起到了促进作用。随着旅游业的发展，乡土文化的旅游价值逐渐提升，能够激发村民对本土文化的深刻认同和自豪感，进一步增强他们的文化自信。经济效益的增长通常伴随着文化保护意识的提升，当地政府、村领导班子以及广大村民在经济利益驱动下，往往会更加主动地投入到乡土文化的保护与传承工作中。此外，乡村生态旅游的发展不仅有助于促进城乡之间的互动与交融，还能在一定程度上激发村民自我提升的意识。在与外界文化的交流与接触中，村民逐渐接受文明理念，学习先进的生活方式，进而推动个体素质的提高和生活品质的改善。这一转变有助于培养村民的现代化生活观念，并加强他们的主人翁意识。随着时间的推移，村民的文化素质不断提升，乡村的文明建设也会逐步得到加强，从而推动乡村文化氛围的进一步优化。

4. 实现多元主体治理，提高治理效能

乡村生态旅游的发展涉及众多市场主体，包括政府、村民、企业等，这些主体的利益诉求必须得到平衡和满足。基于利益相关者理论，实现共同发展的核心在于确保所有利益相关者的利益得到妥善协调，形成和谐共赢的局面。乡村生态旅游的健康发展依赖于各市场主体的共同努力。多元化的乡村治理主体，如"农户＋农户""企业＋农户""企业＋社区＋农户"等模式，能够充分发挥各自的优势并形成合力，有效推动乡村生态旅游产业的发展。这些模式不仅能够调动村民的参与积极性，还能够提升乡村治理效能。通过实现多元主体治理，可以提高乡村治理的效能，为乡村生态旅游的可持续发展提供坚实的组织保障。

5. 拓宽农民增收渠道，促进人们生活富裕

生活富裕不仅是乡村振兴的出发点，更是其最终的落脚点。因此，全面推进乡村振兴，必须通过积极发展特色产业，特别是生态旅游产业，来为农民创造更多的增收机会。

乡村生态旅游作为一种独特的产业形式，能够有效将乡村的生态资源和文化优势转化为经济优势，拓宽农民的增收渠道。通过生态旅游的发展，乡村不仅能够吸引大量游客，带动当地相关产业的发展，还能促进农民从中获得经济收益，实现收入的持续增长。随着旅游业的繁荣，乡村的经济结构逐

步发生变化，农民的收入来源也变得更加多元化，从而为实现农民的共同富裕奠定了基础。同时，乡村生态旅游的发展还促进了要素的流动。大量城市资源，如资金、技术等逐渐流向农村，有力推动了农业生产的现代化和产业化。这种要素的流动不仅提升了农产品的产量和质量，还开辟了更广阔的销售渠道，使得农产品的市场逐步稳定，并且不断扩展。农民在这种良性循环中，能够获取更多的市场信息和销售机会，进一步提高收入水平。此外，乡村生态旅游的发展为农民提供了更为丰富的增收途径。通过农旅融合，不仅拓展了农业产业的内涵，还有效延长了农业产业链，提升了农业产业的附加值。这一过程带动了农业与其他产业的深度融合，促进了农业产业的转型升级，从而使农民能够从中获得更高的收益。

三、基于乡村振兴的乡村生态旅游优化对策

（一）加强生态旅游立法，进行严格管理

在乡村振兴的背景下，生态旅游作为促进乡村经济发展和保护生态环境的重要手段，具有不可忽视的战略意义。要实现乡村生态旅游的可持续发展，必须采取科学有效的管理措施，以确保生态环境和资源的合理利用，同时推动旅游产业的健康发展。

首先，乡村生态旅游资源丰富多样，各地的生态环境、文化传统和资源禀赋各不相同，因此，需要根据具体情况制定差异化的管理政策。通过政策引导，可以实现对自然资源和文化遗产的有效保护，避免过度开发和资源的耗竭，同时推动生态旅游与当地自然、文化资源的和谐共生。

其次，通过立法手段，制定游客进入景区的行为准则，能够有效减少游客对环境的负面影响，保护自然景观和生态资源。行为准则的内容可以包括禁止乱丢垃圾、保护野生动植物、不打扰生态环境的安宁、遵守当地文化习俗等。

再次，通过立法，可以为旅游企业的经营管理提供法律依据，明确其在

资源保护、环境管理和文化尊重方面的责任与义务。只有确保旅游企业在经营过程中遵循可持续发展理念，才能有效推动整个产业链的绿色转型，并避免短期经济利益驱动下的资源破坏。

最后，建立健全的监督执法机制，设立专门的执法部门，对乡村生态旅游的实施情况进行监管，能够及时发现和纠正违法违规行为。对于不符合环保标准或破坏生态的企业，应依法进行处罚，而对遵守法规、符合可持续发展要求的企业，则应给予奖励和激励。这种正向激励机制能够引导更多旅游企业和游客自觉遵守相关法规，为生态旅游的可持续发展提供制度保障[①]。

（二）明确政府职责，引导乡村旅游绿色发展

在当前乡村旅游发展的背景下，明确政府在乡村旅游绿色发展中的职责，发挥其引导作用，是确保可持续发展的关键举措。

第一，政府需要发挥主导作用，制定清晰的乡村旅游发展规划，并将绿色发展理念嵌入其中。乡村旅游规划的制定不仅要考虑到经济效益，还应注重生态保护和可持续发展，确保发展方向符合环境保护要求[②]。

第二，政府应确保在乡村旅游的推进过程中，严格遵守生态环境保护的基本原则。具体来说，应依据各地区的自然生态承载力，合理规划旅游开发的强度，避免过度开发带来的生态压力。不同地区的自然环境和生态特点存在差异，因此，政府应当在旅游开发时，做到因地制宜，确保旅游开发活动与当地生态系统的承载能力相匹配，避免对自然资源的过度消耗和生态环境的破坏。

第三，政府需结合各地的自然资源、文化特色等因素，划分出适合旅游开发的不同区域，并根据当地的特点与需求，推动相应的可持续发展。这不

---

① 徐舟，韩佳文，张哈拿，等. 乡村振兴战略下河南省红色文化与乡村旅游耦合发展研究［J］. 旅游纵览，2024（6）：9-11，43.

② 何延凌，李逸情，陈麦池. 河南省红色旅游高质量发展路径研究［J］. 焦作大学学报，2024，38（1）：41-45.

仅有助于保护当地的自然景观与文化遗产，还能在不破坏生态环境的基础上实现乡村旅游的经济效益最大化。

第四，政府应加强乡村旅游的生态保护和环境监管，建立完善的生态监测体系，对旅游区域的生态环境进行定期评估。通过定期的环境检查与问题发现机制，及时采取措施加以整改，从而保证乡村旅游在发展过程中不破坏当地的生态环境，确保环境保护与旅游发展同步进行。

第五，为了进一步加强生态保护，政府可以设立环保奖惩机制，鼓励旅游企业和居民积极参与生态保护工作，并对违法违规行为进行严肃处罚。机制的构建不仅能有效督促各方履行生态保护责任，还能够提升当地居民和旅游从业者的环保意识，形成全社会共同保护生态环境的良好氛围。

第六，政府应大力推动乡村旅游企业注重文化的传承与创新。在乡村旅游发展过程中，应充分挖掘当地的历史、文化、民俗等独特资源，增强游客的文化体验感和认同感。同时，政府还应鼓励企业在旅游产品中融入创新元素，使传统文化与现代科技、艺术等相结合，提升旅游产品的吸引力，拓展乡村旅游的市场竞争力。

第七，政府应鼓励创新，推动旅游业与科技、艺术等新兴产业的融合。通过引入新技术、新业态，乡村旅游可以不断提升服务质量和产品种类，满足游客多样化的需求。科技和艺术的创新不仅可以增强游客的旅游体验，还能推动乡村旅游的产业升级，提升其市场竞争力。

（三）提高从业人员综合素质，打造优质服务队伍

要促进乡村生态旅游的高质量发展，必须注重从业人员综合素质的提升，打造一支具有专业能力和服务水平的旅游服务队伍，从而确保游客的良好体验。乡村地区可以与相关教育机构合作，制订系统化的培训计划，通过专业培训提升旅游从业人员的整体素质。这些培训内容应涵盖文化传承、环境保护、服务技巧等方面，以帮助从业人员全面掌握所需的专业知识和技能，进而提升其服务质量。

具体来说，培训课程应侧重于乡村文化的深入理解和传承，帮助从业人员增强对本土文化的认同与自豪感，并能够准确传达给游客。环境保护和可持续发展理念的融入是培训中的重要内容，以提升从业人员的环保意识，确保旅游活动不对生态环境造成负面影响。在服务技巧方面，培训应注重提高从业人员与游客的沟通能力、问题解决能力和服务效率，使其能够为游客提供更加贴心和专业的服务。为了激发从业人员的积极性与潜能，乡村旅游发展还可以通过设置合理的晋升途径和提供学习资金等激励措施，鼓励从业人员不断提升自身的专业素养。

（四）创新旅游产品，提高市场竞争力

在当前激烈的市场竞争环境下，乡村旅游必须借助特色资源的深度挖掘与现代科技手段的应用，打造独特且富有吸引力的旅游产品，从而增强其市场竞争力。

通过将当地的文化特色与自然景观相结合，可以开发出具有地方特色的旅游活动。例如，结合红色文化资源，可以设计与历史相关的体验项目，让游客在参与中更加深入地了解历史背景和文化内涵。利用当地丰富的自然资源，可以设计如徒步、露营等户外活动，使游客在享受自然美景的同时，能够感受到乡村的宁静与自然魅力，这不仅满足了游客对自然的探索需求，也促进了生态环境的保护意识。

虚拟现实（VR）、增强现实（AR）等技术的引入，可以大大提升旅游体验的互动性和沉浸感。通过 AR 技术呈现历史遗址的虚拟场景，游客可以身临其境地感受历史的变迁与文化的厚重。而虚拟现实则可以在生态旅游过程中提供全新的视角，帮助游客更好地理解自然景观和生态系统的复杂性。此外，互动式的自然科普展览不仅能够娱乐游客，还能提升他们对生态保护的认知和兴趣。

通过加强与当地文化创意企业的合作，能够将手工艺品制作、民俗节庆等活动引入旅游产品中，进一步丰富游客的体验内容。这种方式不仅能够展

示地方特色的传统工艺和文化，还能为游客提供更多的参与性和互动性，增强他们的文化认同感与情感连接，从而提升旅游产品的独特性与市场吸引力。

　　旅游企业应充分利用现代社交媒体平台，通过线上宣传和内容营销的方式，吸引潜在游客的关注。通过发布高质量的旅游信息、展示特色旅游产品及互动活动，能够让更广泛的目标客群了解乡村生态旅游的独特魅力。同时，参与各类旅游展会、行业论坛等活动，也是推广乡村旅游产品的重要途径，能够通过专业平台扩大产品的影响力和市场份额。

第四章
新时代乡村文化振兴及其创新路径探索

乡村文化是中华文明的重要组成部分，承载着丰富的历史遗产和传统价值。随着新时代乡村振兴战略的深入推进，文化振兴逐渐成为推动乡村全面发展的关键要素。本章重点论述新时代乡村文化振兴的现实基础与内容、新时代乡村文化振兴的特征与意义、新时代乡村文化振兴的根本措施、新时代乡村文化振兴的数字化创新。

第一节　新时代乡村文化振兴的现实基础与内容

一、新时代乡村文化振兴的现实基础

乡村文化振兴已经成为当前乡村发展的趋势，也成为新时代乡村发展的必然要求。立足当下农民的多元化需求，破解乡村文化发展进程中存在的难题，重塑文明乡风，提升乡村发展的内生动力，满足广大农民精神文化需求是引导乡村文化迈向现代化、实现社会主义现代化整体发展的必由之路。

（一）满足农民精神文化的内在诉求

随着新时代的到来，我国社会主要矛盾发生了历史性转变，人民群众对美好生活的需求呈现出多元化和层次化的特点。尤其是在我国全面脱贫的背景下，农村地区的农民不仅在物质生活方面有了显著改善，精神文化需求也日益增长。因此，如何满足农民的精神文化需求，成为当前乡村振兴中不可忽视的关键问题。

从更广泛的社会规律来看，人的全面发展不仅仅依赖于物质条件的保障，更需要精神生活的滋养。道德情操、思想文化、亲情友谊等因素，都是构成健康精神生活的重要组成部分。而对于农民来说，精神生活的缺失无疑会对他们的整体生活质量造成负面影响。满足农民的精神文化需求，尤其是在新时代背景下，对于乡村的全面振兴具有深远的意义。

（二）强化乡村发展内生动力的必然要求

乡村振兴不仅仅是一个外部推动的过程，更多的是要通过激发乡村内部的动力，使其具备可持续发展的内在能力。这一内生动力的发挥，首先依赖于乡村最重要的利益主体——农民的积极参与和贡献。农民作为乡村建设的主体力量，其文化素养、技术水平及思想观念直接影响着乡村振兴的成效。

在我国经济快速发展和城镇化进程加速的背景下，乡村面临着劳动力流失和资源匮乏的问题，从而影响了乡村振兴的推进。要实现这一目标，关键在于激发农民对农业和乡村的深厚感情，最大化发挥农民的主动性和创造力。

通过多元化的方式提升农民的文化素养和综合能力，如提高农民的思想道德素质，培养其先进的生产理念，还应注重提高农民的科学文化水平，增强其创新能力和技术应用水平。

充分发掘乡村文化中的人文精神和价值观，强化乡村传统文化对社会行为的引领作用。乡村文化蕴含着深厚的人文底蕴，它不仅是乡村历史与精神的象征，更在塑造乡风民俗、陶冶村民心性方面发挥着重要作用。通过弘扬乡村文化中的积极价值观，可以增强村民的集体认同感和归属感，为乡村振兴积累强大的精神动力。

（三）推动中国全面现代化的时代要求

我国作为一个农业大国，乡村的发展不仅仅关乎农业现代化，更关系到社会主义现代化的全局进程。乡村社会发展中的失衡问题，尤其是在城乡差距、物质文明与精神文明不平衡方面，直接影响着乡村现代化的推进，进而制约了国家整体现代化目标的实现。当前，我国的城镇化进程迅速，乡村社会在追求经济发展的速度时，往往过度注重物质层面的建设，忽视了文化建设与精神文明的提升。

乡村文化振兴作为调节乡村内外各种发展因素的切入点，对于推动乡村整体均衡发展具有深远的意义。乡村文化不仅是乡村社会的精神根基，更是推动乡村现代化进程中不可或缺的软实力。在推进现代化的过程中，乡村文化的复兴可以增强乡村居民的文化认同感和归属感，促进乡村社会的和谐与稳定。通过发扬乡村传统文化和创造性转化，乡村可以既保持传统文化的独特魅力，又融入现代文明的元素，实现文化自信的提升和文化创新的突破。同时，通过推动乡村文化建设，尤其是加强乡村文化的现代转型，能够有效促进乡村文化与城市文化的融合，提升乡村居民的文化素养和精神面貌，增强乡村社会的凝聚力和发展活力。

二、新时代乡村文化振兴的基本内容

乡村文化是农民在生产生活实践的过程中，与乡村自然相互作用而创造出来的各种事物与现象的总和，根据不同的划分标准，乡村文化可以分为物态文化、制度文化、行为文化与精神文化。乡村文化振兴是新时代做好乡村精神文明建设的总抓手，因此，从乡村文化形态入手，坚持保护乡村物态文化、完善乡村制度文化、传承乡村行为文化以及丰富乡村精神文化，即乡村文化振兴的基本内容。

（一）保护乡村物态文化

乡村物态文化不仅承载着农民对乡土的深厚情感，也是乡村历史、传统和精神的具象表现。作为乡村文化的一部分，物态文化是农民在长期生产生活实践中创造的物质产品与生产方式的总和，它以外在的实物形式展现了农民的集体智慧与生活经验。乡村建筑、生产工具、农耕设施等具体的物品，都是乡村物态文化的体现，反映了乡村社会与自然环境相互作用的历史痕迹。这些文化元素不仅是乡村历史的见证，更是理解乡村社会独特精神世界的重要窗口。

在乡村振兴的背景下，保护乡村物态文化具有重要的现实意义：① 乡村物态文化作为文化遗产的一部分，承载了农民几代人对土地的热爱与依赖，体现了与自然和谐相处的生产智慧。因此，保护乡村物态文化有助于增强乡村文化的认同感与自豪感，是推动乡村社会文化认同和凝聚乡村内在力量的重要手段。② 乡村物态文化作为一种独特的文化资源，对于发展乡村旅游、推动乡村经济具有重要的价值，不仅仅是对单一元素的保存，更需要考虑到这些元素在乡村生活中所形成的整体文化体系。乡村建筑、生产工具和民间技艺等，都应作为一个系统来进行保护，避免零散的、局部的保护导致文化价值的流失。保护的过程中，还需注重创新与传承的结合。在新时代的背景下，乡村物态文化的保护不能仅仅停留在对传统形式的维护上，还应注重将其融入现代社会生活中，赋予传统文化新的时代内涵。

（二）完善乡村制度文化

乡村制度文化可以被定义为农民为了维护生存与发展而在长期历史过程中所创造并延续下来的制度与文化规范。它的内容包含了多种形式，包括组织化的成文法规和习惯性的行为规范等。这些文化形式不仅反映了乡村社会的治理模式，也体现了乡村在历史进程中对秩序、规则的理解与实践。具体而言，乡村制度文化包含家族法律、道德准则、村规民约等，它们主要基于地缘关系和血缘关系构建，目的在于通过制度规则实现乡村的有效治理，从而保持乡村的稳定与发展。随着时代的变迁，乡村制度文化必须与时俱进。现代社会的发展和乡村振兴战略的推进，要求乡村制度文化在保留传统特色的基础上进行必要的革新和完善。党中央提出的乡村治理体系，明确指出应当实行自治、法治、德治三者结合的治理模式，实质上是要通过整合国家与社会的资源，补充乡村在自治方面的不足，从而更好地发挥乡村制度文化的作用。这一治理体系的核心在于通过法治保障自治的有效性，同时通过德治来提高乡村治理的道德水平和人文关怀。

（三）传承乡村行为文化

乡村行为文化是农民在社会交往、风俗习惯、民间信仰和乡土情感等多重因素的影响下，通过日常生产生活实践所展现的行为方式及其结果的综合体现。这种文化深深植根于农民的日常生活，具体体现在传统礼节、节庆仪式、农事活动及熟人社会交往等方面。作为乡村文化的重要组成部分，行为文化不仅反映了农民的生活方式、精神面貌与价值追求，还承载着地方历史、民族特色与区域文化，是维系乡村社会秩序和价值体系的重要纽带。这种文化的集体性与传承性，使其成为乡村社区的共同记忆与情感寄托，同时也为乡村振兴提供了重要的文化资源。

在传承乡村行为文化时，需要注重文化的筛选与创新，既要保留其传统精髓，又要适应现代社会的需求。一方面，乡村行为文化应突出其现代性价值。在新时代背景下，乡村行为文化是推动乡风文明和家风建设的重要工具，其内在价值能够对个人行为产生积极的示范效应。传承过程中，需要充分挖掘传统节庆、民间艺术和文艺活动中蕴含的文化内核，并通过现代传播手段和形式，使其焕发出新的生命力。通过将这些具有积极价值的传统行为文化转化为现代社会的活态文化，不仅可以增强文化自觉性，还能提升乡村社会的文化自信和凝聚力。另一方面，乡村行为文化的传承需要党建引领与多方协同。随着社会各领域的发展与变化，乡村行为文化的传承不能单纯依赖传统模式，而是需要融入新的内容，以适应现代社会需求。基层党组织应发挥核心作用，通过组织化的手段协调各类社会资源，将行为文化传承与时代发展需求紧密结合。特别是在保护与弘扬优秀行为文化时，党建引领能够确保文化传承的正确方向，使其在政治引导下实现社会价值与市场价值的统一。

（四）丰富乡村精神文化

乡村是中国传统文化的根源地，在这里蕴藏着丰富的文化资源，例如，传统的民间故事、乡土诗歌、农民的自然观念、家庭观念等，这些内容中潜藏着农民的精神思想，是重要的精神文化资源。乡村精神文化要通过载体才能体现，是一种软约束、软治理，它与社会主义核心价值观相融合，共同扎根乡村，可以在乡村治理和乡村振兴方面发挥积极作用。

新时代振兴乡村文化我国立足国情乡情，提倡现代文明理念，重视农民精神风貌的提升，通过各种形式促进乡村精神文化的丰富性。

第一，推广乡村特色文化活动。近年来政府加强乡村精神建设，组织开展各种形式的文化活动，如乡村文化节、乡村文艺比赛等，丰富农民的文化生活。通过举办"好儿子""好媳妇"等评选活动，宣扬中华传统的孝文化；开展诸如戏曲下乡、书法传承等活动，提高农民的文化涵养。

第二，建设文化设施。农民之间进行文化交流和学习离不开合适的场所。我国对文化设施的建设也是十分重视，通过文化活动中心、文化站等场所的建立，为农民提供了丰富精神文化的场地。

第三，媒体、社会公益组织创新活动形式，比如开展乡村音乐节、美食节等活动，打造乡村的文化品牌，从形式上吸引广大农民积极参与。各种活动形式的开展，促进文化的传播，以人民乐于、易于接受的方式推进文化的熏陶作用，实现乡村精神文化在新时代的丰富性。

第二节 新时代乡村文化振兴的特征与意义

一、新时代乡村文化振兴的特征

乡村文化振兴作为农耕文化与乡土文化的鲜活见证与创新呈现，正确把握其基本特征，是科学认知乡村文化振兴发展规律，全面推动乡村振兴发展的客观要求。

（一）乡村文化振兴目标的引领性

乡村文化振兴目标是新时代推动乡村社会文化发展的核心指引，源于我国社会发展实际与社会主义现代化建设的实践需求。从现实、理想与价值三个层面出发，科学构建乡村文化振兴的目标体系，对于确保乡村文化振兴实践的方向性与成效性具有重要意义。对其目标的深刻理解与准确把握，直接关系到乡村文化振兴工作的实践效果。

现实层面的目标集中于促进乡村经济社会发展。通过加强文化建设，振奋农民的"精气神"，增强文化自信，以此为基础进一步发挥乡村文化的育人功能与社会服务功能。这不仅能够推动乡村内部的文化发展，还能成为乡村经济增长的新动力，带动乡村教育、医疗、社会治理等多方面的进步。乡村文化振兴通过文化理念的传播、道德风尚的涵养以及价值观念的塑造，为乡村社会提供了精神动力和智力支持，从而推动乡村全面振兴。

理想层面的目标是实现乡村文化的现代化发展。这不仅是乡村文化振兴的长远追求，也是中国社会全面现代化的重要组成部分。乡村文化现代化要求构建与乡村特性和时代需求相契合的文化体系，融合传统文化的精髓与现代文化的创新，以实现文化形态、内容与功能的全面提升。在现代化的进程中，乡村文化的振兴应从内容形式、传播手段到功能定位进行全面创新，使之成为助推乡村现代化的关键驱动。

价值层面的目标是满足农民的精神文化需求。坚持以人民为中心的发展理念，以农民的实际需求为导向，通过乡村文化振兴有效解决城乡之间文化供给的不平衡问题。在丰富农民文化生活的同时，带动文化事业和文化产业协调发展，以更优质的文化资源与产品满足农民日益增长的精神文化需求。乡村文化振兴的最终落脚点在于提升农民的获得感与幸福感，使其切实感受到文化振兴带来的生活改善。

（二）乡村文化振兴内容的丰富性

乡村文化振兴以乡村文化资源为依托，通过创造性转化与创新性发展，赋予乡村文化新的时代内涵，为乡村现代化发展提供文化支持。由于乡村文化形态的多样性与内涵的丰富性，乡村文化振兴实践涵盖了多个层面的内容，展现出其全面性与多元化，具体如下：

第一，本土文化是乡村文化的根基，具有鲜明的地方特色和传统属性。在振兴过程中，注重通过多种方式如文化档案记录、文化活动开展以及相关法律法规的制定与实施，确保本土文化得以系统性保护。这种保护不仅体现在文化形式的保存上，也包括对其内在精神价值的传承，使乡村文化的独特性得以延续。

第二，现代文化元素的融入为传统乡村文化注入了新活力，有助于提升乡村文化的开放性与创新性。通过现代艺术、科技以及新兴文化活动的引入，乡村文化能够更好地与现代社会接轨，从而丰富乡村居民的文化体验，并吸引更多人群参与乡村文化建设。

第三，文化设施为乡村居民提供了文化活动的空间和载体，能够有效满足乡村文化生活的需求。在实践中，通过建立文化中心、图书馆、文化礼堂等设施，为乡村居民提供了多样化的文化服务，进一步提升了乡村的文化功能和社会凝聚力。

第四，以传统文化为基础，围绕乡村特有的文化资源开展文艺表演、手工艺品制作等文化产业活动，既能创造文化价值，也能产生经济效益。在这一过程中，文化产业不仅成为乡村经济的重要支柱，也为乡村文化注入了现代化的发展动力。

第五，通过组织文化知识讲座、文化体验活动等形式，乡村文化振兴提高了农民的文化参与意识和文化认同感。同时，通过系统化的教育和培训，培养出一批了解文化、热爱文化、具备文化传承能力的人才队伍，使乡村文化具备更加坚实的人才保障。

（三）乡村文化振兴主体的协同性

乡村文化振兴是对乡村优秀文化进行再认识的过程，其核心在于传承与创新并重，以实现乡村文化治理与共享，提升乡村文化自信。这一目标的实现依赖政府、农民和社会力量的协同参与，通过各主体间的联动合作形成合力，为乡村文化振兴注入持续动力。

政府需重新审视自身角色，摆脱传统的管控思维，转向更加注重服务与引导的定位。在实际工作中，政府通过优化管理理念和创新政策工具，例如财政补贴、设立文化产业基金以及推进宣传推广等，支持乡村文化的传承与发展。同时，政府也在资金支持、人才培养等领域发挥重要作用，致力于发掘乡村内部的文化潜能。通过盘活乡村资源，政府不仅为文化振兴提供了必要的物质保障，还在治理过程中为多元主体间的协同创造了条件。

乡村文化振兴的核心是对农民生产与生活方式的再认识，而农民作为文化生活的参与者与创造者，在这一过程中承担了关键任务。通过增强自治意识与组织能力，农民能够更加主动地参与乡村治理，与政府形成互补关系，共同推动文化价值的认同与传播。此外，农民主体性的激发有助于培育乡村文化的内生动力，从而保障文化振兴的可持续性发展。

社会组织通过开展文化活动，不仅提升了农民的公共意识与参与意识，还能在广泛凝聚共识的基础上推动文化振兴目标的实现。作为连接国家与乡村的重要桥梁，社会力量在推动政府政策落地、促进农民积极参与方面具有独特优势。其在组织、资源与协调能力上的补充作用，使得乡村文化振兴的多元主体形成更加紧密的合作网络。

（四）乡村文化振兴形式的多样性

乡村文化振兴是促进乡村文化发展的重要途径，其进程以乡村文化的现实状况为基础，以农民需求和时代发展为导向，采取多样化的形式，使文化振兴更加贴近实际、贴近生活、贴近农民。形式的多样性不仅能丰富乡村文化的表现方式，还可以提升文化传播的效果与广度，为乡村文化的传承与发展注入了新的活力。

有形文化作为乡村文化最直观、最可接触的形式，能够通过视觉与触觉直接传递文化内涵。乡村文化振兴依托于古村落、文物古迹等静态文化载体，并通过设置文化墙、建设文化广场等手段，使传统文化元素更加生动形象地呈现在乡村环境中。

乡土文化植根于乡村的地域特色，其表现方式具有通俗易懂、贴近农民日常生活的特点。通过讲述民间故事、阐释风土人情和乡规民约等方式，乡土文化能够将传统的思想观念融入现代生活，增强文化的亲和力和感染力。与此同时，挖掘和开发具有鲜明地域特色的民间艺术和文化资源，可以为乡村文化注入创新活力。

榜样文化源于典型人物的示范作用，通过宣传乡村优秀人物的事迹与精神风貌，能够有效引发农民的情感共鸣。在文化振兴中，通过遴选道德模范、新乡贤等典型人物，借助公益广告、宣传栏等形式推广先进事迹，不仅弘扬了优秀品质与道德观念，还营造了向善向美的文化氛围。

二、新时代乡村文化振兴的意义

乡村文化是中华民族文化的根脉，样态丰富的乡村文化给予了中华民族源远流长的强大基因库。振兴乡村文化，不仅有益于乡村文化与时代对接，发掘其优秀价值，促进乡村文化的传承与创新，还能加强农民对于乡村文化的认同感和归属感，提升农民乡村文化自信。

（一）传承创新乡村优秀文化

乡村优秀传统文化是中华民族文化体系的重要组成部分，其传承与创新在乡村振兴战略中占据核心地位。当前，乡村文化传承在实践中已取得一定成效，并积累了较为成熟的经验，包括对非物质文化遗产、古建筑群和传统村落的保护以及文化资源的产业化开发等方面。在新时代背景下，乡村文化振兴以乡村文化为根基，采用创新的形式推动文化活动，展现出强大的传承与创新潜力。

在物质文化层面，乡村文化振兴注重对传统村落格局和相关物质文化遗产的保护。乡村文化承载着丰富的历史记忆，这些记忆通过物质形态表现出来，例如庙宇、祠堂、书院等具有历史意义的建筑，抑或是农耕文明中的生产工具和日常用具。乡村文化振兴以科学的方式保存这些文化资源，确保它们的原真性和完整性，通过修缮与合理利用，使其继续发挥社会文化功能。由此，不仅保存了乡村的历史记忆，还进一步强化了乡村文化的象征意义，为村民和外来游客提供了一个了解乡村历史与文化的重要窗口。

在非物质文化层面，乡村文化振兴对传统曲艺、民间手工艺术、传统节日活动等非物质文化遗产的保护和发展给予高度重视。这些非物质文化形式既是乡村文化的精神体现，也是其活态传承资源。通过现代科技手段，如数字化记录、虚拟现实展示等技术，乡村非物质文化遗产得以更广泛地传播和保存。同时，现代文化创意设计为这些传统文化注入了新的生命力，使其在内容表达、艺术形式和传播方式上更加符合当代审美需求。

（二）提升乡村治理成效

乡村文化振兴在乡村治理中通过优化和活化与农民思想感情、思维方式、生活方式高度融合的文化资源，促进文化效用与新观念、新模式的有机结合，从而全面提升乡村治理的成效。具体如下：

乡村文化振兴通过强化自治意识，发挥自治在乡村治理中的基础性作用。乡村自治的核心在于农民的主体地位及其自我管理能力的提升。通过乡村文化振兴，自治文化得以广泛传播，这不仅增强了农民对乡村事务的参与热情与信心，还为农民提供了实践自治的文化支持。乡村文化振兴挖掘和弘扬公序良俗等传统文化资源，使之成为治理实践中的有效工具。这种内在的文化认同和情感共鸣，有助于提升农民在乡村治理中的主动性，推动自治能力的全面发展。

乡村文化振兴注重法治在乡村治理中的保障作用。法治是现代乡村治理的重要支柱，乡村文化振兴通过多样化的法律宣传教育形式，提高了农民对法律的认知水平和尊法守法的思想自觉。通过创新乡村法律宣传平台与载体，农民能够更加直观地了解法律的内涵与作用，逐步形成法治思维。这种法治观念的普及，使乡村治理在自治的基础上进一步嵌入法治框架，推动自治与法治的深度结合，从而实现治理结构的规范化和有效化。

乡村文化振兴推进德治在乡村治理中的支撑作用。道德是维系乡村社会秩序的重要纽带，而德治则通过规范农民的道德行为促进乡村和谐。乡村文化振兴将社会主义核心价值观融入乡村文化发展，塑造出符合时代要求的道德新风尚。通过移风易俗和诚信友善的倡导，乡村文化振兴使传统美德焕发出新的生命力，成为乡村治理的重要文化基础。此外，乡村文化振兴通过对优秀传统文化的开拓与创新，引导农民在适应新时代道德规范的过程中，形成以德治为核心的行为模式，有效应对生产生活中的矛盾与挑战，提升乡村社会的整体凝聚力与和谐度。

（三）激发农民乡村文化自信

文化自信的形成，根植于对乡村文化的深刻理解与认同，同时需要通过实践逐步增强农民对乡村文化的尊重与热爱。乡村文化振兴以挖掘乡村文化价值为核心，从思想、生活和经济等多层面激发农民的文化自信。

乡村文化振兴通过深度发掘乡村文化所蕴含的优秀理念，如邻里互助、崇尚自然、遵循公序良俗等，重新塑造乡村文化的价值认知。这种以乡村实际为基础的价值提炼，不仅能够促进农民对乡村文化本质的理解，还能帮助其在文化自觉中获得自信，以坚定的态度看待并实践乡村文化的核心理念。

乡村文化振兴的根本在于坚持以农、以人为本的理念。通过保护乡村的静态文化遗产，如古村落、传统生产工具等，彰显乡村文化的历史厚重感；通过对优秀乡风习俗的倡导，传承乡村文化的精神内涵；通过完善乡村文化设施，为农民提供更加丰富的文化服务，这些实践都从不同角度提升了农民的文化生活水平。农民在日常的文化体验中逐步加深了对乡村文化的认同感，进一步增强了他们对乡村文化的归属感和自信心。

在乡村振兴实践中，乡村文化被赋予多重功能，成为乡村经济发展的重要资源。例如，通过挖掘并传播优秀的乡村文化，可以优化乡村治理模式，为乡村发展注入新的活力；通过文化与产业的结合，将乡村文化转化为可见的经济效益，使农民在文化与经济的交织中切实体会到文化的实际价值。

（四）促进乡村全面振兴

乡村文化振兴不只是发掘乡村文化蕴含的丰富内涵，推动乡村优秀文化广泛传播，同时推进乡村文化与产业、人才和生态等方面有效对接，这对推动乡村全面振兴的实践产生了显著效用。

第一，文化振兴促进农民思想意识变化。振兴乡村文化，发掘乡村文化关于乡风文明的丰富意蕴，使之融入社会主义核心价值观，共同在乡村中发挥育人的重要作用，促进农民自身思想道德水平得到切实提升。

第二，文化振兴促进乡村产业的文化独特性。将乡村文化中蕴含的民俗风情、艺术人文以及其他的特有文化资源和产业结合，打造乡村文化品牌，使得文化传承中发挥其经济价值，促进乡村经济发展。

第三，文化振兴推动完善乡村文化基础设施。农民想要认识、研究乡村文化就需要专业的地方为他们提供丰富的资源，例如文化馆、文化站、图书室等场地，这些都可以让农民有学习、休闲的场地，同时为其再认识乡村文化搭建平台。

　　第四，文化振兴增进乡村治理的有效落实。农民在长期实践中践行的公序良俗、诚信道德等观念，是一种约定俗成的观念，它与农民关联性较强，因而比较容易让农民接受，可以协助乡村进行有效治理。

第三节　新时代乡村文化振兴的根本措施

　　推动乡村文化振兴，需要从多方面共同发力，深入挖掘乡村文化中优秀成分，与社会主义核心价值观一道，为乡村文化振兴构筑思想根基。与此同时，增强农民对乡村文化的认同感，进一步提升农民积极参与文化建设的自觉性。围绕乡村特色文化，进行资源发掘、发挥品牌效应，注重为乡村文化振兴提供强有力的人才支撑。

一、巩固乡村文化振兴的思想根基

　　乡村文化是根植于乡村传统的文化，有其特殊性和本土性，但在强调乡村文化特殊性和振兴乡村文化重要意义时，仍需基于中国的文化建设，坚持社会主义核心价值观的引领。同时，也正是由于中国乡村文化有其独有的文化根脉和深刻内涵，振兴乡村文化需要从其自身中挖掘内源动力。

（一）坚持社会主义核心价值观引领

　　社会主义核心价值观作为现代中国社会的基石，是国家发展的精神支柱，也是社会行为的基本准则，是通过一系列道德规范与价值准则，调节社会关系、促进社会稳定与和谐，确保国家与民族的持续发展。在推进乡村文化振兴的过程中，必须将社会主义核心价值观作为根本引领，构建符合乡村发展需要的道德体系，推动乡村社会的全面进步。

　　社会主义核心价值观应指导乡村文化振兴的思想道德建设，帮助构建与乡村实际相契合的道德体系。在实施乡村文化振兴时，要结合当地的历史、文化、经济条件，制定适合乡村发展的思想道德建设路线。具体如下：

1. 发挥基层党组织"领头雁"作用

作为党的最基础的组织形式，党组织应做到：① 依托本地特有的文化和社会资源，通过座谈、调研等形式，深入了解农民的需求与思想动态，并在此基础上为农民提供切实可行的道德教育与引导；② 党组织还要引领乡村社会正确的价值观发展，帮助农民树立与现代文明相契合的社会主义核心价值观；③ 建立健全的乡村道德治理制度，尤其是奖惩机制，能够有效促进乡村居民在日常生活中自觉遵守道德规范，形成良好的社会风气。

2. 强化舆论宣传和教育引导

乡村的文化氛围和价值观传承，离不开广泛的宣传和思想教育。因此，应创新宣传方式，将社会主义核心价值观与乡村实际情况紧密结合。通过定期组织思想道德教育活动，以农民能够接受的形式宣传核心价值观，使之成为乡村文化的核心内容。通过多种形式的文化活动，使农民在日常生活中感受到社会主义核心价值观的影响，让其在潜移默化中吸收和实践这些价值观。

（二）释放乡村优秀文化的内在价值

乡村优秀传统文化不仅是历史的积淀，也是乡村精神文明建设的源泉。挖掘和释放乡村优秀文化的内在价值，对于推动乡村文化振兴、提升农民文化自信以及促进乡村现代化具有深远意义。通过对乡村优秀文化的深度发掘，可以更好地发挥其在文明乡风、良好家风和淳朴民风等方面的作用，进而推动乡村社会的全面发展。

在中国传统乡村社会中，文化常常发挥着重要的道德教化功能，它为乡村的社会治理和秩序维护提供了坚实的道德基础。乡村文化中的传统价值观念，如尊老爱幼、邻里互助、守望相助等，不仅有助于促进乡村内部的和谐稳定，还能够增强农民的集体认同感和共同责任感。当前，随着乡村振兴战略的推进，乡村文化的再生与创新需要与现代社会的发展要求相接轨。通过对乡村优秀文化的深入挖掘与保护，可以有效净化乡村社会的精神文化环境，消除与现代文明要求不符的落后风气，进一步推动乡村的社会治理与文化繁荣。

家庭是社会的基本单元，也是文化传承的最初载体。良好的家风对于个人品德的培养和乡村文明的形成具有深远影响。通过注重和弘扬乡村优秀文化中的家风元素，可以在家庭生活中潜移默化地培育出符合社会主义核心价值观的家风。例如，传统的孝道文化、重视家庭和睦与教育的理念，能够有效促进家庭成员之间的互敬互爱，进而形成良好的社会风尚。乡村振兴应通过组织"好公婆""好儿女"等活动，引导农民通过家庭这一微观单位推动乡村社会整体文明水平的提升。

民风是乡村社会特有的生活方式、行为规范和价值取向，它对农民的思想观念、行为方式具有深刻的影响。乡村文化振兴应通过充分挖掘和弘扬传统民俗、民间艺术等文化资源，利用民风的导向作用，引导农民摒弃陈规陋习，树立积极向上的生活态度和社会价值观。通过开展文艺帮扶、民间工艺传承等活动，乡村能够有效传递其优秀文化，促进农民文化素质的提升和乡村文明的再造。乡村文化振兴需要通过乡村干部的示范作用，推动农村社会中不良风气的根治。通过干部的表率作用，带动乡村群众共同破除这些不良习俗，为乡村社会注入更加健康的精神风貌。

二、提升农民文化振兴的主体自觉性

我国虽然对乡村文化振兴作出了统一部署和整体规划，但是受地域影响，全国各省农村在发展水平、风俗习惯等方面具有特殊性，从农民对家乡具有最清晰的认知角度来说，其文化振兴主体地位无可替代。因此，为确保乡村文化振兴落实到位，不仅要发挥政府、媒体等力量的作用，更应从增强农民乡村文化建设主体意识和主体能力着手，发挥其自身的主体作用。

（一）培养农民的文化认同与自信

乡村文化振兴的顺利推进，离不开农民对乡村文化的认同、尊重与热爱。而要在农民心中建立文化自信，首先需要通过多维度的培养和引导，使农民逐步认识到乡村文化的独特价值。具体如下：

1. 宣扬乡村优秀传统文化活动，增强文化自信

随着信息化时代的到来，网络和新媒体已逐渐融入农民的日常生产与生活中。因此，乡村优秀传统文化的传播不仅应依赖传统的传播方式，如图书室、电视和村委会的宣传栏等，还应广泛应用社交媒体平台，例如抖音和微信公众号等，通过这些新型传播渠道，激发农民对乡村文化的认同感和自豪感。通过定期开展传统节日庆祝活动，以及调动当地传统手艺人和文化能人的积极性，将乡村传统礼仪、风俗习惯等融入乡村文化活动中，不仅能够增强农民对乡村文化的认同，还能增强文化自信心。

2. 维护农民文化权益，增强文化认同感

在乡村文化振兴的过程中，农民不仅是文化的接受者，更是文化建设的参与者。通过为农民提供决策表达的权利，使其能够根据乡村发展状况和自身文化需求的变化，创造出符合自身实际的文化产品，赋予乡村文化更多元化的内涵。由此，农民的主体地位得以体现，其对乡村文化的认同和自信也得以提升。农民在乡村文化建设中的自我参与感增强，使他们更加清晰地认识到个人修养、情感表达和道德水平在乡村文化振兴中的作用，从而深刻理解乡村文化的重要性，并进一步产生对乡村文化的认同感和归属感。

3. 满足农民实际需求，激发文化自信

在乡村文化振兴的过程中，完善乡村文化硬件设施，如文化广场、农村图书室和文艺活动中心等，能够为农民提供便捷的文化活动空间和条件。这样的文化基础设施建设，使得农民能够更容易地参与到文化活动中，享受更

高质量的文化生活，从而增强对乡村文化的认同和归属感。推动乡村文化产业的发展，将文化与经济结合，通过文化产品的生产与销售，使农民切实感受到文化振兴带来的经济效益。

（二）增强农民参与乡村文化建设的能力

乡村特色文化作为深植于农村地区的独特文化形式，涵盖了风俗习惯、传统技艺、音乐舞蹈等多个方面，是乡村社会历史积淀与精神风貌的体现。随着新时代的发展，激发乡村特色文化的发展活力不仅有助于保护和传承乡村的传统文化，更能推动乡村旅游和文化产业的蓬勃发展。

1. 提高农民文化建设参与度

乡村文化建设的效果与农民的参与意识息息相关，而这一参与意识的实现，离不开对农民文化需求的充分了解。当前，许多乡村地区的文化活动和建设项目与农民的实际需求之间存在一定的差距，这在一定程度上制约了乡村文化建设的深入发展。为此，地方政府需要通过多种形式，深入了解农民的生产生活实际，特别是文化层面的需求。通过实地访问、问卷调查等方式，广泛听取农民的意见和建议，确保乡村文化建设能够与农民的实际需求相契合。

2. 增强农民的文化建设专业能力

通过建设文化广场、农家书屋等文化基础设施，乡村为农民提供了参与文化活动、学习和交流的场所，这为提升农民的文化素养和文化认同感创造了有利条件。农民在这些平台上不仅可以参与丰富的文化活动，还能够通过学习，提升自身的文化水平和实践能力，进而增强他们对乡村文化的归属感和自豪感。另外，乡村文化建设的专业能力还需与农民的职业技能提升相结合。政府应探索适合当地发展特点的成人职业教育模式，提升农民的文化素质和职业技术能力，培养一支能够在乡村文化建设中发挥实质作用的专业人才队伍。

三、激发乡村特色文化的发展活力

乡村特色文化是指扎根于农村地区，具有鲜明地方特色的文化形态。它包括了乡土风俗、传统技艺、民间艺术、音乐舞蹈等多个方面。随着时代的发展，乡村特色文化不仅是乡村振兴的重要支撑，也是推动经济发展的潜力所在。通过激发乡村特色文化的内在活力，不仅可以有效地保存和传承乡村传统文化，还能促进乡村旅游、文化产业等相关产业的发展。为此，新时代的乡村文化振兴必须在尊重传统、包容多样性的基础上，深度挖掘乡村特色文化的内涵，培育特色文化产业和品牌，并通过有效的传播手段让乡村文化焕发出新的活力。

（一）挖掘与开发乡村特色文化资源

乡村特色文化的多样性和丰富性，缘于地域差异、历史背景和自然环境等多重因素的交织。每个乡村都拥有与其地理位置、历史渊源及社会环境密切相关的文化资源。因此，激发乡村特色文化的活力，需要全面挖掘并开发乡村特色文化资源。

1. 科学把握地域差异和与特点

不同地域的乡村文化因自然环境、社会背景及历史传承等因素的差异，展现出各自独特的文化特色。要全面了解这些文化资源，必须开展系统性的调查研究，深入探讨乡村文化资源的类型、分布和特点。通过对乡村的风俗习惯、传统技艺、方言、民间艺术等方面的调研，可以全面了解和把握其文化特质，从而更好地为乡村特色文化的开发提供科学依据。此外，要根据乡村所处的地理环境、自然条件和历史积淀，设计出符合地方特色的发展策略，避免"一刀切"的思维，实施差异化发展，确保乡村文化的个性化特征得到充分体现。

2. 重新认识乡村特色文化的价值

随着现代化进程的推进，乡村文化的独特性往往容易被忽视，甚至面临遗忘的风险。为避免这一现象的发生，需要重新审视乡村特色文化的深远价值。这种价值不仅仅体现在其历史和文化传承的意义上，还应当看到其在现代社会中的文化适应性和经济潜力。推动乡村特色文化的复兴，不仅要着眼于文化的传承和保护，还要通过创新手段使其与现代社会相适应，实现文化的持续发展。因此，要采取"一镇一风格、一村一风情、一技一艺"的思路，因地制宜、因村施策，在乡村文化振兴中避免千篇一律、缺乏个性的发展模式。

3. 加强乡村特色文化资源的传承与保护

乡村特色文化资源的传承不仅是文化发展的需要，也是维护文化多样性、确保文化延续的必要举措。对于已经存在的传统文化资源，要采取有效措施进行保护和修复，以确保其不受自然环境和人为因素的破坏。例如，传统村落、古建筑群、祠堂、庙宇等物质文化遗产，既是乡村历史的见证，也是乡村文化的重要载体。对这些文化实物应当进行科学的修复和保护，做到修旧如旧，确保其历史原貌的同时，也能适应新时代的利用需求。此外，对于非物质文化遗产的保护同样重要，非物质文化如民间工艺、传统节庆、民间故事等应通过影像记录、文字整理等方式保存下来，并通过设立文化传承班、举办文化活动等手段确保其世代传承。

（二）打造乡村特色文化产业与品牌

乡村特色文化产业是以乡村特色文化资源为基础，结合市场需求，推动文化产品和服务的创新与发展，从而带动乡村经济的全面发展。与此同时，乡村特色文化品牌的打造，是乡村文化振兴和产业化发展的重要环节。一个强有力的文化品牌不仅能够提升文化产品的市场竞争力，还能够增强文化的影响力和传播力。

1. 创新乡村特色文化产品与服务

乡村特色文化产业的发展需要紧跟市场需求的变化，不断创新文化产品。创新不仅体现在产品形式的多样化和创意设计的提升上，还包括传统文化与现代技术的结合。通过引入现代科技手段，例如互联网、虚拟现实等技术，乡村特色文化产品可以在传统的基础上增添新的元素，从而形成更具时代感和市场吸引力的文化产品。

除了产品创新外，乡村特色文化产业还应注重提升产品的附加值。通过改进产品的设计、提升包装质量、加强品牌推广等方式，使得乡村文化产品能够在市场中脱颖而出，获得更广泛的认可和接受。通过打造独具特色的文化品牌，乡村产品能够树立独特的品牌形象，进而提高品牌价值和市场美誉度，增强其市场竞争力。

2. 支持乡村特色文化产业的发展

政府应出台相关政策措施，如财政补贴、税收优惠、土地使用优惠等，为乡村特色文化产业的发展提供有力保障。此外，还需要加强乡村特色文化产业的市场培育与技术支持。通过举办各类展览、文化旅游活动等，提升乡村特色文化产业的知名度和影响力。与此同时，乡村特色文化产业的发展还需要技术的支持。引入先进的生产设备和技术，提升生产效率和产品质量，是提高乡村文化产品竞争力的关键之一。通过技术创新和产品升级，乡村特色文化产业才能不断适应市场需求和消费者变化。

3. 加强人才培养与产业合作

乡村特色文化产业的健康发展，需要一支高素质的人才队伍。政府应加大对乡村文化产业人才的培养力度，通过引进、培训等方式，为乡村文化产业发展提供智力支持。通过构建产业联盟、促进产业链合作等方式，推动乡村文化产业形成合力，实现资源共享与优势互补，推动产业的集群化发展。

第四节　新时代乡村文化振兴的数字化创新

乡村文化振兴是乡村振兴战略中的重要组成部分，是推动乡村振兴和经济发展不可或缺的精神力量和内生动力。随着数字技术的不断发展和文化消费的逐步升级，乡村文化振兴的数字化转型已成为一个至关重要的议题。党和国家已经明确提出，要在新时代背景下大力推进数字乡村建设，并深入实施文化数字化战略。通过数字化手段促进乡村文化的振兴，不仅是适应时代发展需要的迫切之举，也是推动文化繁荣与乡村经济双重发展的关键举措[①]。

一、数字化技术赋能乡村文化振兴的作用

（一）改变时空关系，创新乡村文化供给模式

数字化技术对乡村文化振兴的最大贡献之一便是突破了时空的限制，使得乡村文化可以超越物理空间的约束，从而在更广阔的维度中得以呈现与传播。借助互联网、云计算、5G等技术，乡村文化的传播不再局限于地方性和时空的约束，通过数字化手段可以将乡村的优秀文化资源进行系统整理、展示和推广。数字化技术的介入，不仅打破了乡村文化传播的地域性限制，还解决了资源供给上的瓶颈，能够在短时间内通过线上平台使更多的人群了解、感知到乡村文化的丰富性和多样性。

同时，借助先进的技术手段，乡村文化的数字化转型能够带来文化供给的创新与多元化。例如，虚拟现实（VR）、增强现实（AR）、全息投影等技术的运用，使得乡村的传统文化和艺术形式得以在虚拟空间中再现，打破了乡村文化物理载体的局限，提供了更加丰富、立体的文化体验。这不仅能够让

[①] 周东亮. 探索新时代文化传承的数字化转型之路［J］. 群众，2023（17）：9-10.

城市居民通过网络体验乡村文化，还能为乡村地区的人们提供更加便捷的文化服务，极大地拓展了乡村文化的供给空间和传播渠道。

（二）转变交互方式，丰富乡村文化消费新场景

乡村文化的数字化建设带来了交互方式的根本性变化，信息技术的广泛应用改变了乡村居民的文化消费模式，使得乡村文化消费得到了前所未有的扩展和创新。数字化技术不仅改善了文化的生产方式，也创造了新的消费场景，促进了文化产业的繁荣发展。

通过虚拟现实、增强现实、互动影视等技术手段，乡村文化的消费方式更加注重互动性、沉浸感和参与感。例如，借助 5G 网络的高速传输和低延时特性，乡村地区可以实现与外界的无缝连接，乡村居民和游客可以通过网络直播、短视频等形式参与到乡村文化的消费过程中。线上与线下的深度融合，以及通过 VR/AR 技术实现的沉浸式体验，让人们能够更加直观地感受到乡村文化的魅力，提升了乡村文化消费的参与感和代入感。这种文化消费场景的变革，使乡村文化产品不再仅限于传统的文化观光和体验，而是向着更加多样化、个性化的方向发展。

随着短视频平台、社交媒体的普及，乡村文化的传播速度和范围得到了极大的拓展。通过在线平台，乡村的传统文化和手工艺品能够以更加直观、生动的方式呈现出来，不仅提升了乡村文化的知名度，还创造了更多的文化消费机会。尤其是乡村旅游、乡村手工艺品等通过数字化平台的展示和营销，能够快速触及到更广泛的消费群体，激发了乡村文化消费的活力。

二、数字化技术赋能乡村文化振兴的创新路径

（一）升级乡村文化资源数据库，优化供给结构

乡村文化资源数据库作为乡村文化振兴的重要载体，是文化资源整合、管理、传播的核心平台。随着乡村文化需求的多元化，乡村文化资源数据库

亟须进行全面升级和优化，以更好地满足农民群众和社会公众对乡村文化的需求。

乡村文化资源数据库的升级应当从三个方面着手：① 依托现代信息技术，加强对乡村文化资源的数字化保护和再生。例如，利用 3D 建模、图像采集、数据挖掘等手段，对传统的乡村文化遗产进行数字化记录，为日后的文化传承与创新提供支持。② 乡村文化资源数据库应涵盖更为丰富的文化内容，不仅包括地方特色的文物、民俗、美食、艺术形式等，还应加入文化旅游、网络文艺等新兴领域的内容。通过大数据技术进行精准地分类和标签化处理，使得这些资源能够实现高效地检索和利用，从而提升乡村文化供给的质量和效率。③ 乡村文化资源数据库的升级还要注重信息的多元化呈现形式。传统的文字、图片资源可以结合视频、音频等多媒体手段，增强其表现力和传播效果。通过加强数据库的技术建设和内容优化，乡村文化资源能够更好地为农民群众提供便捷、丰富的文化服务，满足多样化的文化需求。

（二）完善乡村数字文化基础设施，拓展传播渠道

乡村数字文化基础设施的建设是推动乡村文化数字化转型的基础。数字基础设施不仅决定了乡村文化的传播范围和传播效率，还影响着乡村文化产业的创新发展和农民群众的文化体验。在推进乡村文化振兴的过程中，必须加大数字文化基础设施建设的力度，提升其智能化水平，以更好地服务乡村文化振兴大局。

政府应加强顶层设计，统筹协调，推动财政资金和社会资本的双重投入，确保乡村数字文化基础设施的均衡发展。通过扩大数字网络的覆盖范围，将信息技术应用到乡村的各个角落，使更多乡村地区能够享受到优质的数字文化服务。同时，要推动乡村数字文化基础设施与传统文化设施的有机融合，促进基础设施的数字化改造，从而实现传统文化与现代科技的有机结合。

政府应根据不同地区的实际情况，采取分区域、分层次的数字化改造策略，提升基础设施的智能化和互联互通水平。通过搭建智慧图书馆、数字化

村文化服务中心、智能广播电视等公共文化设施，乡村文化的传播效率和质量将大大提高，农民群众能够更加便捷地享受到数字化的文化服务。

政府应加大对乡村数字文化设施的投资力度，推动互联网、5G、人工智能等新技术在乡村的普及应用，以实现乡村文化资源的高效传播和创新性发展。通过建设更为完善的数字文化基础设施，乡村文化不仅能够突破地域限制，广泛传播，还能实现与现代科技的深度融合，从而促进乡村文化的可持续发展。

（三）引培乡村数字文化人才，促进文化发展

乡村振兴战略的成功实施离不开人才的支撑，其中数字人才在乡村文化振兴中的作用尤为关键。随着数字技术的快速发展和文化数字化进程的推进，乡村文化领域对于数字技术的应用和创新提出了更高的要求。当前，乡村数字文化人才的匮乏已经成为乡村文化发展的瓶颈，亟待通过引培人才的方式突破这一困境，从而激发乡村文化的创新活力，并推动乡村文化的高质量发展。

1. 加强数字文化人才的引进工作

加强乡村数字文化人才的引进工作，通过政策扶持和优化环境来吸引优秀人才到乡村工作与创业，包括通过提供税收优惠、创业支持、科研补贴等手段，激励数字技术人才投身乡村文化建设，提升乡村文化创新能力，激发乡村振兴的内生动力。同时，应当针对性地制定支持政策，鼓励返乡人员、大学毕业生以及各类专业人才参与到乡村数字文化建设中，助力乡村文化产业的发展。为了保证高素质数字文化人才的长久留驻，必须健全留驻机制。对拔尖的数字文化人才，乡村地区应通过提供项目资助、成果奖励、安居保障等措施，确保他们在乡村地区的工作和生活得到全方位的支持。

2. 培养本土人才

培养本土人才，既可以减少对外部人才的依赖，也能更好地结合乡村的

实际情况进行人才培养。应通过建立乡村数字文化人才培训基地，开展针对性的培训项目，提升农民和乡村从业人员的数字素养。这不仅能够帮助乡村居民提升基本的数字技术应用能力，还能通过提供系统化的数字素养培训，提升他们的文化创新和传播能力。通过这样的培训，乡村居民能够更好地适应信息时代的发展需求，提高他们在数字文化产业中的参与度和影响力。除了培训乡村居民外，还应积极推动产学研结合的培养模式，建立完善的乡村数字文化人才培养体系。通过政府、企业、高校和科研机构等各方力量的协同合作，建立乡村文化数字化建设的本土人才库。这些人才库将致力于培养既了解乡村文化特色、又具有现代信息技术应用能力的多元化人才队伍。

第五章

新时代乡村组织振兴与转型路径探索

新时代乡村组织振兴与转型路径探索强调通过优化乡村组织结构与提升治理能力，推动乡村社会的可持续发展，加强基层党组织建设，提升公共服务与管理效能，促进农村社会稳定与经济发展。本章主要探究新时代乡村组织振兴的关键与作用、农村基层治理及优化对策、乡村治理体系的构建与转型。

第一节　新时代乡村组织振兴的关键与作用

一、乡村组织振兴规划的关键

（一）突出服务能力

突出服务能力，要建立健全有效的服务机制，以保证政策的有效执行与落实。通过优化服务流程，简化办事程序，基层组织能够更好地回应群众的需求，提升群众的满意度，从而增强组织的凝聚力与向心力。基层党组织应深入开展"走访"活动，拓宽服务渠道，鼓励党员积极参与到服务群众的实际行动中。通过系统化的"大走访"与"大落实"工作，党员在服务过程中能够深入了解群众的真实诉求，从而更为有效地制定服务措施，这种服务机制的深化，不仅能够增强党员的责任感和使命感，也能够形成全社会共同参与的良好氛围，使群众感受到党组织的关怀与温暖。

（二）突出政治引领

突出政治引领，必须将党的政治建设放在首位，将讲政治的要求贯穿于基层党建工作的每一个环节。通过加强思想教育，强化党员的政治意识，确保每一位党员在思想和行动上与党的决策部署保持高度一致。完善领导体制和运行机制是增强基层党组织政治核心作用的关键。在此过程中，基层党组织需要构建科学合理的决策机制，确保党的方针政策能够迅速有效地传达并落实到位。通过明确各级组织的责任与职能，增强领导的创造力、凝聚力和战斗力，能够使基层组织在应对复杂局面时更加高效，从而更好地引领和服务于社会发展大局。

基层党组织应建立严格的督查考核制度，对党组织书记履行"第一责任人"职责的情况进行定期评估和述职。这一过程不仅是对责任落实的监督，也是对党员干部政治素养和能力的考量。通过建立良好的政治生态，增强党员干部的责任意识和使命感，能够有效激发基层党组织的活力，使其在推动乡村振兴和社会治理中发挥更大的作用。

政治引领的核心在于服务于群众，关注社会发展。基层党组织应将引领与服务有机结合，引导党员在服务群众的过程中展现政治担当。通过积极参与社会治理、推动社区建设等方式，基层党组织不仅能够增强自身的政治引领能力，也能够在社会治理的实际操作中，为广大群众提供更为优质的服务。

（三）突出主体作用

突出主体作用，必须在支部建设中积极创新思路，以增强其活力与创造力。基层党组织应当建立健全组织体系，使党支部在日常工作中更加规范和高效。通过系统化的管理和科学化的评价机制，能够有效提升支部的整体功能，增强其在党和人民群众之间的桥梁作用。

基层党组织通过量化目标、严格考核、科学评价和动态管理，能够促进基层党组织的自我提升与自我发展。建立规范严密的"星级化"管理体系，既可以为党支部设定明确的目标，也可以通过竞争机制推动支部之间的比学赶超，从而有效提升基层组织力，构建坚实的战斗堡垒。

在当前社会变革与经济发展的背景下，基层党组织需要灵活应对各种新情况、新问题。通过加大产业型党组织的组建力度，围绕脱贫攻坚等中心任务，实现组织的覆盖最大化、设置最优化和功能最强化，能够有效整合资源，发挥集体的智慧和力量，从而更好地服务于广大群众。此外，提升组织生活质量也是突出支部主体作用的重要内容。严肃党的组织生活，严格执行"三会一课"、组织生活会和民主评议党员等基本制度，能够确保党员在组织生活中真正发挥作用。与此同时，创新组织生活的形式，探索体验式、开放式的组织活动，积极推行创意组织生活，可以增强组织生活的吸引力与感染力，从而激励党员的参与意识和主动性，促使党员在组织中更好地发挥先锋模范作用。

（四）突出队伍建设

突出队伍建设，必须构建一支高素质的带头人队伍，以实现组织的可持续发展与振兴。高素质基层带头人队伍的建设，不仅是推动乡村振兴的重要支撑，更是提升党组织战斗力和凝聚力的关键所在。因此，必须从制度建设、人才培养、责任落实等方面入手，强化队伍建设，确保基层组织在新形势下能够有效应对各种挑战。

1. 建立健全导向鲜明的考核奖惩机制

通过明确考核标准，能够有效引导村居党组织书记在工作中发挥先锋模范作用。在考核过程中，应当综合考虑工作绩效、服务群众能力以及组织协调能力等多方面因素，确保考核结果的科学性与公正性。这种机制不仅有助于激励基层带头人积极作为，还能形成良好的竞争氛围，从而提升整体队伍的战斗力。

2. 拓宽选人渠道与发展空间

在当前复杂的社会经济环境下，基层组织需要引入更多的专业人才和复合型干部，增强队伍的整体素质和适应能力。通过优化选任机制，明确退出机制，可以有效防止人才的"固化"与"沉淀"，从而为队伍注入新鲜血液。提升党员履职能力，严把发展程序和责任追究，也是确保队伍质量的重要措施，这将促使党员在各自的岗位上充分发挥作用。

3. 培养双带党员和双强村干部的目标

双带党员能够在推动经济发展和社会进步中发挥重要作用，双强村干部则可以通过强有力的组织能力和服务意识，提升基层治理水平。通过综合施策，强化人才的选拔、培养和激励机制，能够有效推动队伍整体素质的提升，使之更好地服务于社会发展与民生改善。

二、乡村组织振兴规划的作用

（一）战斗堡垒作用

作为基层政权的核心，战斗堡垒作用不仅体现在政策执行的能力上，更在于其对社会稳定和发展目标的引领。基层党组织必须紧紧围绕国家的方针政策，积极发挥其政治优势和组织优势，促进各项工作的落实，从而形成强大的集体力量。战斗堡垒作用的实现需要基层党组织在思想政治工作中保持高度的敏感性和前瞻性。通过强化党员的责任意识和服务意识，党组织能够更好地凝聚民心、汇聚力量，推动农村经济、文化和社会的全面发展。与此同时，基层党组织还应积极响应群众的需求，及时了解和解决社会矛盾，增强人民群众的参与感和认同感，进而提升社区的凝聚力和向心力。

战斗堡垒作用体现在对外联动能力的增强上。基层党组织应与各类社会组织、群众团体建立良好的合作关系，共同营造和谐发展的社会环境。这种协同作战的方式，不仅能够提升组织的战斗力，也为推动乡村的可持续发展奠定了坚实的基础。通过充分发挥战斗堡垒作用，基层党组织将能在实现乡村振兴和社会进步中发挥更为积极的作用。

（二）先锋模范作用

作为党组织的重要组成部分，党员队伍不仅应当具备先进的思想意识，更应在实践中展现出良好的道德品质和专业素养。通过充分发挥先锋模范作用，党员能够引领群众树立正确的价值观，形成良好的社会风尚，从而增强社会的凝聚力和向心力。为了有效发挥先锋模范作用，党组织需注重党员的综合素质培养。通过多样化的培训机制，不仅可以提升党员的政治理论水平和业务能力，还能够激发他们的创造力和工作热情。组织党员参与社会实践活动，促进他们在实际工作中积累经验，从而增强其服务群众的能力和自信心。党员的先锋模范作用还体现在其对社会问题的敏锐洞察和有效应对上，能够带动身边群众共同参与到社会治理与建设中。

党员应主动适应时代的发展变化，利用现代信息技术加强与外界的联系，拓宽视野，丰富知识，进而为推动本地区的发展贡献智慧和力量。在新的历史时期，先锋模范作用的发挥不仅是个人责任的体现，更是对党的使命的积极响应，有助于形成人人参与、共同发展的良好局面。通过不断强化先锋模范作用，党员队伍必将在社会进步和国家发展中发挥更为积极的重要作用。

（三）团队协作作用

通过有效的团队协作，党员干部能够在资源共享、信息沟通和任务分配等方面形成合力，从而提升整体工作效率和成果。团队协作不仅能够优化决策过程，还能通过多元化的观点碰撞，激发创新思维，为解决复杂问题提供有效方案。组织应重视团队建设，通过开展多种形式的团队活动，增强成员之间的信任与默契，促进相互理解和支持，这种协作氛围能够有效提升党员干部的参与感和归属感，使他们在共同目标的引领下，发挥各自的专长与优势，形成合力。有效的团队协作要求明确的角色定位与责任分配，成员间的相互协作与配合可以减少资源浪费，提升工作效率。团队协作体现在集体学习与知识共享的过程中。通过定期的团队交流与学习活动，党员干部能够及时更新知识储备，提升综合素质，从而更好地适应新形势下的工作要求，这种协作不仅增强了团队的凝聚力，还为组织的持续发展奠定了坚实的基础。

第二节　农村基层治理及优化对策

一、乡村振兴与农村基层治理的内在联系

（一）提升农村治理水平

农村治理不仅关系到资源的有效配置，还直接影响到农村社会的稳定与发展。随着城乡一体化进程的推进，农村治理的复杂性愈发显现，迫切需要构建适应新时代要求的治理体系，以实现各类资源的优化整合。

在当前的农村治理实践中，传统的基层政府主导模式虽然在一定程度上发挥了作用，但仍存在结构性的问题。这些问题表现为治理机制的单一性和灵活性不足，导致对多元利益主体的调动和协调能力欠缺。因此，必须通过创新治理结构来提升治理水平，促进各类资源的合理配置，增强农村的自我发展能力。

提升农村治理水平需要以法治为基础，完善相关法律法规，以确保治理行为的规范性和透明度。通过法律手段，农村居民的权利和义务得以明确，从而增强其参与治理的积极性。地方政府在制定和实施政策时，应注重听取和反映农民的声音，使政策更具针对性和实效性，增强农民的参与感和获得感。现代信息技术的广泛应用为提升农村治理水平提供了新的契机。通过数

字化手段，可以建立农村治理信息平台，实现信息共享与协同治理，这不仅能够提高政府的治理效率，还能够使农村居民及时获取所需的信息，增强其参与治理的能力和意愿。数字技术的运用，使得信息流通更加顺畅，为农村社会的互动与合作创造了条件。

（二）农村基层治理优化与升级

乡村振兴战略的首要任务之一是解决"三农"问题，即农业、农村和农民的问题，这一目标的实现需要聚焦农村发展的不平衡与不充分的矛盾。在这种背景下，优化农村基层治理显得尤为重要。通过加强基层组织的建设，可以有效协调和整合各方资源，确保农民参与到乡村振兴的全过程，共同推动农村的发展。

在优化农村基层治理的过程中，必须清晰识别出基层治理中可能遇到的各种矛盾和问题，这些问题通常涉及政策的落实、资源的分配以及利益的协调等多个方面。针对这些难点，需要采取系统的解决方案，逐一进行分析和应对，确保政策措施能够真正落到实处，资源能够合理配置，各方利益能够得到妥善协调。

农村基层治理的有效性不仅取决于组织结构的优化，更依赖于信息的透明和畅通。建立信息共享平台，推动信息的公开与透明，能够极大提升农民的参与意识和满意度。通过信息化手段，能够将政策信息、项目动态及时传达给广大农民，使其充分了解乡村振兴的方针政策和实施进展，增强农民的参与感和获得感，从而更好地凝聚人心，推动各项工作的落实。

充分利用现代科技手段，推动数字乡村建设，是提升农村基层治理水平的重要方向。数字技术的应用，能够为乡村治理提供新的思路和方法。通过大数据分析、互联网＋等新兴技术，能够精准识别和解决农村治理中的各类问题，提高决策的科学性和有效性。同时，数字化也为农民提供了更为便捷的服务渠道，使其能够更加方便地获得信息、参与决策和表达诉求。

要实现乡村振兴战略目标，必须充分考虑农村发展的实际需求，调整优化治理策略，增强治理措施的针对性和实效性。这就要求在推进基层治理优化升级的过程中，必须加强对农民需求的调研和分析，深入了解他们的所思所想，以便在政策制定和实施过程中更好地满足其期待。通过引导农民参与到治理过程中，使其成为治理的主体，提升其对治理的认同感和参与感，进一步增强农村治理的自我调节能力。

乡村振兴的成功实施离不开稳定、有效的基层治理体系。因此，必须通过不断优化和升级农村基层治理，确保其真正贴近农民的需求。通过强化组织建设、信息共享、数字化应用及农民参与，能够构建一个更加高效、透明和公正的治理体系，为乡村振兴提供强有力的支持和保障。

二、乡村振兴战略下农村基层治理的理论基础

（一）协同治理理论

协同治理理论作为现代治理体系的重要组成部分，强调了各利益相关者在实现社会公共利益过程中的相互协作与协调配合。其核心理念在于通过多方主体的联合行动，以推动社会治理的有效性与效率。协同治理不仅关注个别治理主体的行为，还重视不同主体之间的关系及其对整体系统的影响，体现了治理过程的非线性特征。

1. 权威的分散性

在传统治理模式中，权威往往集中于政府，导致了治理过程中存在的僵化与不适应。随着社会的不断发展，特别是在信息化、全球化的背景下，治理环境日益复杂，传统的集中治理模式逐渐暴露出局限性。在此情境下，协同治理理论强调各治理主体之间的平等关系，促使不同利益主体在相互尊重与理解的基础上进行合作。通过权威的分散，各治理主体能够更好地分享资源、信息与责任，从而提高治理效率，推动公共利益的实现。

2. 主体的多元化

现代社会的治理已不再是单一主体的行为,而是多个利益相关者共同参与的过程。政府、社会组织、企业以及个人等各类主体在协同治理中扮演着不同角色。多元主体的参与不仅增强了治理过程的透明度和合法性,也使治理方案能够更充分地考虑各方利益与需求,这种多元化的治理结构使得协同治理能够充分整合各类资源,形成强大的合力,以应对复杂的社会问题。

3. 目标的一致性

尽管各参与主体拥有不同的资源与背景,但它们在追求社会公共利益方面形成了统一的目标。各治理主体之间并非彼此对立,而是通过合作与协商形成一个紧密相连的整体。这样的统一目标为治理提供了方向,使得不同主体能够在共同利益的基础上展开协作,促进治理机制的有效运行。

(二)治理理论

治理理论的核心在于探索社会与国家之间的互动关系,以及在这一关系中如何有效地利用权力与资源,以实现公共利益的最大化。在全球化与信息化的背景下,治理的复杂性与多样性日益增强,要求研究者在理论层面深化对治理现象的理解。治理理论的重要特征之一是强调制度化的治理框架。在当今社会,制度不仅是治理主体权力行使的基础,更是保证治理过程透明性与公正性的重要保障。有效的治理要求建立完善的制度体系,以规范各主体在治理活动中的行为,确保其遵循一定的规则和程序。在此过程中,制度的灵活性与适应性显得尤为重要,因为治理环境的变化常常要求制度能够快速响应,适应新的社会需求与问题挑战。

治理理论强调治理方式的多样化。在传统治理模式中,政府通常以命令式的方式进行治理,这种自上而下的方式在面对复杂的社会问题时往往显得力不从心。现代治理理论提倡将更多的权力下放至基层,鼓励不同主体通过协商与合作来共同应对问题。通过促进公众参与，治理主体可以从广泛的社会实践中汲取智慧，形成更具针对性与有效性的治理策略，这种方法不仅增强了治理的合法性与透明度，还提升了公共政策的效果，使其更能贴近民众的实际需求。

在乡村振兴战略的背景下，治理理论为农村基层治理提供了重要的理论支持。基层治理不仅是解决农村问题的手段，更是实现社会公平与正义的重要途径。通过加强基层政府与农民、社会组织之间的合作，治理主体能够有效整合资源，形成合力，从而推动乡村经济与社会的全面发展。在这一过程中，强调协商共治的理念，有助于增强农村居民的主体意识，提高其参与治理的积极性与主动性。

三、乡村振兴战略下农村基层治理的优化对策

（一）优化农村基层治理角色的定位

1. 地方政府"主导者"角色

（1）地方政府必须持续加强地方经济基础的建设，以此为基层治理提供坚实的经济支持

经济基础的稳固是提升治理能力的重要前提，地方政府应通过政策引导和资源配置，促进经济的稳步增长。通过建设完善的基础设施，包括交通、通信、能源等，地方政府能够有效提高农村地区的生产和生活条件，为农村的可持续发展奠定基础。

（2）法律制度的健全

地方政府应积极推动法律体系的完善与实施，为基层治理提供必要的制度保障。法律制度不仅是规范行为的重要依据，更是维护社会公正和公平的重要保障。通过建立健全的法律制度，地方政府能够有效防范和解决基层治理中可能出现的矛盾与冲突，增强治理的合法性与有效性。

（3）地方政府在精神文化建设中肩负着重要责任

农村精神文化的繁荣不仅是地方文化传承的需要，也是促进社会和谐的重要因素。地方政府应当注重乡村文化的培育与传播，通过丰富的文化活动和教育机制，提高村民的文化素养，增强乡村的凝聚力与向心力。精神文化的建设为基层治理注入了积极向上的动力，有助于形成良好的社会风尚，推动乡村治理的全面提升。

2. 基层群众"主体者"角色

（1）基层群众应加强对自治理念的认知与实践，以提升其在乡村治理中的主体性

农村自治的核心在于充分发挥村民的积极性和创造性，鼓励其参与到公共事务的管理与决策中。通过建立有效的自治机制，村民可以在资源的获取和使用上拥有更多的发言权与决策权，从而增强对自我管理的责任感和使命感，这种增强的自治能力不仅体现在对经济利益的分配与控制上，更体现在对乡村治理的积极参与与监督中，从而形成了良性互动的治理模式。

（2）村规民约的完善

乡规民约不仅是农村社会传统文化的体现，更是促进乡村治理的重要基石。通过制定和实施切实可行的村规民约，基层群众可以形成共同的价值观和行为规范，从而增强对自我管理的认同感和遵循度，村规民约有助于引导村民形成良好的生活习惯和社会风尚，从而为基层治理创造良好的社会环境。

（3）培育民主意识，提升群众自我治理能力，是基层群众"主体者"角色的重要体现

通过培养群众的民主参与意识，促进其对公共事务的关注与参与，基层治理将更趋于公开、透明和公平。地方政府、基层组织与广大群众之间形成合力，共同推动乡村治理的有效实施，实现农村社会的可持续发展。

3. 其他主体"配合者"角色

（1）其他主体应当重视乡贤返乡激励机制的建立，以构建优秀的人才队伍

在乡村振兴的进程中，充足的人才资源是实现目标的关键所在。配合者需积极参与乡贤返乡的激励机制设计，通过优化人才引进与培育的途径，吸引各类优秀人才回归乡村，为基层组织注入新的活力，这种协同作用能够有效提升农村基层组织的人才结构，增强其在乡村发展中的适应性与创造力，进一步促进乡村治理的有效实施。

（2）完善网络问政等新形式

其他主体在推动信息公开与透明化方面发挥重要作用，通过引入现代信息技术，丰富信息传播渠道，增强村民与基层组织之间的互动与沟通，这种相辅相成的关系有助于提升村民对乡村发展现状的了解，确保他们在权力运行过程中的知情权和参与权。通过建立健全的监督机制，其他主体不仅能够提高乡村基层组织的运行效率，还能在一定程度上促进村民的个人发展，确保乡村治理与建设的责任得到有效履行。

（3）完善驻村工作扶持机制

其他主体在此过程中应关注基层组织干部的选拔与考察机制，确保选拔出的干部具备一定的能力与担当，这一过程还需建立健全后勤保障制度，以激发干部的工作积极性与创造力，为基层治理提供必要的支持与服务。

（二）建立治理体系，构筑多元共治格局

1. 强化党组织的领导作用

党建引领农村基层治理是新时代乡村振兴战略的重要举措，是坚持和加强党的全面领导的具体体现，是全面从严治党向基层延伸的必然要求[1]。

---

[1] 王鑫. 党建引领农村基层治理的创新模式与优化路径 [J]. 江南论坛，2024（10）：74.

（1）党组织在农村基层治理中的领导作用应体现在强化理论学习与思想政治建设上

定期开展组织生活会，促进党员之间的思想交流与经验分享，有助于增强党组织的凝聚力与战斗力。通过持续的思想教育，增强党员的责任感与使命感，使其在参与治理时能够自觉维护党的核心价值观，提升政治觉悟。强化思想建设是增强党组织领导力的基础，只有思想统一，才能在实际工作中形成强大的合力。

（2）健全党组织与群众之间的互动机制

通过畅通的信息反馈渠道，党组织可以有效掌握基层动态，及时调整工作思路和策略，这样的互动不仅提升了党组织的公信力，还增强了群众的参与意识，使其在乡村治理中形成良好的合作氛围，促进政策的有效落实。

（3）党组织的领导作用需体现在健全监督机制与评估体系上

通过定期的工作考核与审核，能够及时发现问题并加以解决，防止腐败现象及角色异化的发生。在监督机制的建设中，要强化对党员的约束与激励，确保党员在各自的岗位上发挥应有的作用，这种有效的监督与激励机制不仅能提升党组织的管理水平，还能增强广大群众对党组织的信任与支持。

2. 创新基层治理工作方式

（1）创新基层治理工作方式需强调基层组织干部的主观能动性

干部的思想意识决定了其工作成效，因而在日常工作中，应通过定期培训和学习，提升干部的思想政治素质与业务能力。强化干部队伍的专业化培训，不仅有助于提升其政策执行能力和社会服务能力，更能够增强其对党和政府方针政策的理解与认同。

（2）加强与群众的联系

基层组织应定期召开村民大会，广泛听取民众的意见与建议，以促进治理的民主化与透明化。通过设立反馈机制，能够及时掌握村民的需求与关切，从而有针对性地制定相应的政策与措施。在此基础上，基层干部应深入社区，关注村民的日常生活，积极解决其实际问题，以增强群众对基层治理的满意度与信任感。通过建立良好的沟通渠道，形成"问需于民、问计于民"的良好氛围，有助于增强群众的参与感与归属感，激发其积极性与创造力。

（3）创新基层治理工作方式需要灵活运用现代科技手段，提升治理的智能化水平

通过信息化技术的引入，能够实现对基层治理信息的高效收集与分析，提高决策的科学性与准确性。利用大数据、云计算等技术，基层组织可以更好地掌握群众的动态变化，从而在政策制定与服务提供上更加精准和及时。

第三节　乡村治理体系的构建与转型

乡村治理是国家治理的基石，也是乡村振兴的基础。随着经济社会快速发展、城镇化水平不断推进、新一代信息技术发展，乡村社会结构和治理体系正发生着深刻变化，客观上要求乡村不断创新治理方式，运用数字技术提升治理水平。数字赋能乡村治理，既能为提升乡村治理科学性、有效性等提供科技支撑，也能为乡村治理现代化提供新的方法路径。为此，要助推数字化赋能乡村治理，着力发挥信息化在推进乡村治理体系和治理能力现代化中的基础支撑作用，塑造乡村数字治理新体系，加快构建共建共治共享的乡村治理格局。

一、乡村数字治理体系的内涵与特征

（一）乡村数字治理体系的内涵

乡村治理是指基层组织、政府机构和社会多元力量等主体，通过特定的治理方式，支配和影响乡村公共事务，实现乡村社会有序健康发展的行动过

程与方式。

乡村数字治理体系作为一种发展中的治理形态，必然承袭传统乡村治理体系的经验和优势，同时充分挖掘 5G 通信、大数据、人工智能、云计算等新一代信息技术的价值，赋能数字乡村建设，全面提升农业农村生产智能化、经营网络化、管理高效化、服务便捷化水平，以数字化引领驱动农业农村现代化，为实现乡村全面振兴提供有力支撑。明晰乡村数字治理体系的内涵，首要在于回顾和介绍乡村治理体系的构成要素和功能定位，关键在于精准把握数字乡村的目标要求和战略举措，核心在于充分认识党领导乡村治理的强大优势，基础在于"三农""三治"间的匹配集成和协同优化。

乡村治理随着时代的变迁，历经了农业社会、工业社会、信息社会等多个阶段，其在国家治理体系和转型发展中的重要性日益凸显，为党和国家治理的根基提供了坚实的支撑。乡村治理并非无序发展，它需要遵循一定的治理体系，依赖于科学的战略方针政策，更需要具备前瞻性的思维和内生动力。站在新的历史起点上，乡村振兴战略强调要完善一个集自治、法治、德治于一体的乡村治理体系，这成为推动乡村治理和发展的关键工具。该体系的构成要素主要包括四个部分：以党的基层组织为领导核心、以村民自治组织为行动主体、以乡村法治为行为准则、以乡村德治为文化基础。这四者共同作用，旨在实现既定的目标和效果。乡村治理体系面临着一系列全面性、战略性和整体性的任务，这表明乡村治理体系正处于一个不断完善和持续发展的状态之中。

从功能定位看，党的基层组织是乡村治理体系的核心，只有坚持党的领导核心地位和正确引领，构筑科学高效的乡村基层组织体系，乡村治理才会有坚强的领导力量。村民自治是乡村治理体系的主体，发挥着中国特色社会主义制度的优势，能从制度和实践层面真正实现人民当家作主，尊重村民、自治组织和社会组织等的主体性地位和权利，从而凝聚乡村治理合力。乡村法治是乡村治理体系的准绳，推动广大村民、干部和政府部门坚持依法办事、依法行政，塑造和维护乡村治理的规制秩序，维护乡村全体人利益，提升乡村治理的法治化水平和制度权威。乡村德治是乡村治理体系的基础，将道德感化、精神引领、观念熏陶、伦理规范置于乡村治理中，通过弘扬主旋律和正确价值观，培育文明乡风、良好家风、淳朴民风。

乡村数字治理体系便是基于上述内容的延伸和发展，是与时俱进、守正创新的时代呼唤，它区别于传统乡村治理体系最明显的方面是数字生产能力和数字资源体系，总体发展趋势体现为产业数字化和数字产业化，着眼和落脚于数字乡村驱动下的治理体系变革和治理实践创新。对接数字乡村的目标要求，乡村数字治理需要回应农业农村现代化、数字化生产力、乡村经济发展政策体系、乡村现代化经济体系、现代乡村社会治理体系等诸多方面的发展，这些内容为乡村数字治理体系建设提供了方向指引。

近年来，中国共产党中央委员会办公厅、中华人民共和国国务院办公厅印发的《数字乡村发展战略纲要》重点任务较为全面，涉及加快乡村信息基础设施建设、发展农村数字经济、强化农业农村科技创新供给、建设智慧绿色乡村、繁荣发展乡村网络文化、推进乡村治理能力现代化、深化信息惠民服务、激发乡村振兴内生动力、推动网络扶贫向纵深发展、统筹推动城乡信息化融合发展等十大方面，为乡村数字治理体系的构建与完善提供了现实参照和行动依循。中央网络安全和信息化委员会办公室等10部门印发《数字乡村发展行动计划（2022—2025年）》，提出到2025年，数字乡村发展取得重要进展"，强调"培育形成一批叫得响、质量优、特色显的农村电商产品品牌，乡村网络文化繁荣发展，乡村数字化治理体系日趋完善。在此之前，一系列有关乡村数字化和振兴发展的政策文件密集出台，如《中共中央、国务院关于实施乡村振兴战略的意见》《国家信息化发展战略纲要》《数字农业农村发展规划（2019—2025年）》等。

从系统理论的角度来分析，乡村数字治理结构包含智慧党建、智慧自治、智慧法治、智慧德治、数字基础设施、数字业务形态等多个要素，它们相互交融、相互促进，共同塑造了数字乡村治理的框架。所谓数字乡村治理框架，指的是各治理参与者（包括党组织、村民、自治组织、社会组织以及市场等）深入挖掘、应用和整合数据资源、要素资源和平台资源，释放和发展数字生产潜力，提高农民的数字素养与技能，旨在达到提升农村治理效能、推动农业高质发展和改善农民生活水准的目的。

从结构关系的层面来看，乡村数字治理结构涵盖了数字治理的主体及其能力、客体及其需求、手段及其应用、功能及其成效、政策及其执行、实践及其评估、价值及其发展等方面，这些都是构建和完善乡村数字治理结构所需考虑的关键内容。其中，有些内容为体系运行提供方向指引，有些为体系原则和设计提供参考，还有些则对体系内容及运行中的问题进行反思。换言之，乡村数字治理结构需要实现本体论、认识论和方法论的整合，要达到数字技术价值理性与工具理性的协调，要处理好乡村治理中传统与现代的关系，最终回归到乡村治理的核心本质。

（二）乡村数字治理体系的特征

1. 数据驱动力

乡村数字治理体系的构建和运行均要有数据资源作支撑，离开数据也就无法准确有效地掌握相关信息，无法开展数字化的生产经营和服务活动，某种程度上还会造成治理失灵失效的结局。数据驱动是乡村数字治理体系的基础和前提，承担着衔接各治理主体互动合作、高效生产、便捷生活等功能，而数字化的本质也在于数据的独特利用和价值创造，因此，数据驱动也将直接促进数字乡村的建设。

从作用的途径看，数据驱动主要通过大数据、云计算、人工智能等技术形态来实现，在乡村治理的应用场景包括自然资源调查监测、国土空间规划、永久基本农田等数据库。

从作用的阶段看，数据驱动包括数据获取、数据分析、数据应用和数据反馈四个环节，数据获取直接决定了后续数据利用进展，充分挖掘数据也成为乡村数字治理的必要课题。数据分析关系到数据的利用方向和空间，在分析之前对各类数据的处理也必不可少。数据应用直接作用于乡村数字治理实践，直接影响着广大村民的切身感受，也直接体现了乡村数字化的水平。数据反馈是长期高效利用数据、进行数据价值创造的重要因素，其不能局限于对有误数据的删除，还应对有价值的数据进行叠加式的反馈，开展数据各阶段利用的考评工作。在认识和创造数据资源的价值过程中，要始终坚持数据驱动的合法合规性，注意数据隐私安全保护和伦理道德问题。

2. 协同与融合

乡村数字治理体系展现了战略性、全面性和整体性，涉及政策、制度、资源等要素的综合配置。这些要素之间需保持协调一致和相互融合，否则可能导致政策冲突和效果相互抵消。协调整合要求乡村数字治理体系在多个层面进行创新，实现乡村治理的"三治"融合、数字技术与治理实践的结合、治理主体的协同治理以及治理资源和手段的相互促进。乡村的自治、法治和德治是治理体系的核心要素，它们之间的融合需要价值观的引导、资源的整合和技术的赋能。在数字技术赋能乡村"三治"融合的过程中，还需探索技术未充分应用的领域，使数字技术全面融入乡村数字治理的各个环节。

乡村治理主体需培养合作治理的意识，特别是在处理跨领域、多层次问题时，合作的重要性尤为突出。数字技术的赋能使得治理主体之间的合作更加便捷和高效，如推动农村电商和"互联网＋"农产品进城，鼓励多种合作模式如邮快合作、快速合作、村内设点、商快合作等。治理资源和手段的协调整合体现在数据互联互通的实现、村级基础台账的电子化推广以及建立统一的"智慧村庄"综合管理服务平台。需要注意的是，乡村数字治理体系的协调融合旨在提高治理效率，对于尚未满足协调融合条件的领域，应逐步推进、分类指导，防止出现"好心办坏事"或"协同后无力承担"的情况。

3. 平台聚合力

乡村数字治理一大亮点是数据驱动下的平台运作,平台为处理问题、化解矛盾、提供服务或产品等提供了新的机会,让村民、自治组织等更加直接和便捷地享受服务,平台聚力构成了乡村数字治理体系的显著优势。一方面,各类线上平台,如移动互联网应用程序,能够尽可能地聚合各类资源,聚焦某一产品或服务,对参与者进行针对性、个性化和定制化的服务,让服务更加有温度和效度。另一方面,线上平台可以减少不必要的时间成本和试错成本,比如农机生产 App 与无人机在稻田农药喷洒方面的使用,帮助农民进行更加高效的生产活动,提升产业效益和附加值。

数字技术驱动的平台有着不同类型的形态,对农业农村发展而言,信息终端和服务供给十分重要,鼓励开发适应"三农"特点的信息终端、构建为农综合服务平台等成为当下数字乡村建设的热点。尽可能地开发和利用各类平台,发挥出平台的集成优势、协同优势和高效优势,帮助实现数字乡村的各领域发展。在着眼线上平台的开发时,要瞄准乡村数字发展的现实需求和规律要求,实现精准性和针对性的平台开发建设,同时也可发挥数字技术优势驱动各类线下平台的运作。

4. 价值创造

作为乡村治理的关键动力,数字技术无疑能够催生价值,这不仅体现在有形的财富和物质积累上,也反映在无形的获得感和积极性上。乡村数字治理体系的核心特征之一便是其价值创造能力,这一能力与数字技术和生产能力紧密相关,而价值创造的成效也与这些技术和能力的水平直接相关。从某种意义上说,数字乡村的价值创造过程本质上是乡村数字治理体系构建的过程,该体系为数字技术的价值创造提供了基础性的支持。工具理性强调对技术和效率的极致追求,而忽视了价值和目标的根本性,相对地,价值理性则重视行为本身所体现的价值,是一种关注价值的理性。

在乡村治理中实现价值创造时,应当超越工具理性与价值理性的对立,强调效率与公平、法治与人治、人际关系与道德等核心关系，避免偏向任何一方或忽视任何一方。从价值的角度来看，乡村数字治理应融入国家治理的宏观背景中，形成包括个人、集体和国家在内的多层次价值定义，涵盖不同领域和群体的价值取向。无论何种价值创造，只要能够经得起历史和实践的考验，就能展现出技术赋能的真正力量。在信息时代，为了追求更高质量的生活，人类社会始终在通过技术治理来不断寻求价值的创造。

5. 全域智慧治理

数字技术赋能下的全域智慧治理是指在乡村既定区域或网格内实现了管理和服务的全覆盖，实现资源和产品供给的全覆盖，极大地缩短了时间和空间距离，拉近了乡镇（街道）、村（社区）与村民、自治组织等主体的交流距离。全域智慧治理是乡村数字治理优势的集中反映，借助乡村全域信息化手段，设置综合指挥中心，推动全域智慧治理、协同治理，契合数字乡村和乡村振兴战略的发展要求。全域智慧治理从全景融合、全域感知、全维赋智等方面发挥作用，能够较好发挥数字赋能乡村治理的"力度""精度"和"深度"。如构建政府、派出所、村社、网格员四级联防联治平台体系，对于处置应急事件发挥了重要作用。

全域智慧治理需要把握多个部门、多个业务、多个群体间的信息沟通和共享，要实现对乡村自治事务、公共事务等方面的信息采集、动态处置、流转办理、分析研判，形成全面覆盖、实时反应、多级联动、动态跟踪的网格化乡村管理服务平台。这一平台将全域人员信息进行登记后，迈出了全域智慧治理的关键一环，后续还可能进行诸多体制机制层面的改革和全域智治的配套改革举措等，持续性地完善和优化乡村数字智慧治理体系。

二、乡村数字治理体系构建的重要性

当乡村发展际遇数字时代，传统治理邂逅信息化、智能化浪潮，构建乡村数字治理体系，通过数字治理助推乡村振兴高质量发展，提升乡村治理现代化水平，加快健全自治、法治、德治相结合的乡村治理体系，成为大势所趋。

（一）促进乡村振兴高质量发展

脱贫攻坚取得全面胜利后，应该建设什么样的乡村，怎样建设乡村，这是我们面临的也必须回答的时代问题。党中央从党和国家事业全局出发、着眼于实现"两个一百年"奋斗目标、顺应亿万农民对美好生活的向往，做出全面推进乡村振兴的重大决策。要牢固树立新发展理念，落实高质量发展要求，坚持农业农村优先发展，按照产业兴旺、生态宜居、乡风文明、治理有效、生活富裕的总要求，建立健全城乡融合发展体制机制和政策体系，加快推进乡村治理体系和治理能力现代化，加快推进农业农村现代化，走中国特色社会主义乡村振兴道路，让农业成为有奔头的产业，让农民成为有吸引力的职业，让农村成为安居乐业的美丽家园。随着以 5G、移动互联网、云计算、大数据、人工智能等为代表的新一代信息技术日益融入农业农村各个领域，数字技术发展正在深刻影响和改变广大农民生产生活方式，成为全面推进乡村振兴的助推器。

1. 数字推动产业繁荣

当数据和信息成为当今时代新型生产要素，将推进农业资源配置系统的重构，推动乡村多业态融合发展，促进乡村产业结构优化升级，创新农产品电商新业态、新模式，带动产业结构向纵向化、多样化发展。构筑现代化农业信息体系，能使畜禽养殖、田间管理、机械装备等更加智能，对提高农业生产效率、增加农民收入具有重要作用。搭建农业数字化共享平台，能够将农业生产、管理、销售体系进行数字化融合，全面激发农业新活力，带动产业链延伸、价值链提升和供应链智能化发展。

2. 数字促进生态宜居

对于乡村生态环境保护来说，用好数字技术，能精准识别、及时追踪新发生的生活生态环境问题，为科学保护、系统治理提供支撑，为乡村生态治理体系和治理能力现代化提供新方法。数字技术时代，将依托大数据技术和数字化集成平台，推进乡村的空气、水、土壤等生态环境指标实时动态监测，打造智慧高效的乡村生态环境数字化治理体系，有助于提升生态环境智慧监测监管水平，完善生态环境综合管理信息化平台，实现乡村环境治理一体化动态治理与管控。

3. 数字提升乡风文明

构建乡村数字治理体系，能将文化、文明、向善的精神追求与数字载体深度融合，发挥技术力量支撑作用，深入推进农村精神文明建设，加快补齐乡村公共文化短板，让文明乡风融入农村发展和农民生活，使乡亲们享有更加充实、更为丰富、更高质量的精神文化生活。上海市宝山区合建村建立"乡村治理积分制板块"，村民每月线上签署文明生活承诺书，通过线上签署承诺申报书、线下评定、积分兑换三个环节，将"荣誉"挂钩实物，实现积分兑换生产生活物资，构建起乡风文明的长效机制。

4. 数字增强治理效能

建立乡村数字治理体系，能够促使政务服务实现线上办理、即时办理、减少往返快速办理，从而提升民众办事的便捷性。基于数字技术的远程教学和智能医疗，对于促进城乡教育资源、医疗资源的均衡分配，提高农村居民的素质和社会保障水平起到了积极作用。此外，推广"互联网＋社区""互联网＋公共服务"以及数字网格技术至乡村地区，能有效加强乡村的组织动员力、社会凝聚力、态势感知力、纠纷调处力和风险防控力，进而提高乡村治理的现代化水平。

5. 数字助力生活富裕

生活富裕是乡村振兴的根本，也是最终的民生目标。在数字经济时代，利用电商和直播平台等数字资源，绿水和青山的价值更容易被推广，可以有效激发乡村发展潜能。数字技术推动实现农产品与消费市场的直接对接，促进农产品销售数字化，极大拓宽了农民增收的渠道。新一代信息技术深入农业生产各个环节，通过数字赋能实现发展动能转换，从而可以让小农户在转型中共享数字红利。同时，发展数字经济与共同富裕目标高度契合，数字经济的高技术特征和共享特征，既为经济增长提供了动力，也为均衡发展提供了共享机制，可以在高质量发展中促进共同富裕。

（二）提升乡村治理现代化水平

乡村治理是国家治理的重要部分，在基层治理中占主导地位。乡村治理现代化的核心是推进治理体系与治理能力现代化。数字乡村建设的推进，不仅有效推动了乡村产业的升级跃迁，推进数字经济的快速发展，而且也对乡村治理主体、治理规则、治理能力、治理方式带来了深刻的冲击，给乡村治理带来了深层次影响和结构性优化。

1. 数字技术助力乡村治理制度建设

现代治理的核心是制度化治理。乡村治理体系现代化，重在加强党领导人民有效治理乡村的制度建设。制度化治理在价值规则设置和社会行动的互构间形成，制度为行动者提供稳定性环境和合法性手段，个体行动和社会实践选择强化制度的有效性。数字治理条件下，乡村治理过程透明性更为彰显，权责清单、规范办事流程和公开程序都能有较好保障，特别是有助于建立保障村民权利和参与机会的利益诉求表达机制。因此，乡村数字治理体系建设，对于实现在党的统一领导下推进乡村治理制度化、规范化提供了技术支撑和规则导引，能保障乡村治理的稳定性，提升乡村治理的公信力和有效性。

2. 数字技术助力乡村治理机制建设

乡村治理的现代化应体现为政府治理、社会调节和村民自治三者之间的协调互动。民主治理的理念、开放的治理结构、多样化的治理参与对于乡村民主政治的发展和基层治理的现代化至关重要。强化乡村数字治理体系的建设，利用新一代数字信息技术来推进乡村治理，使乡村治理能够吸收技术的力量，摒弃单一化的传统思维，转变管理导向的工作模式，更加强调科学性、公正性和正义感，尽可能地吸引多元化的治理主体参与到乡村的发展中，增强乡村治理的民主性和科学性。在数字化治理的环境中，实施民主选举、民主决策、民主管理和民主监督，能有效确保村民直接行使其民主权利，避免基层政府包揽一切、村民委员会自治功能不足、村民参与度低、基层民主实施不力等问题。同时，各类社会组织、经济组织和其他民间组织都能在数字化治理平台上参与到乡村治理中，获得参与乡村公共事务的权利和机会，构建起全方位、多层次的协商治理结构。

3. 数字技术助力乡村治理能力建设

乡村治理现代化是综合运用多种手段力量，发挥多种治理资源的比较优势与整体合力，依托新一代信息技术基础上的"互联网＋"治理模式，推动乡村治理从粗放走向精细，实现乡村治理智能化、高效化、精准化。利用新一代信息技术改善传统治理模式，如优化群众办事网络平台、建立阳光村务公开平台等，推进乡村信息资源收集、处置、反馈的互联共享，提高乡村治理信息覆盖度、效率值，能实现乡村治理的信息化和专业化。在数字治理情境下，乡村治理往往是以精准结果为导向的精细化治理，能把更多的资源下沉到基层、推动治理重心下移，构建覆盖乡村的网格化治理网络，以网格解决民众问题、为村民提供精准服务。

4. 数字技术助力乡村法治体系建设

数字技术在乡村法治体系建设中扮演着至关重要的角色，其在推动乡村治理现代化进程中的功能不容忽视。法治精神作为现代社会秩序的基石，其在乡村治理中的实践要求治理主体依法行事，以法治思维和方式推动社会发展和矛盾化解。在数字化时代背景下，乡村治理的现代化进程中，依法治理成为核心原则，法治在保护民众权益、维护市场秩序、环境保护以及矛盾协调中的作用日益凸显。

在乡村治理实践中，数字技术的融入为法治体系的构建提供了新的路径。通过实施网格化智能管理调解模式，乡村治理能够实现线上线下同步化解矛盾，行业属地有效衔接，组织机构协同服务，从而完善乡村公共法律服务机制。数字技术的应用不仅能够持续优化困难群众的法律援助工作，还能够营造一个有法可依、有法必依的法治环境，提升乡村治理的法治化水平。

利用数字平台进行法治宣传教育，能够常态化、多渠道地提升基层干部和群众的法治意识，增强依法治理的能力。数字技术的运用在乡村治理中既要符合国家治理体系的共性要求，又要体现乡村特色，因地制宜地推动信息整合，提升治理体系的数字化和智能化水平。在此过程中，信息整合成为提升治理能力的关键，特别是在乡村党建、村务管理、应急管理和疫情管理等方面，数字技术展现出精准、持续、有效的治理能力。

（三）加快建立共建共治共享的乡村治理格局

新时代的乡村治理，要迎接数字时代，激活数据要素潜能，以数字化转型驱动乡村治理方式变革。要"构筑共建共治共享的数字社会治理体系"，优先推动基层治理等领域信息化专项行动，优先开展基层智慧治理能力提升行动，让人民群众在信息化发展中有更多获得感、幸福感、安全感。因此，构筑乡村数字治理体系，是加快建立共建共治共享的乡村治理格局的基本前提。

1. 共建是社会治理制度的基础

我国在社会治理的实践过程中，逐步形成了"一核多元"的治理模式，"一核"即中国共产党是领导核心，"多元"即多元社会治理主体共同参与。当前在不同的乡村治理领域，"一核多元"的治理模式主要呈现出五种不同的实践类型：党建引领型是指基层党组织通过党建引领，整合政府、社会和市场力量，推动社会治理目标的实现。政府主导型是指基层政府在社会治理中发挥主导作用，统筹推进参与社会治理的各个相关利益主体协商共治。社会组织驱动型是指社会组织通过扮演社会资本的链接者与社会政策的执行者等角色，有序推进相关领域的社会治理实践创新。企业带动型是指企业家在党的领导和政府支持下，有效利用自身资源，带动其他主体共同参与社会治理。能人带领型是指由精英带领不同的社会治理主体一起，共同推进社会治理。通过在不同的社会治理领域，探索构建不同类型的社会治理模式，可以改变社会治理中"上动下不动""体制内外难互动"等现象，切实提升乡村治理水平。

2. 共治是乡村治理应对数字化挑战的需要

数字化时代的到来，对乡村治理创新来讲既是新机遇，也是新挑战。新机遇是指通过大数据和互联网技术的广泛运用，可以推动乡村治理模式创新，提升社会治理的效能；新挑战是指数字化技术的发展，使社会环境日益复杂化，深刻改变着人民的行动逻辑，对社会安全稳定带来的影响持续增强。因此，需要积极推动数字技术创新与社会治理创新相结合，为构建共建共治共享的社会治理新格局提供数字技术与治理理念的双重支撑。数字化时代的社会治理需要正确认识时代的机遇与挑战，在坚持总体国家安全观的基础上，探索以"共治"为底层逻辑，以"化危为机"为理论逻辑，以"人民至上"为实践逻辑的整体性治理运作机制，才能有效地将时代机遇转化为应对挑战的武器，构筑起维护国家安全的屏障，保障社会稳定与人民幸福。

3. 共享是治理成果的普惠化

在社会治理的框架下，实现治理成果的普惠化是其核心追求，旨在确保广大人民群众平等享有经济社会发展的成果。为此，社会治理的实践必须聚焦于公平正义的实现、民生的改善、共同富裕的达成以及中等收入陷阱的规避。在这一过程中，政治保障、价值保障和制度保障构成了实现治理成果普惠化的三大支柱。政治保障体现在党的立党为公、执政为民的理念中，价值保障则体现在对公平正义的不懈追求中，而制度保障则体现在分配制度的持续变革与完善中。这些保障共同支撑着社会治理成果的普惠化，体现了人民主体地位的坚持。

随着数字化浪潮的推进，信息化手段如大数据、人工智能、物联网等在乡村治理中的应用，已成为推动社会治理现代化的重要途径。这些技术手段不仅能够支持乡村治理的科学决策和精准施策，还能适应社会治理新形势，构建社会治理新格局。乡村治理的数字化转型，旨在提升治理效率，畅通信息渠道，便民服务，从而激发乡村社会的活力，维护乡村的和谐与秩序，增强农民的获得感、幸福感和安全感。通过这样的转型，乡村治理能够更好地响应民众需求，实现治理成果的广泛共享，推动社会治理体系和治理能力的现代化，确保治理成果真正惠及每一位公民。

第六章

新时代乡村人才振兴战略与实践创新

在当今时代，乡村人才振兴已成为国家战略的重要组成部分，对于推动乡村振兴战略具有深远的影响。本章旨在探讨在新时代背景下，如何通过创新实践路径，激发乡村人才的活力，以实现乡村振兴的宏伟目标。本章的研究不仅具有理论价值，更具有实践意义，为乡村人才振兴提供了新思路和新方法。

第一节　乡村人才振兴与乡村振兴战略

乡村人才的培养是实现乡村振兴发展的关键，人力资源的储备是乡村后续发展的重要动力，也为乡村振兴提供了源泉和不竭的资源。乡村人才振兴始终是乡村振兴中的首要问题，在我国新时代发展下，乡村人才振兴在乡村振兴发展战略中占据着不可替代的重要地位。应始终坚持以人为本的发展思想，注重乡村人才的培养和引进，为乡村振兴的发展注入源源不断的活力和动力。

一、乡村人才振兴是乡村振兴战略可持续性需求

乡村振兴，人才是关键。打造一支素质硬、专业强、觉悟高的乡村人才

队伍是当前推动农业农村现代化建设的现实需要，对带动乡村全面振兴起到至关重要的作用①。随着我国市场经济的稳步发展和城镇化水平的不断提升，城乡之间的发展差距逐渐扩大，导致乡村地区青壮年劳动力大量向城市流动，进而引发了乡村人力资源的短缺。这种单向的人口流动趋势，加之乡村地区出现的留守儿童、老龄化、空心化等一系列人口问题，严重阻碍了乡村经济的振兴和农村经济的可持续发展。

在城镇化进程中，乡村人才的流失对农村经济的发展构成了巨大挑战。因此，乡村振兴战略的实施，必须重视乡村人才的培养和引进，以确保乡村发展的动力和活力。党和国家对乡村地区的投入和支持，为乡村带来了经济、文化、卫生、教育等方面的显著变化，这些变化为乡村人才振兴提供了坚实的基础。

在经济和城镇化不断深化的背景下，乡村人才振兴成为实现乡村振兴发展可持续方向和道路的关键。乡村人才的培养和发展，不仅能够为乡村注入新鲜血液和活力，还能够推动乡村经济的全面发展，缩小城乡之间的发展差距，实现人才振兴和乡村振兴的可持续发展。因此，乡村人才振兴不仅是乡村经济发展的需要，也是实现城乡协调发展、促进社会和谐的重要途径。

二、乡村人才振兴是乡村振兴战略现代化的必由之路

乡村人才振兴在乡村振兴战略中扮演着至关重要的角色，它是推动乡村地区现代化发展的必由之路。在当代背景下，乡村振兴的核心任务在于实现农业和农村的现代化，这不仅是乡村发展的战略要求，也是国家整体现代化进程中的关键一环。人的现代化在这一过程中显得尤为关键，它既是经济、政治、生态等现代化领域发展的基石，也是实现这些领域现代化的重要推动力。

在乡村地区现代化的推进中，人才的现代化是不可或缺的。人才作为社

---

① 周重. 乡村振兴战略下推动乡村人才振兴的困境与出路 [J]. 新西部，2024（10）：118.

会发展的第一资源，其质量和能力直接影响着乡村地区现代化的进程。人才的现代化不仅涉及知识和技能的提升，还包括观念和价值的更新。这种现代化是内生于乡村社会各个方面的现代化之中，与经济、政治、文化和生态现代化相互促进、相互支撑。人才的现代化能够为乡村地区带来新的思维、技术和管理方式，从而推动乡村社会的整体进步和发展。

乡村人才振兴战略的实施，旨在通过培养和吸引高素质人才，为乡村地区的现代化提供强有力的人力资源支持。这不仅能够促进乡村经济的转型升级，还能够推动乡村社会治理和文化的发展，实现乡村地区的全面现代化。

三、乡村人才振兴是乡村振兴战略全面推进的首要选择

乡村人才振兴和乡村振兴战略许多内容和要求之间紧密联系在一起，乡村的振兴战略从五个振兴方面入手，而乡村振兴中的乡村人才振兴是实现其他振兴的首要前提。

（一）乡村人才振兴助力乡村产业振兴

乡村产业振兴是乡村振兴战略的核心组成部分，其关键在于激发乡村内部的活力，促进青壮年劳动力的回流与参与。乡村人才的振兴对于解决劳动力短缺问题至关重要，它不仅能够为土地的耕种与管理提供必要的人力资源，还能够推动乡村人才的培养与发展。在现代化进程中，农业、农村、农民的现代化发展与产业的融合成为乡村人才振兴的重要议题，这对于塑造农村的新面貌和特色发展具有重要意义。通过乡村产业振兴，可以为乡村产业的提升和质量的提高创造有利条件，进而推动乡村经济的整体进步。乡村产业振兴的实现，需要依托于乡村人才的培养和引进，以及农业产业的创新发展，这不仅能够增强乡村的自我发展能力，还能够为乡村的可持续发展提供坚实的基础。因此，乡村产业振兴与乡村人才振兴相辅相成，共同构成了乡村振兴战略的基石。

（二）乡村人才振兴促进宜居环境建设

宜居环境的建设是乡村振兴战略中的关键一环，它要求绿色产业的引领者和广大农民群众的共同参与。在此过程中，生态环境的保护与绿色产业的发展构成了乡村可持续发展的核心。乡村本地人利用其对当地自然条件的深刻理解和专业技能，成为推动宜居环境建设的重要力量。通过发挥本土优势和技术支持，他们能够有效地推进生态环境建设和绿色产业发展，为解决当地的生态和环保问题提供创新的解决方案。这种以本地为主导的发展模式不仅有助于保护和改善乡村的生态环境，还能够提升乡村居民的生活质量，为乡村的长期发展奠定坚实的基础。因此，宜居环境的建设不仅是对乡村生态环境的一种改善，也是对乡村居民生活质量提升的一种投资，它需要乡村人才的积极参与和持续努力。通过这样的努力，乡村能够实现经济发展与环境保护的双赢，构建一个生态友好、环境优美、生活富裕的可持续发展新农村。

（三）乡村人才振兴促进乡村文明提升

乡村文明程度的提升，是乡村振兴战略中的一个重要维度，它依赖于乡村文化的积极参与者和高质量乡村人才的引领。在传统文化的传承与现代文明知识的普及过程中，人的参与是不可或缺的。乡村人才，尤其是那些受过良好教育、拥有现代思维和科技知识的人才，在推动乡村文明进步中扮演着关键角色。他们通过宣传和教育活动，不仅传播科技知识，还推广现代道德观念，这对于改变乡村的传统观念、提升乡村社会的现代化水平具有重要作用。这些活动有助于消除那些与现代化进程不相适应的落后观念和思想，促进乡村社会的价值观念更新。通过这样的文化和教育工作，乡村社会能够在保持传统文化精髓的同时，吸收现代文明的精华，实现乡村文明的全面提升。因此，乡村文明的提升不仅是文化传承的需要，也是社会现代化的必然要求，它需要乡村人才的积极参与和持续贡献。

（四）乡村人才振兴助力乡村基层党组织建设

乡村基层党组织的建设是乡村振兴战略的基石，它对于实现乡村的政治稳定、经济发展和文化繁荣具有重要意义。专业人才的参与对于乡村基层党组织的建设至关重要，他们不仅能够带来新的视角和专业知识，还能够推动乡村基层工作与党和国家的要求保持一致。这些专业人才通过驻村工作，直接与农民群众接触，为基层党组织的建设和乡村基层工作提供强有力的人才支持。他们的参与有助于提升乡村群众的思想意识，促进思想的更新和进步，为乡村的政治、经济和文化发展注入新的活力。因此，乡村基层党组织的建设需要依托于专业人才的智慧和力量，通过他们的努力，可以实现乡村的和谐统一发展，确保乡村基层工作的有效开展，满足人民群众的需求，实现党的政策和目标在乡村的落地生根。这样的建设不仅加强了党同人民群众的联系，也为乡村的全面发展提供了坚实的组织保障。

第二节　新时代乡村人才振兴的实践路径

乡村振兴是我国现代化建设的重要组成部分。近年来，我国政府提出乡村振兴战略，力图通过改善农村基础设施、促进农业产业升级、提高农村居民生活水平等措施，推进农村现代化，实现城乡一体化发展。乡村振兴离不开乡村人才的支持和推动，因此，乡村振兴必须以乡村人才振兴为核心。

一、加强顶层设计，提供乡村人才振兴的战略引领

在乡村人才振兴队伍建设中，应当重视党对人才工作的引领作用，积极推动各级党组织、政府部门、企事业单位等推进乡村人才队伍建设工作。此外，应该加强乡村人才相关政策支持，探索实施差别化扶持政策，激励和吸引更多的人才愿意去乡村发展。为了提高乡村人才的聚集效应和吸引力，还

需要建设和升级乡村人才聚才平台，为乡村人才提供更好的发展机遇。

（一）强化领导核心，明确乡村人才发展导向

在社会主义国家的背景下，乡村人才发展的导向必须与国家的现代化建设同步，坚持党的领导是培养乡村人才队伍的关键。党的领导不仅能够确保乡村人才全身心投入国家建设，而且能够确保他们全心全意为人民创造美好生活。

确立地方党组织在乡村人才发展中的领导核心地位，对于发挥基层党组织在乡村振兴中的作用至关重要。基层党组织能够有效协调、整合和动员各方面力量，推动乡村振兴事业的快速发展。明确乡村人才振兴的目标，即培养和引进具有专业技能和领导才能的优秀人才，对于支持乡村振兴事业的快速发展具有重要意义。

加强基层领导干部的培训力度，注重提升他们的专业素养、领导能力、协调能力和应变能力，是培养优秀基层领导干部的重要途径。通过定期的培训课程、经验交流和实践机会，可以提高基层领导干部对乡村振兴战略意义和重要性的理解，增强他们的领导能力和协调能力，提升应对突发事件的能力。

完善基层领导干部的激励机制对于提高工作效率和工作质量至关重要。激励机制能够调动基层领导干部的工作积极性，提高工作热情，增强责任感和归属感，使他们更加投入地完成各项工作任务。合理的激励机制也能够帮助基层领导干部提高工作素质和能力，为组织和团队做出更大贡献。

在完善激励机制时，应考虑到不同干部的特点和需要，制定相应的激励政策和措施。这些政策和措施应综合考虑干部的工作成果、工作态度、个人能力和素质等因素。激励方式和手段的选择应多样化，包括物质激励、精神激励和职业发展激励等，需要考虑到干部的生活和工作情况，以制定出合理有效的激励政策。通过这样的激励机制，可以真正提高基层领导干部的工作积极性和工作效率，为组织和团队的发展作出更大贡献。

（二）增强资金扶持，提升乡村人才发展质量

乡村振兴战略的深入实施亟须财政资金的大力支持，特别是在乡村人才发展战略中，财政投入的增加对于夯实人才建设的基础至关重要。基层政府需加大财政投入，确保人才培育的资金需求得到满足，通过政策引导和财税激励措施，鼓励社会资本向乡村人力资本投资，以促进乡村人才的开发和利用。

在新兴产业发展方面，完善金融服务体系和推动乡村金融发展是关键。这包括增强互联网金融服务在农村的覆盖，根据农村地区的实际需求设立服务网点，构建线上线下一体化的金融服务机制，提高金融服务效率。以"益农性"为基础，加大互联网金融创新，通过产品更新换代为农村居民提供多元化的金融服务，开展金融改革试点，打造多元化的金融信贷模式，如"互联网金融＋乡村旅游"，通过种子贷、化肥贷等方式完善农村信贷产品，使农民切实感受到金融服务带来的便利。

加强农村数字设施建设，提升数字化水平也是推动乡村金融发展的重要一环。地方政府需树立数字化发展目标，引导数字化产业进入农村，推动互联网和电信网在农村的全面覆盖，并降低网络使用费用。加强金融公司与科技公司的合作，推动数字化金融发展，为农村主体提供便捷、实惠的数字金融服务。

完善数字基础设施建设是推进农村地区数字金融发展的首要任务。政府需发挥政策导向作用，通过税收政策和财政资金引导社会资本投资农村通信、网络等基础设施建设。创新数字金融产品和服务，依托互联网技术，提升金融服务效率，降低服务成本，使更多贫困群体享受到金融服务的便利。针对农村等贫困群体的金融需求，设计相应的产品，提供符合群体需求的服务，注重信贷成本控制和信贷约束降低，拓展金融服务类型，强化与第三方支付、政府等关联主体的沟通合作，推出多元化的金融服务产品。

（三）优化人才平台，夯实乡村人才振兴基础

乡村人才振兴战略的实施过程中，优化人才平台是夯实乡村人才基础的重要途径。面对乡村人才引进的挑战，政府政策、财政补贴和企业投入等策略发挥着关键作用，旨在吸引人才流向农村地区。鉴于农村资源和资金的短缺，地方政府在推进乡村振兴时必须重视人才回流问题，并通过与企业等主体的合作，构建农业科技园、工业园、产业园和物流园等平台，完善基层服务功能，吸引人才参与。

为了培育创新型人才，创业人才孵化基地和创业基地的建立至关重要，这些基地在引进高素质人才方面发挥着积极作用。基层政府通过推进农村新型合作模式的发展，利用龙头企业和农业合作社等方式，推动农业高质量发展，吸引和培育农业发展带头人。构建乡村人才服务通道，以县乡为核心，为人才提供职称评审、融资对接和政策咨询等服务保障，是提升乡村人才服务质量的关键。

为返乡创业人员提供良好的创业环境，包括创业资金扶持、贷款优惠服务、税费优惠和项目审批便利等，是吸引更多人才回乡创业的重要措施。这些措施有助于激发人才的创业热情，促进乡村经济的发展。

增强城乡之间人才的融合和互动性，是乡村振兴的另一重要方面。整体规划的制定和乡村产业优势的发挥，对于乡村创新发展和人才机制的完善至关重要。技术投入的加大和农村产业结构的优化升级，有助于树立新型绿色农业发展理念，强化品牌建设，提升农业品牌影响力，构建科学的农业产业体系。

区域联合和区域管理力度的强化，对于人才的整合与统筹、发挥不同人才在乡村发展中的优势具有重要意义。完善乡村人才档案管理机制，明确人力资源管理职责，完善监督管理机制，通过监管激发人才的自觉能动性，使其充分参与到乡村振兴建设中，是实现乡村人才振兴战略目标的关键措施。通过这些综合措施，可以有效地优化乡村人才平台，为乡村人才振兴提供坚

实的基础。

二、优化乡村人才队伍结构，激发乡村人才发展的内生动力

在乡村人才振兴队伍建设中，应该重视乡村创新创业人才的带头作用。创新创业带头人在乡村人才振兴中发挥着非常重要的作用，他们能够带动更多的村民一起创新创业，推动乡村经济的发展，提升乡村居民的生活水平。同时，也应该加强乡村教师、卫生健康人才、大学生队伍的建设。教育是国家的未来，乡村教师在教育乡村儿童方面发挥着非常重要的作用。卫生健康人才则是保障乡村居民身体健康的重要力量，大学生队伍也是培养未来乡村人才的关键之一。

（一）实施"马兰花计划"

在乡村振兴战略的背景下，实施带头人培训计划（如"马兰花计划"）对于激发乡村发展的内在动力、增强乡村自我发展能力具有重要意义。该计划旨在通过培育乡村带头能人，推动乡村经济发展。在此过程中，金融机构的资金扶持作用不可或缺，为乡村发展和人员创新提供必要的资金支持，同时筛选高素质的创业导师，以更好地满足创业人员的服务需求。

在实施人才计划的过程中，创新扶贫模式成为关键一环。长期的扶贫实践中积累的有效模式可以为乡村振兴提供借鉴，通过提升贫困户的自我发展能力、精准管理和政策优势发挥，构建贫困群体的诚信体系，推动创新产业的长远发展，为乡村发展提供坚实的保障。

完善创业机制和优化创业环境对于吸引创新人才参与乡村振兴至关重要。金融环境的优化是创新创业的基础，构建信贷担保机制和专项培育资金能够为创新创业人员提供必要的金融支持。建立完善的创业风控机制，通过风险转移等方式降低创业风险，提高创新创业人员的金融素养，普及金融知识，加强金融监管，利用现代信息技术提升金融监督力度，确保金融安全。

制度法规的建设也是营造良好金融发展环境的重要方面。为金融创新提

供条件的同时，也需要以制度和规章约束农村金融发展，确保其在合法范围内运行，保障市场参与主体的合法权益。针对农村金融常见风险类型，制定相应的应对策略和处罚机制，保障创新创业群体的合法权益，发挥金融在创业项目中的扶持作用，确保项目的有效落实。

（二）推进"省培计划"

乡村人才培育的核心在于教育，而教育的关键在于教师。为了实现乡村振兴，必须加强教育培训，从根本上提升农村居民的整体素质。教师队伍的建设在农村教育中占据着举足轻重的地位，通过实施"省培计划"等策略，可以有效提升乡村教师的整体素质，为乡村人才的培育提供坚实的保障。

在提升乡村教师素质的过程中，重视乡村教师的社会地位是关键一环。通过舆论引导，传播乡村教师的优势，降低负面信息的传播，可以提升乡村教师的社会认可度。同时，对青年教师的培养也不可忽视，通过明确自我发展目标，使他们认识到专业发展的重要性，并通过努力提升自身的社会地位。国家政策已对教师待遇有所倾斜，规定教师薪酬应等同于或高于公务员，这一政策的落实需要进一步加强。

深入了解乡村教师的教学水平和现状是提升教育质量的前提。通过实地考察，全面了解乡村教师在教学过程中的不足，为后续培训提供明确的方向和重点。建立激励制度，从物质和精神两方面出发，不仅优化薪资和工作环境，还要建立完善的教师荣誉体系，根据工作年限、教学成就等方面进行激励，提升乡村教师的薪酬水平，并在住房、生活等方面提供保障。

鼓励乡村教师参与乡村振兴战略，提供科研活动的资金支持，减轻课时负担，激发教师参与科研的动力。在评优中加入科研因素，并制定奖励措施，引导教师开展乡村振兴课题合作，促进不同身份、不同学科的教师之间的交流与合作，提升专业发展能力，实现理论与实践的有机结合。

利用当地高校资源，鼓励高校教师参与基层建设，将高校教师定期服务乡村职教纳入考评体系，以激励高校教师积极参与乡村教育工作。对于在驻村工作中表现突出的高校教师和技术人员，应在职称评审、年金发放、评优评先等方面给予政策倾斜，以表彰其贡献。通过这些措施，可以有效推进"省培计划"，提升乡村教师素质，为乡村振兴战略的实施提供人才支持和智力保障。

（三）推行"双万计划"

近年来，国家对农村地区的投入力度显著增强，医疗卫生服务体系的构建亦被提升至国家战略层面。在此背景下，"双万计划"的推行旨在通过提升乡村公共卫生服务水平，加强医疗卫生资源的县域统筹，以及增强乡村两级医疗卫生和医疗保障服务能力，从而推进乡村振兴战略的深入实施。该计划着重解决乡村医生的薪酬分配和待遇保障问题，推动乡村医生队伍向专业化和规范化发展，以此提高农村地区传染病的防控能力和应急处置能力。同时，加强针对农村老幼病残孕等重点人群的医疗保障，确保农村居民的身体健康和生产生活秩序的正常运行。此外，通过改善乡村医疗服务水平和优化乡村网络体系，弥补医疗资源的短板，缩小城乡之间的医疗卫生服务差距。

在乡镇卫生院人员编制方面，"双万计划"规定每五年对人员总量进行调整，并遵循相应的服务比例。要求全县每年招聘的医学类专业毕业学生数量超过 2000 名，且乡镇卫生院的招聘人数须超过三分之一，确保招聘人员在乡镇卫生院的工作时间超过五年。在招聘过程中，对年龄和学历要求有所放宽，以适应基层卫生机构的实际需求。

"双万计划"包括完善基层卫生机构的岗位机制、培训机制和医疗服务机制，实施"两个允许"政策，即允许医疗薪酬工资进行调整，打破事业单位薪酬规定，完善奖励机制，将医疗收入的纯利润的一部分作为绩效工资发放。此外，该计划鼓励高校与乡镇医疗卫生服务之间进行专业合作，为医疗类、护理类专业学生提供定点实践和服务的机会，培育高素质的乡村卫生服务人才。

为确保乡村医生的稳定性和服务质量，"双万计划"提出健全城乡医疗岗位机制，优化薪酬机制，完善补助机制，以及健全养老保障机制。通过这些措施，为乡村医生提供更好的养老服务，同时确保"两个允许"政策的有效落实，并加强财政对乡镇医疗人员方面的补助。这些综合措施旨在提升乡村医疗服务的整体水平，为乡村振兴提供坚实的医疗卫生服务保障。

（四）实施"一村一名大学生计划"

在推动乡村振兴战略的背景下，高素质人才的基层流动对于乡村发展具有重要意义。为此，教育部门出台了相关政策，鼓励高校毕业生积极参与到中西部等偏远地区的服务工作中，以助推乡村振兴，为乡村注入新的生命力。在此过程中，"一村一名大学生计划"的实施成为构建长效人才服务机制的关键举措，通过"三支一扶"等计划为农村人才队伍的建设提供坚实保障。

高等职业院校被鼓励开设与农业相关的专业课程，并通过送教下乡、弹性学制等方式，发挥职业教育在助推农村乡村振兴方面的优势。公务员考核中保留一定比例的名额作为选调生，对选调生进行国情调研、结对帮扶等大胆使用，以此加强基层治理能力。

在大学生招聘方面，通过"三支一扶"等措施吸引更多高素质大学生参与到基层乡镇工作，同时鼓励退役军人、创业农民工、企业带头人等参与乡村建设，利用送教下乡、弹性学制等方式为农村发展提供人才保障。此外，拓展基层岗位渠道，注重基层岗位的开发，为大学生等高素质人才提供更多就业岗位，积极构建多元大学生毕业渠道，通过西部计划、大学生入伍绿色通道等方式为基层就业提供人才保障。

对于大学生而言，职业成长空间是其选择职业路径的重要因素。因此，营造良好的职业成长空间，完善培训机制和职称评估机制，对于吸引和挽留人才具有重要作用。通过这些措施，可以确保大学生在走向基层的同时，能够看到未来发展的希望，从而促进人才的有效引进和留存，为乡村的可持续发展提供强有力的人才支持。

三、完善乡村人才体制机制，注入乡村发展新动能

近年来，乡村发展不断深入，乡村振兴已成为我国社会经济发展中的重要理念。在乡村振兴中，人才振兴是关键因素，更是促进乡村发展的重要资源，所以乡村振兴视角下的人才体制机制建设也受到更多关注与重视[①]。

（一）多渠道加强乡村基础建设，提升人才吸引力

我国国民收入快速增长的同时，贫富差距拉大，城市人均收入要远高于乡村人均收入，这也导致农村人口进一步向城市流动，使得农村回流人员日趋减少。政府必须要借助乡村振兴战略的政策导向，通过良好就业环境的构建吸引人才回流，为人才创业发展提供平台。

1. 提升区域综合实力

在国家"十四五"规划及"2035 年远景规划"中，乡村振兴战略已被明确为国家战略发展的重要组成部分。面对新百年目标的挑战，乡村振兴战略的实施显得尤为重要，而人才的吸引与留存则是实现乡村振兴的关键因素。鉴于农业相较于工业和服务业的效益较低，如何通过产业结构的优化来提升农业吸引力，成为当前亟须解决的问题。

为了提升区域综合实力，必须从产业结构优化入手，以农业为基础，同时注重第二产业和第三产业的发展，实现产业结构的全面优化。这不仅能够改善农业效益，还能促进人才结构的合理分布。在此过程中，农村产业化的加速发展是关键，需要重视青年人才的引进，发挥创新创业人才的领导作用，通过创新推动农村经济发展。此外，加大农业技术人才和农业科研人才的培养力度，依托科技计划项目、重点实验室等平台，培育领军人才和创新装备，建立善于创新的科技创新团队。

精准定位和品牌建设是实现产业升级优化的另一重要方面。创新农业营

---

① 吴婷婷，宫晓非. 乡村振兴视角下人才体制机制研究［J］. 山西农经，2024（1）：128.

销模式，充分利用互联网优势，如直播带货等方式，拓展农产品销售渠道，提升农产品销量。加强区域间的合作，通过招商引资等方式实现资源的优化配置，提升创新资源的流动效率，打破区域限制，优化人才配置，增强人才活力。

在具体的区域实践中，如潼南区域利用其独特的地理优势，在成渝经济圈中发挥"聚宝盆"的作用，以农业为核心，注重品质化发展，通过打造品牌农业提升市场竞争力，推动乡村振兴的深化发展。预计在"十四五"规划期间，潼南区域农业发展将实现显著突破。

2. 完善农村基础设施

吸引人才回流对于每个地区的发展都是至关重要的。但是对于农村地区来说，吸引人才并不是一件容易的事。相对于城市，农村地区所拥有的资源和基础设施都相对薄弱，这给吸引人才带来了诸多困难。因此，农村地区需要采取一系列的措施，以提升自身的吸引力，吸引更多的人才回流农村。

在农村地区，基础设施建设是吸引人才的重要因素之一。基础设施越完善，对人才的吸引力越大；相反，基础设施越薄弱，吸引力就越差。因此，农村地区需要加大对基础设施建设的投入力度。除了传统的道路、桥梁、电力等基础设施之外，农村地区还需要建设更多的公共设施，如医院、学校、公园等。这些设施的建设将大大提升农村地区的吸引力，为乡村人才提供更好的生活和工作环境。

除了基础设施之外，农村地区还需要进行人文环境建设。政府需要转变观念，打破传统的"铁饭碗"思维，为农村提供更多的就业岗位，让人才能够有用武之地。此外，人文环境的营造对于人才回流也尤为重要，既要从外部环境入手进行构建，又要从乡村人才思维方面进行改变，营造人才回流的良好环境。

生活环境建设也是农村地区吸引人才的重要因素之一。需要加大对农村公共服务设施的投入力度，优化教育、医疗、卫生、住房、环境等方面。特别是要注重交通、网络、人居环境等方面的构建，打造与城市相同的居住环境。积极构建网络体系，发挥互联网在农村经济发展中的作用。完善农村娱乐设施，通过公园、健身器材等投入，营造舒适的人居环境，提升农村居民的满意度和幸福感。

（二）多元推进乡风文明建设，增强人才归属感

强国必先强农，农强方能国强。全面推进乡村振兴，不能光看农民的"钱袋子"有多少，更要看农民的精神风貌怎么样[①]。乡风文明是乡村振兴的重要内容，本身由多重因素构建，具有系统特征，因此在建设当中必须要做好顶层设计，既要发挥政府的宏观调控作用，也要鼓励个人、社会积极参与其中，共同为多元乡村文化构建提供精神源泉，具体可以从以下方面入手：

1. 政府方面

在乡风文明建设中，政府处于主导地位，毕竟乡风文明是乡村振兴战略的重要组成部分，而乡村振兴战略的实施由政府主导，所以政府必须在顶层做好制度设计，构建完善的乡风文明建设规划和制度保障，为乡风文明建设提供依据。乡风文明建设中乡镇基层政府处于核心位置，必须要肩负起应有的职责，发挥政府引导和执行作用，确保制度有效落实。成立乡风文明建设机构，严格按照中央政策方针制定乡风文明建设规划和实施细则。由专门人员负责基层工作的开展，不断提升乡风文明建设水平，为农村公共服务提供多元化、个性化文化产品。完善监督管理机制，做好对基层干部政策落实的监管工作，将乡风文明建设与考核机制相衔接，切实调动基层干部的自觉能动性，甚至要建立对应的问责机制，对于无法按时完成乡风文化建设工作的干部给予批评或者惩罚。对于贫困区域，要提高财政扶持力度，加大乡风文明方面的资金扶持规模；弘扬优秀传统文化，发挥优良民风民俗在乡风文明建设中的优势，调动当地村民参与积极性。

---

① 亢云洁. 乡风文明建设赋能乡村振兴 [J]. 村委主任，2024（20）：158.

2. 社会方面

乡风文明建设离不开社会支持，单纯依靠乡村力量是难以推动乡风文明快速发展的。在解决中国大局问题方面，离不开主力与副力的协同。就乡村治理而言，主力是政府力量，但政府力量有限，投入不足，单纯依靠政府开展乡村治理达不到预期目标，治理效率也不会那么理想。因此，他认为应当在政府主导的基础上，发挥社会副力的作用，鼓励学校、企业等社会主体积极参与其中，成为乡村治理的一部分，这样才能提高乡村治理效率，有效解决乡村腐败等问题。同样，在乡风文明建设当中也是如此，需要多元主体共同参与其中，形成合力才能在最短的时间内达到最好的效果。政府要发挥顶层设计作用，做好制度、法规、政策方面的制定、宣传等工作，鼓励社会成员积极参与其中。在乡风文明建设中，学校、社团、企业、机构等均属于社会力量，政府要积极做好这些主体的协调与统筹，鼓励他们参与乡风文明建设当中。在政策方面可以通过一定倾向来对社会团体进行引导。作为"副力"的社会力量，既可以弥补行政力量的不足，又可以发挥社会力量优势，在两者有效衔接下实现资源优化配置，推动乡风文明建设的快速发展。

3. 个人方面

人是乡风文明建设的核心，乡风文明建设的目的也是为了人，所以在乡风文明建设中必须要发挥人的自觉能动性，鼓励个人充分参与其中，共同为乡风文明建设贡献力量。个体既是乡风文明建设的参与者更是受益者，因此，个体参与其中意义重大。

政府要做好教育宣传工作，注重家庭美德、社会公德等方面的教育，让农民树立新的文明意识，实现自身素质的全面提升，有效融入乡风文明建设当中。鼓励人才回流，制定激励政策，真正让人才回得来、留得住。大学生村官是我国鼓励高素质人才向农村流转的主要途径，尽管在一定层面取得了重要成效，但真正能够留在农村的大学生村官是非常少的，很多大学生村干部也仅仅是到基层历练。要鼓励大学生回乡创业，给予政策等方面的扶持，真正让大学生扎根故乡，为故乡做贡献，这样才能发挥他们的优势，在乡风文明建设中作出应有贡献。

（三）建立健全乡村人才评价管理机制，提高人才留存率

科学合理的乡村人才队伍评价机制有利于加强不同乡村人才在投身乡村建设工作中的本地归属感，是聚集多方英才加入乡村全面振兴事业中的驱动力。其中，以完善乡村人才分类分级评价体系、健全乡村人才服务保障管理机制、健全乡村人才向基层流动激励评价制度为主。一方面给予了乡村人才在物质方面的需求，另一方面也大大激发了乡村人才在一线基层和艰苦地区工作的积极性。让乡村地区引得进人才，也留得住人才。

1. 健全乡村人才分类分级评价体系

健全乡村人才分类分级评价体系是实现乡村人才振兴战略的关键举措。随着乡村人才在各省市农村地区发展中的核心作用日益凸显，构建科学完善的评价和职称评定改革方案成为吸引人才扎根乡村的重要途径。此类方案旨在解决乡村发展中的急需紧缺人才问题，提供更多的职业晋升机会，激励人才投身乡村一线基层工作，从而促进乡村的全面发展。

在职称制度改革方面，探索推行技术标准、专题报告、发展规划、技术方案、试验报告等视同发表论文的评审方式，为乡村发展急需紧缺的人才开辟职称评审绿色通道，通过考核认定的方式直接晋升高级职称，不受单位岗位结构比例限制。这一措施不仅有助于乡村人才的职业发展和社会地位提升，也优化了职称评审机制，减少了评审中的人为干扰和主观因素，提高了评审的公正性和准确性。

乡村人才评价体系的完善还体现在对人才的全面评价上，重视人才的实践能力和贡献，而不仅仅是学术成果。这种评价方式有助于激发乡村人才的创新活力，提升其工作积极性，为乡村人才振兴提供坚实的基础保障。通过这样的评价体系，可以有效地保障乡村人才的权益，提高他们的职业发展和

社会地位，为乡村振兴战略的实施提供有力的人才支持。

2. 完善乡村人才服务保障管理机制

完善乡村人才服务保障管理机制对于推动农村地区的全面发展至关重要。在此背景下，对乡村人才认定标准进行审查与更新显得尤为迫切，以确保这些标准能够适应当前乡村人才发展的实际需求。通过加强乡村人才的分类统计工作，可以更准确地把握农村人才的结构、优势与不足，为乡村人才的培养和引进提供数据支持和决策依据。

信息化建设在现代农业和乡村人才管理中扮演着核心角色。因此，建立和完善县乡村三级乡村人才管理网络，对于提升乡村人才管理效率和服务质量具有重要意义。这包括创建信息化平台，为乡村人才管理部门提供便捷的服务，同时也为农民和乡村人才提供普惠的信息化服务，以缩小城乡之间的数字鸿沟。

加强和完善乡村人才管理服务工作是提升乡村人才就业和发展的关键。通过提供职业介绍、求职和招聘等配套服务，可以促进乡村人才的有效流动和优化配置。同时，鼓励和引导人力资源服务机构为乡村人才提供更多服务，不仅能够增强乡村人才的就业机会，还能推动乡村人才的全面发展，增强乡村人才的凝聚力。

3. 完善乡村人才向基层流动激励评价制度

在乡村振兴战略的实施过程中，完善乡村人才向基层流动的激励评价制度显得尤为重要。为此，对县域基层一线工作的专业技术人才职称评审条件进行适当放宽，以适应基层工作的实际需求，已成为政策制定的重要方向。

调整职称评审标准，使之更加注重专业技术人才的工作实践和业绩，而非仅仅依赖于论文和科研成果，能够更准确地反映专业技术人员的实际工作能力和水平。例如，允许使用工作总结、课题报告、技术推广总结和项目验收报告等成果作为职称评审的依据，这样的措施有助于提升职称评审的灵活性，并更好地激励专业技术人才在基层发挥作用。

将高级职称评审权下放至条件成熟的地区，能够使地方政府更好地根据本地实际情况制定"定向评价，定向使用"的职称评审办法，满足不同地区的发展需求。同时，促进高等院校、科研院所、医疗卫生机构和国有企业与基层企事业单位建立帮扶关系，对于提升基层工作质量和水平同样至关重要。

职称评审作为人才评价的重要方式，对于乡村人才的培养和发展具有显著影响。适当放宽县域基层一线工作的专业技术人才职称评审条件，不仅能够支持乡村人才的振兴发展，还能有效提升基层工作的质量和水平，为乡村人才振兴提供坚实的制度保障。通过这些措施，可以进一步激发乡村人才的创新活力，促进其在基层的流动和作用发挥，为乡村振兴战略的深入实施提供强有力的人才支撑。

第三节　通用人工智能助力乡村人才振兴创新发展

乡村振兴战略的实施对于解决"三农"问题具有决定性意义，而乡村人才振兴则是该战略成功的关键。面对促进乡村经济发展、提升社会福祉和改善居民生活水平的挑战，乡村人才的培养和发展显得尤为重要。在此背景下，通用人工智能（AGI）作为一种具备广泛智能能力的系统，其在乡村人才振兴中的应用潜力逐渐受到重视。

AGI 的智能化特征使其在乡村人才振兴的组织管理中扮演重要角色。通过 AGI 技术，乡村组织能够实现更高效的人力资源管理、人才选拔与培养、绩效评估等，从而增强组织的竞争力和发展潜力。AGI 的应用能够优化人才配置，提升人才的匹配度和适应性，为乡村地区的发展提供强有力的人才支持。

在乡村振兴战略的制定和实施方面，AGI 技术通过数据分析与预测、决策模拟与优化等手段，为决策者提供科学依据，提高战略实施的效果。AGI 能够深入挖掘大数据，为决策者提供准确的信息和可行的方案，从而提升乡村振兴战略的科学性和有效性。

在乡村人才培养方面，AGI 的应用同样展现出巨大潜力。智能化的教育平台和个性化学习推荐系统能够提供定制化的学习资源和教育支持，满足乡村人才的多样化需求，提升其素质和能力。AGI 技术为乡村人才提供优质教育资源，推动乡村人才的全面发展和成长，为乡村振兴提供坚实的人才基础。

尽管 AGI 在乡村人才振兴中展现出巨大潜力，但也存在潜在的风险与挑战，如人才流失、隐私保护和技术风险等问题。这些挑战需要通过深入研究 AGI 技术在乡村人才振兴中的应用，分析其优势、潜力以及相关的组织管理和风险问题来解决。

一、AGI 技术与乡村人才振兴的关系

AGI 技术在乡村人才振兴中具有重要的应用潜力，可以为乡村地区的组织管理、战略支持、人才培养等方面提供有效支持。

（一）AGI 提升乡村人才振兴组织管理效能

乡村人才振兴需要有效的组织管理来协调和推动各项工作，AGI 技术在组织管理中的应用可以提高管理效率和决策准确性。通过数据分析和预测模型，AGI 可以帮助乡村组织进行人力资源管理、人才选拔与培养、绩效评估等方面的工作。AGI 能够快速处理大量的数据，并提供决策支持和优化方案，帮助乡村组织做出科学合理的管理决策。此外，AGI 还可以提供智能化的协同工作和沟通平台，促进乡村组织间的信息共享和合作，提高工作效率和组织协同能力。

（二）AGI 辅助制定乡村人才振兴发展策略

乡村人才振兴需要制定和实施科学合理的振兴策略，以推动乡村地区的可持续发展。AGI 技术可以为乡村振兴战略的制定和实施提供重要支持。AGI 能够通过数据分析和模拟优化等方法，分析乡村地区的现状和发展潜力，预

测各种策略的效果和影响，并帮助决策者做出科学决策。AGI 还可以提供决策模拟和优化工具，帮助制定和调整乡村振兴战略，提高决策的科学性和准确性。

（三）AGI 促进乡村人才振兴和人才培养

在乡村振兴战略的推进过程中，人才振兴被赋予了核心地位，而 AGI 技术的应用为乡村人才培养提供了新的机遇。AGI 作为一种具备广泛智能能力的系统，能够在乡村人才培养中发挥重要作用，通过智能化教育平台和个性化学习推荐系统，为乡村学生提供定制化的学习资源和个性化的学习路径。

AGI 技术能够根据学生的学习特点和需求，提供量身定制的学习内容和教学方法，从而提高学习效果和学习动力。这种个性化的学习方式有助于提升学生的学习效率，激发学生的学习兴趣，进而促进其全面发展。AGI 的应用不仅限于理论学习，还能够通过虚拟实验和模拟训练等方式，为乡村学生提供实践经验和技能培养的机会，这对于提升乡村人才的实践能力和技能水平具有重要意义。

随着 AGI 技术在乡村人才振兴中的潜力不断被发掘，其应用前景也日益广阔。AGI 技术的应用不仅可以提高乡村教育的质量，还能够为乡村人才的培养提供更加多元化和个性化的途径。通过深入研究 AGI 与乡村人才振兴的关系，可以进一步探索 AGI 技术在乡村人才培养中的应用策略，以及如何应对可能出现的风险和挑战。

在此过程中，需要对 AGI 技术的应用进行科学规划和管理，确保其在乡村人才培养中发挥最大的效益。同时，也需要关注 AGI 技术应用过程中可能出现的问题，如技术接受度、数据安全和隐私保护等，制定相应的对策和建议，以保障 AGI 技术在乡村人才振兴中的健康发展。通过这样的努力，AGI 技术有望成为推动乡村人才振兴和人才培养的重要力量，为乡村振兴战略的实施提供坚实的人才支撑。

二、AGI 技术在乡村人才振兴中的组织管理应用

（一）AGI 技术优化人力资源管理

人力资源是乡村人才振兴的核心要素，有效的人力资源管理对于乡村发展至关重要。AGI 技术的应用可以提升人力资源管理的效率和准确性。通过数据分析和预测模型，AGI 可以帮助乡村组织进行人才需求预测和人员配置优化，以满足乡村发展的需求。AGI 还可以提供智能化的招聘和选拔系统，通过对候选人的综合评估和匹配，帮助乡村组织选择合适的人才。AGI 可以辅助人力资源管理工作，如自动化劳动合同管理、员工培训与发展规划等，提高管理效率和员工满意度。

（二）AGI 技术助力人才选拔与培养

在乡村人才振兴的背景下，选拔和培养符合乡村发展需求的人才显得尤为重要。AGI 技术的应用在这一过程中扮演着至关重要的角色。AGI 技术通过大数据分析和人才评估模型，能够辅助乡村组织识别和发掘潜在的人才资源，精准定位人才需求，实现有针对性的人才选拔。这种基于数据驱动的选拔机制，有助于提升人才选拔的效率和准确性，确保选拔出的人才能够更好地适应乡村发展的多元化需求。

AGI 技术提供的智能化学习和培训平台，能够根据个体的学习能力和兴趣点，制定个性化的学习内容和培训方案。这种定制化的学习路径不仅能够提高人才培养的效果，还能够增强学习体验，激发学习者的积极性和主动性。通过智能化平台的辅助，乡村组织能够更加精准地对人才进行培养，使其更快地适应并推动乡村的经济社会进步。

（三）AGI 技术改善绩效评估

绩效评估是组织管理的重要环节，也是激励人才的手段之一。AGI 技术

可以提供客观准确的绩效评估工具和方法。AGI 可以通过对大量数据的分析，对个体和团队的绩效进行全面评估，并提供针对性的反馈和改进建议。AGI 还可以结合智能算法和模型，为乡村组织制定合理的绩效评价指标和激励机制，以提高人才的工作动力和积极性。通过 AGI 技术的支持，乡村组织可以更加科学和公正地评估和激励人才，提高组织绩效和乡村发展水平。

AGI 技术的应用可以提升组织管理的效率和准确性，优化人力资源配置，选拔和培养适应乡村发展需求的人才，并改善绩效评估的科学性和公正性。这为乡村人才振兴提供了新的思路和工具。

三、AGI 技术在乡村人才培养中的智能应用

乡村人才培养是乡村振兴的重要组成部分，AGI 技术的应用可以为乡村人才培养提供新的机遇和方法。

（一）AGI 技术构建智能化教育平台

在乡村教育领域，AGI 技术的应用开辟了智能化教育的新路径。该技术通过构建智能化教育平台，能够为乡村学生提供高度个性化的学习体验。AGI 技术的核心优势在于其能够分析和处理大量的学习数据，识别学生的行为模式，从而精准把握他们的学习需求和个性特征。基于这些信息，AGI 能够为每位学生定制化设计学习方案，匹配适宜的学习资源，确保学习内容与学生的实际能力相匹配，促进其学习效率和效果的最大化。

智能化教育平台进一步通过智能辅导和反馈机制，为学生提供即时的学习支持。这种机制能够帮助学生及时解决学习中遇到的难题，调整学习策略，优化学习路径。通过这种方式，AGI 技术不仅提高了学生的学习成效，还增强了学生的学习动力，激发了他们的学习兴趣和潜能。这种个性化的学习支持对于乡村学生尤为重要，因为它有助于缩小城乡教育差距，提升乡村教育的整体质量。

（二）AGI 技术在人才评估与匹配的应用

AGI 技术可以帮助乡村组织进行人才评估和匹配，以更好地发掘和利用人才资源。AGI 可以分析个体的技能、兴趣、经验等多维度数据，并结合乡村发展需求，为乡村组织提供科学准确的人才评估结果。基于评估结果，AGI 可以进行人才匹配和推荐，将合适的人才与乡村振兴的岗位和项目相匹配。这有助于提高人才的流动性和适配度，促进乡村人才的充分发挥和价值实现。

（三）AGI 技术促进跨界学习与创新

在乡村人才振兴的背景下，AGI 技术的应用为人才评估与匹配提供了新的解决方案。AGI 技术通过分析个体的技能、兴趣和经验等多维度数据，能够为乡村组织提供精准的人才评估。这一过程涉及对个体能力的全面分析，以及对乡村发展需求的深入理解，从而确保评估结果的科学性和准确性。

基于这些评估结果，AGI 技术能够进行有效的人才匹配和推荐，将人才与乡村振兴的岗位和项目进行精准对接。这种匹配机制不仅提高了人才的流动性，也增强了人才与岗位之间的适配度，从而促进了人才在乡村发展中的充分发挥和价值实现。

AGI 技术在人才评估与匹配方面的应用，有助于优化乡村人力资源配置，提升人才使用效率。通过智能化的评估和匹配，可以确保每个人才都能在最适合的岗位上发挥最大的潜力，这对于乡村的长期发展和人才的个人成长都具有重要意义。因此，AGI 技术在乡村人才评估与匹配中的应用，是实现乡村人才振兴战略目标的关键技术支撑。

（四）AGI 技术帮助职业规划与指导

AGI 技术在促进跨界学习与创新方面展现出巨大潜力，为乡村教育领域带来革命性的变化。该技术能够跨越传统学科界限，整合多领域的知识和资源，为乡村学生和教师提供跨学科学习与合作的平台。这种跨界学习模式不仅丰富了学生的学习体验，而且有助于培养他们的综合素质和创新能力，特别是在解决复杂和实际问题的能力上。

AGI 技术的应用能够通过创新的教学方法和工具，进一步激发学生的创造力和想象力。在乡村教育环境中，这种技术的应用尤为重要，因为它能够培养乡村人才的创新精神和创业意识，这对于乡村地区的经济发展和社会进步具有深远的影响。AGI 技术通过提供多样化的学习路径和资源，支持学生在不同学科领域间的自由探索，从而培养出能够适应未来社会需求的创新人才。

四、AGI 技术在乡村人才振兴中的风险与对策

尽管 AGI 在乡村人才振兴中具有巨大的潜力和应用前景，但也伴随着一些潜在的风险和挑战。

（一）AGI 技术带来的人才流失及其对策

在 AGI 技术快速发展的背景下，乡村地区正面临着人才流失的潜在风险。由于 AGI 技术在乡村地区的应用需求相对较低，这可能导致优秀人才向技术需求更旺盛的地区流动，从而削弱乡村地区的人才基础。为了有效应对这一挑战，乡村地区需要采取一系列策略，以吸引和留住人才。

针对人才流失问题，乡村地区需要制定和实施具有针对性的政策，以创造有利于人才留存的环境。这包括提供具有竞争力的工作环境和发展机会，以及创造吸引人才的条件。通过改善基础设施、提供职业发展平台和增强生活质量等措施，乡村地区可以增强其对人才的吸引力，从而促进人才的留存和发展。

乡村地区还应重视人才的培养和发展，通过教育和培训项目提升当地居民的技能，使其能够适应 AGI 技术发展的需求。同时，通过与高校和研究机构的合作，乡村地区可以吸引更多的研究和开发活动，为当地居民提供更多的就业机会，并促进技术创新和知识转移。

（二）AGI 技术涉及的隐私保护及其对策

AGI 技术在乡村人才振兴中的应用涉及大量个人数据和隐私信息的处理，这无疑带来了隐私保护的风险。鉴于此，迫切需要制定和实施严格的数据保护法律法规和隐私政策，以确保个人数据的安全和保密性。这些措施的实施是构建公众对 AGI 技术信任的基础，也是保障乡村居民个人信息不被滥用的关键。

为了有效应对隐私保护风险，必须加强对 AGI 技术的监管和审查。这包括确保 AGI 系统在处理个人数据时遵循差分隐私原则，通过引入噪声来保护个人数据，防止敏感信息的泄露。同时，监管机构应加强对 AGI 技术的监督，确保其在合法和合规的框架内运行，防止数据滥用和隐私侵犯行为。

在乡村人才振兴的过程中，AGI 技术的应用不仅要注重技术创新，还要重视伦理和法律的约束。这意味着在开发和部署 AGI 系统时，必须考虑到透明度、公平性、责任性、隐私和安全性等伦理问题。通过这种方式，可以确保 AGI 技术在促进乡村发展的同时，也能保护乡村居民的隐私权益，实现技术的健康发展。

（三）AGI 技术的风险及其对策

AGI 技术的发展和应用可能伴随着一系列潜在的技术风险，这些风险包括但不限于技术故障和安全漏洞，它们可能对系统的稳定性和安全性构成威胁。为了有效应对这些风险，建立一套完善的技术监测和风险评估机制显得尤为重要。通过这一机制，可以对 AGI 技术的性能和安全性进行实时监控，及时发现并解决潜在的问题。

加强对 AGI 技术的研究和探索也是降低技术风险的关键。通过深化对 AGI 技术的理解，可以更好地预测和防范可能出现的技术问题，从而提高技术的可靠性和安全性。同时，推动多元化人才振兴策略，培养和吸引不同领域的专业人才，有助于形成对 AGI 技术的全面理解和多角度的技术支持，减少对单一技术路径的依赖。

第七章

新时代乡村振兴的未来发展与创新

在新时代的背景下，乡村振兴战略正成为推动我国农业农村现代化的核心动力。本章聚焦于探讨乡村振兴的未来发展趋势及其创新路径。本章剖析数字创业如何为乡村振兴注入长效动力，探索数字技术与农业农村深度融合的机制，讨论中国式现代化进程中新质生产力与乡村振兴的融合创新，旨在揭示如何通过现代化手段推动乡村全面振兴。

第一节　数字创业赋能乡村振兴的长效机制

构建数字创业赋能乡村振兴长效机制，应立足于国情乡情，从自身资源和技术能力着手，结合当地农村农业的资源禀赋和创业环境，借助当地政府与社会力量等，依托数字技术重构农业生产、经营与产业链体系，探索促进增产增收的有效机制。

一、促进数字融合，深化数字转型

"数字＋产业"。将数字技术融入乡村产业，关键在于依托数字化产业链促销农产品，激发乡村地域活力。结合数字技术与农业资源，打造现代化"数字＋"，推动农业全产业链融合发展。如运用大数据、云计算等新型技术，实现种植养殖等生产过程向数字化、网络化和智能化的转变。依托电商平台、与高校合作等方式推广助力销售农产品，寻求销售产品新模式，开发销售电子养殖功能为消费者提供体验感，如"云养殖、云种植"等。

"数字+环保"。聚焦于生态环境监测，利用数字技术实现环境动态监测。打造大数据分析应用场景，实时监控水、大气环境质量与感知污染源实时监控，从而实现环境污染追溯源头、环境预测预警，保护生态环境。

"数字+人文"。搭建云平台，深度挖掘乡土文化资源，利用数字化技术将民俗文化、老城古街、传统技艺等优秀传统文化数字化、电子化，以其为传播载体大力推广乡村风土人情与优秀传统文化，吸引游客观光。建设数字记忆馆、图书馆、博物馆、文化展馆等，将民间风俗、乡土风貌等搬上网络云端，使乡村资源数据化、阅读参观便捷化，实现优秀文化传承发展，让更多人体验到丰富的乡村文化。

二、加强基础设施建设，巩固技术基础

创设数字环境。建设乡村地域的 5G 通信设施与千兆光网，力求与城市标准一致，以各种形式降低网费，实现乡村网络覆盖广、网速快、资费低的目标。同时，修建数据基站，利用先进设备采集数据信息，创设数字环境。

依托数字化基础设施打通各行业信息壁垒，协调各方工作，推动乡村产业高质量发展。例如，利用电子商务平台实现生产市场与消费市场有效对接，强化建设乡村物流配送体系，依托数据平台共享资源规避产品滞销、资源浪费风险等。

打造创业园、利用产业与地理优势设立数字技术研发基地，注重设备研发，着力解决核心技术难题，实现数字技术迭代升级，形成技术可持续性。四是加强乡村基础设施建设、夯实技术基础，将乡村纳入整个网络经济和互联网体系。增强乡村网络连通性、信息时效性与交互便利性，使乡村与外部环境的网络联系得以实现，为夯实乡村产业链提供基建支持。

三、深化人才储备，增强人才支撑

在推动数字创业的过程中，深化人才储备并增强人才支撑是至关重要的一环。为此，地方政府需制定和实施具有针对性的教育培训方案，这些方案应考虑到不同年龄、教育背景、专业领域以及社会资本的拥有量，以确保教育内容的差异化和个性化。通过强化金融知识、数字化技术应用以及产业知识的教育，可以培养出高素质的人才，为乡村数字化转型提供坚实的人才基础。

通过制定相应的人才引进政策，可以鼓励和引导具备复合型数字化技能的人才投身于乡村发展，从而为乡村振兴注入新的活力。此外，创建数字人才共享平台，不仅能够优化人才资源配置，还能为乡村振兴提供必要的人力资本支持。

分享和交流乡村产业数字化的成功案例，结合实地考察和讲解，能够有效展示数字技术在赋能乡村产业增产增收方面的优势。这种做法不仅能够营造一个积极的乡村数字创业环境，还能够吸引和留住人才，为数字创业的深化提供强有力的人才储备。通过这些措施，可以确保乡村数字化转型过程中人才的充足供应，为乡村的可持续发展提供坚实的支撑。

四、完善资金支持，减轻融资压力

乡村数字创业坚持可持续发展原则，需要加大创业资金支持与社会相关主体投入。

政府可以发挥财政优势，利用财政贴息、税收减免等引导财政资金流向数字创业活动，鼓励数字型公司与乡村创业主体合作。

因地制宜开发创新金融产品与服务，支持乡村数字创业活动，推进金融便捷化服务覆盖乡村地域。同时，完善乡村金融服务体系，整合资源，培养特色项目，提高乡村数字创业水平。

推进数字化技术与普惠金融的融合。协调金融机构政策性与营利性目标间的矛盾，发挥普惠金融对缓解融资约束、激发创业动力的积极作用，为乡村创业主体提供资金支持与融资便利，解决融资难题、保障创业顺利开展。

第二节　中国式现代化中的新质生产力与乡村振兴融合创新

在建设中国式现代化的现阶段，必须坚持以科技创新为核心的发展之路。根据马克思主义生产力发展的基本原理，乡村振兴战略需要依靠更高水平的生产力支撑。在当前国家全面推进乡村振兴背景下，新质生产力作为一种具有高科技、高效能、高质量特征的新型生产力，在乡村振兴中发挥着至关重要的作用。通过新质生产力的引入，可以增强乡村创新能力，推动乡村产业结构升级，有效促进农业农村现代化[①]。

一、新质生产力发展的阶段特征

对新质生产力发展阶段特征的分析，揭示了从 20 世纪 70 年代至今信息技术及相关新兴技术在生产力发展中的演进路径。

（一）起步阶段（20 世纪 70 至 80 年代）

在 20 世纪 70 至 80 年代的起步阶段，这一时期计算机技术初步应用且数字化在生产领域萌芽，虽然信息技术应用还处于相对有限的阶段，但它为后续技术革新和应用奠定了基础。这一时期的特征对生产方式产生了影响，开始将传统的手工或机械化操作向自动化、信息化转变，虽然这种转变在初期相对缓慢。

---

① 周予. 新质生产力在乡村振兴中的作用与西安实践 [J]. 新西部，2024（10）：112.

（二）积累阶段

在 20 世纪 80 至 90 年代的积累阶段，信息技术与传统生产方式的整合更加显著，信息化生产开始形成规模。在这一时期，计算机网络和数据库技术的发展及应用显著推动了生产效率的提升。因此，企业更加重视信息技术在生产管理、设计、制造等环节的重要作用，并逐步构建起较为完善的信息化生产体系，为未来的技术进步和生产方式的革新奠定了坚实的基础。

（三）加快阶段

在 1991 年至 2017 年的加快阶段，信息技术的应用变得更加广泛和深入，尤其是互联网的兴起极大地推动了其在生产中的应用。在这一时期，智能生产开始显现，信息技术的影响力大幅提升。这些变化使得生产方式朝着更加智能化、网络化的方向转变，生产效率和灵活性得到大幅提升；同时，企业之间通过网络平台实现了协作和资源共享，不仅加速了生产流程，也促进了创新效率的进一步提高。

（四）成熟阶段

在 2018 年至今的成熟阶段，其重要特征是人工智能、大数据、云计算等新一代信息技术得到广泛应用，这些技术的结合不仅推动了智能生产新模式的形成，而且极大地提升了生产过程的效率和灵活性。在这一阶段，新质生产力以信息技术为主导，实现了生产过程的高度智能化和自动化。这种转变不仅优化了生产流程，还为产品创新、服务优化和市场响应速度带来了革命性的改进，标志着生产方式和经济活动进入了一个全新的发展阶段。

（五）融合发展阶段

在当前的融合发展阶段，物联网、人工智能等新兴技术与传统产业的深度融合不仅彻底改变了生产方式，而且正在重塑整个产业链的结构。这个阶段的显著特征是人机融合和智慧生产成为新的发展方向，这些变化推动经济向高质量发展迈进，显著提升了生产系统的智能化水平和经济的创新能力。同时，这种深度融合也对就业结构和职业技能要求等方面产生了深远的影响。

通过对这五个阶段的分析，可以看出，新质生产力的发展不仅推动了生产方式的根本变革，而且对经济结构、就业形态等产生了重大影响，引领社会向更加智能化、信息化的方向发展。新质生产力的发展是一个长期过程，需要不断推进信息技术在各产业的融合应用。

二、农业领域新质生产力演进的关键阶段

新质生产力在农业领域的发展轨迹，突出了信息技术在农业生产中应用的演进过程。这一过程不仅反映了技术进步对农业的深远影响，也展示了农业向着更加智能化、高效化方向发展的趋势。

（一）新质生产力在农业领域发展阶段

基于农业生产本身的特点及我国农业信息化的历史进程，将新质生产力在农业领域发展阶段划分为三个阶段，分别代表信息技术在农业中的不同应用形态，即初级阶段以信息辅助为主，中级阶段实现信息与机械结合，高级阶段形成以信息为主导的智能农业模式。这一发展轨迹不仅展现了技术创新对农业生产方式的影响，也指向了未来农业发展的方向——利用先进的信息技术，实现农业生产的可持续发展，提高农业生产的智能化水平，以应对全球人口增长、资源紧缺等挑战。此划分体现了新质生产力在农业领域影响力的不断增强，较好地描述了其发展规律。

1. 初级阶段（2000 年前后）

初级阶段的核心是信息技术的引入，主要体现在农业信息的收集和传播上。通过建设农业信息网络基础设施，农民和农业企业能够获取到更多的农业知识、市场信息和技术指导，为农业生产提供辅助决策支持。这标志着农

业生产开始从传统模式向现代化转变。

2. 中级阶段（2000—2010 年）

随着信息技术的进一步发展和普及，其与传统农业机械的结合开始出现，形成了智能农业的雏形。在中级阶段，智能农机械和智能农场的推广，使得农业生产效率和管理效率显著提升。信息技术的应用从单一的信息收集和传播扩展到了生产操作和管理，农业生产开始步入智能化阶段。

3. 高级阶段（2010 年至今）

在高级阶段，随着人工智能、大数据、物联网等新兴技术的快速发展与应用，农业领域的信息技术应用达到了新的高度。从生产前的规划、生产中的管理到生产后的分析，整个农业生产过程都能够实现信息化和智能化管理。智能农业和数字农业的概念逐渐成形，农业生产效率和资源利用效率得到极大的提升，农业生产方式实现了质的飞跃。

将新质生产力在农业领域的发展阶段划分为三个阶段，主要原因是从农业生产本身的技术更新周期来看的，农业相对其他行业更新速度较慢，信息技术应用的阶段性不如工业明显。我国农业信息化起步较晚，在 2000 年前后进入初级阶段。而 2010 年后信息技术在农业中的应用已经较为广泛，可以划分为一个新的高级阶段。如果按照新质生产力的划分阶段，可能时间跨度过小，无法清晰展现规律。这种划分考虑了农业的特点和我国的实际情况，能够较好地描述新质生产力在农业领域影响的深入程度。

（二）中国式现代化下新质生产力与乡村振兴的战略融合

中国式现代化背景下的新质生产力与乡村振兴战略融合的主要内容涉及将现代科技与创新理念深度融入乡村发展之中，推动农业现代化、乡村产业升级和社会文明进步。这一战略旨在通过科技创新、产业优化、政策支持和社会参与等多方面的综合施策，激发乡村内生动力，提升乡村的综合竞争力和可持续发展能力，实现经济发展、环境保护和社会和谐的高度统一。这不仅有助于促进农民增收、农业增效，也为加快实现乡村全面振兴提供了坚实的基础。

1. 技术融合和创新应用

在乡村振兴的过程中，技术融合与创新应用发挥着至关重要的作用。为了满足乡村振兴的多元化需求，需要有针对性地引入和应用信息技术、生物技术、新能源技术等现代科技手段。信息技术的应用，如物联网、大数据、云计算等，可以有效提升农业生产的智能化水平，实现精准农业管理，从而大幅提升农业生产效率。生物技术的运用，包括生物育种、微生物肥料等，能够提高作物的产量和抗逆性，同时减少化学农药的使用，促进农业生产的绿色可持续发展。新能源技术，如太阳能、生物质能等的利用，不仅能够为农村地区提供清洁、可再生的能源，还有助于改善农村能源结构，促进环境保护。这些技术的融合与创新应用，不仅可以优化农村经济结构，推动农业向高质量发展转型，还能促进农村社会的全面进步和生态环境的持续改善。因此，在乡村振兴战略实施中，重视和加强技术融合与创新应用，是实现乡村全面振兴和可持续发展的关键路径。

2. 产业融合和多元发展

产业融合与多元发展是乡村振兴的重要战略之一，旨在通过推动农业与服务业、旅游业等产业的深度融合，充分发掘和利用乡村的特色资源，打造具有地方特色的产业链，从而增加农村的整体产值和农民的收入水平。在这一过程中，关键在于识别和挖掘乡村独有的文化、自然和历史资源，并将这些资源转化为经济增长点和竞争优势。例如，依托当地特色农产品开发深加工和休闲农业，结合乡村旅游，推出农旅结合的产品和服务，不仅能够吸引更多的游客，也能为当地农民创造更多的就业和创业机会。引入现代信息技术，如电子商务平台，可以有效扩大乡村特色产品的市场范围，提高产品的销售额和品牌影响力。通过建立产业联盟或合作社等形式，加强产业链上下游的协同合作，可以进一步提升整个产业链的竞争力和盈利能力。产业融合与多元发展不仅有助于提高农民的直接收入，还能促进乡村社会经济结构的优化升级，实现农村经济的可持续发展。因此，积极探索和实践产业融合与多元发展的路径，对于加快乡村振兴步伐，构建富裕、和谐、美丽的新农村具有重要意义。

3. 政策融合和制度创新

政策融合与制度创新是实现新质生产力发展与乡村振兴深度融合的关键策略。在此框架下，构建一个全面的政策体系显得尤为重要，该体系需覆盖财政支持、税收优惠和土地使用政策等多个维度，以确保乡村融合发展的制度基础得到加强。财政支持政策应聚焦于农业科技创新、农村基础设施建设以及乡村产业升级等关键领域，通过项目补助和资金扶持等手段，激发乡村发展的内在动力。

税收优惠政策对于减轻乡村企业和农民的经营负担、提升其市场竞争力具有显著作用。对于参与乡村振兴相关产业的企业和个人，如特色农产品加工、乡村旅游和绿色生态农业等，应考虑实施税收减免或税率优惠，以一定期限为限。土地使用政策的创新同样是乡村振兴的重要推动力，探索灵活高效的土地管理模式，例如实施农村土地所有权、承包权、经营权的"三权分置"，旨在保障农民土地权益的同时，促进土地资源的合理流转与高效利用。

增强政策的协调性和连贯性对于确保各项政策措施相互支持、相互促进至关重要，这有助于形成推动乡村振兴的强大合力。通过这些政策融合与制度创新，可以为乡村振兴提供更广阔的发展空间和更有力的支持保障，进一步激发农村经济的活力，推动乡村全面振兴和高质量发展。

4. 社会融合和共建共享

社会融合与共建共享在乡村振兴战略中占据核心地位，其目标在于动员社会各界力量共同参与乡村振兴，通过集合社会资源和智力，为乡村发展提供全面支持。在此过程中，建立开放包容的合作机制至关重要，以激发社会各界对乡村振兴的兴趣和热情，形成多元主体参与的良好局面。

政府在其中扮演着引导和促进的角色，通过出台相关政策措施，为社会资本投入乡村振兴项目提供便利条件和优惠政策，同时加强对项目的监管，确保其健康发展。企业则通过产业投资、技术支持、知识共享等方式参与乡村经济建设和社会事务，实现企业发展与乡村振兴的双赢。社会组织和志愿者团体在乡村教育、医疗卫生、文化传承、环境保护等领域发挥重要作用，通过专业服务和志愿活动提升乡村的公共服务水平和生活质量。

鼓励公民个人以多种形式参与乡村振兴，如通过众筹、众包等方式支持乡村项目，或通过参与乡村旅游、体验农家生活等活动促进城乡文化交流和经济互动。为确保这些策略和路径的有效实施，需要根据乡村振兴的实际情况进行调整和优化，建立健全评估和反馈机制，及时总结经验教训，不断提高政策措施的针对性和实效性。

通过集聚全社会的力量支持乡村振兴，可以更加有效地推动乡村全面振兴，实现乡村社会的和谐发展和居民生活的持续改善。这种社会融合与共建共享的模式，不仅能够为乡村振兴提供全方位的支持，还能够促进社会各界的积极参与，共同推动乡村的可持续发展。

（三）新质生产力与乡村振兴融合的路径

新质生产力与乡村振兴的有效融合是推进农业现代化和实现乡村全面振兴的关键。由于我国各区域间农村经济发展水平参差不齐，选准技术进步与乡村发展需求紧密结合的融合路径十分重要，因此，应根据不同区域的发展阶段，选择合适的融合路径。

1. 初级阶段融合

在乡村振兴的初级阶段，融合路径的探讨主要集中于基础设施建设、信息技术教育的普及以及农业信息服务的提供三个核心领域。

基础设施建设被视为实现乡村振兴的基础，通过建立全面的信息网络基础设施，引入互联网和移动通信等先进信息技术，为乡村振兴的各项任务提供必要的技术支撑。这一过程不仅为农村居民提供了获取信息的渠道，还为后续的技术应用和服务奠定了坚实的平台。

信息技术教育的普及不仅涉及农业技术和信息化知识的传播，更在于提升农民的信息化意识和技能，以培养适应现代农业发展的必要人才。通过有效的教育和培训，农民能够更好地掌握新技术，从而提升农业生产的效率和质量。

农业信息服务的提供，包括天气预报、市场价格和最新农业技术等信息的普及，直接促进了农民生产效率和经济收益的提升。这些服务帮助农民更好地规划生产活动，降低不确定性和风险，增强农产品的市场竞争力。

通过这些措施，初级阶段的融合路径旨在为乡村振兴打下坚实的基础，利用技术和教育的力量激发农村地区的发展潜力，为实现农业现代化和乡村全面振兴创造良好的条件。

2. 中级阶段融合

在乡村振兴的中级阶段，融合路径的探讨集中在智能农业的发展、农村电商平台的构建以及乡村旅游与文化振兴三个关键领域。

智能农业的发展通过引入智能农机、智能监控等先进技术，显著提升了农业生产的自动化和智能化水平。这种技术的应用不仅提高了生产效率，降低了人力成本，而且通过精准农业管理实现了资源的优化配置，增强了农业的可持续发展能力。

农村电商平台的建立利用互联网技术拓宽了农产品的销售渠道，增加了农产品的市场竞争力和附加值。这一策略有助于农民增收，同时促进了农村经济的多元化发展。通过电商平台，农产品能够直接对接更广泛的消费者市场，提高了农产品的经济价值和市场影响力。

乡村旅游与文化振兴的结合则依托于地方特色和文化资源，旨在推动乡村经济和文化的双重振兴。一方面，通过挖掘和保护乡村的自然景观和文化遗产，吸引游客，带动当地经济发展；另一方面，这也有助于乡村文化的传承和发展，增强了乡村的吸引力和凝聚力。乡村旅游的发展不仅为当地居民提供了就业机会，也为乡村文化的保护和传播提供了新的途径。

3. 高级阶段融合

在乡村振兴的高级阶段，融合路径的探讨聚焦于数字乡村建设、生态农业与循环经济的实施，以及乡村治理和社会服务的创新。

数字乡村建设被视为乡村全面振兴的关键支撑，其核心在于构建全面的数字管理平台，以实现农业生产、农村治理和社会服务的数字化转型。这一转型能够显著提升农业生产的智能化水平，促进农村社会治理和服务的现代化，从而提高农村的管理效率和居民生活质量。

生态农业模式和循环经济理念的推行是农业可持续发展的重要路径。通过优化农业生产结构和方式，促进资源的高效利用和循环再利用，这不仅有助于保护和改善农村生态环境，还能增强农业生产的整体效率和竞争力。这种模式的实施，对于实现农业的绿色发展和生态平衡具有重要意义。

现代信息技术，如大数据和云计算，在乡村治理模式和社会服务创新中的应用，能够显著提高乡村治理的透明度和公众参与度，同时提升社会服务的覆盖面和质量。这种创新有助于解决乡村治理中的复杂问题，满足农村居民日益增长的服务需求，促进社会和谐稳定。

通过这些高级阶段的融合路径，乡村振兴战略能够更有效地实现其目标，推动乡村地区的全面发展和进步。

三、在塑造新质生产力过程中加速乡村振兴

在探索将新质生产力与乡村振兴战略紧密结合的道路上，设计高效、创新的政策与措施尤为关键。这不仅要求深刻理解新质生产力的内涵与特性，还需要精准把握乡村振兴的需求与挑战。通过科学的政策设计和实施，可以有效地促进新质生产力的发展，加速乡村振兴进程，实现农业现代化与农村全面发展。

（一）基础设施建设是新质生产力与智慧农业的硬件支撑

基础设施建设在新质生产力与智慧农业的发展中扮演着关键角色，其对于乡村振兴战略的实施具有基础性的影响。在这一背景下，提升农村地区信息网络的覆盖率成为首要任务，尤其是对于那些偏远地区的网络基础设施建设。通过政府与私营部门的协同合作，可以有效地建立起连接每个乡村的光纤网络，确保宽带网络服务的普及，这为智慧农业的实施提供了必要的硬件支持。

政府应设立专项基金，用于支持农业产业园区的发展，这些园区将成为新质生产力发展的示范点，通过整合最新的农业技术和信息化管理，提高农业生产效率和产品质量。物联网和大数据等现代技术的应用，可以建立起一个农业数据收集与分析系统，为农民提供精准的服务，包括病虫害预警、气象信息和种植建议等，这些服务将进一步提升农业生产的智能化水平。

（二）产业支持与技术革新推动农业现代化与乡村振兴

为了全面推动乡村经济的振兴，必须通过促进新兴产业的发展和技术升级，实现传统农业与新技术的深度融合。这不仅能形成竞争力强的新型产业模式，而且能显著提升农业生产效率和产品的附加值。政府应推出农机智能升级补贴计划，通过财政补贴政策鼓励农民采用智能化农业设备，从而提高农业生产的自动化和智能化水平。设立产业引导基金对于支持农业产业结构的调整和新兴产业的发展至关重要。这些基金可以降低创新企业和农业项目的初始风险，吸引更多社会资本投入到集成了大数据、云计算、物联网等新技术的农业项目中。应加强农业技术的推广和培训，通过建立农业技术推广体系和组织专业技术人员对农民进行现代农业技术培训，进一步提高农民的技术应用能力。

通过示范基地和农业技术展览会等方式，展示新技术在农业生产中的应用，激发农民的技术接受意愿和创新精神。通过实施这些措施，可以有效促进农业技术的进步和产业的升级，加快从传统农业向现代农业的转型，为乡村振兴提供坚实的产业支撑和技术保障。

（三）推动农业创新与村庄振兴需要技术、人才与市场的三维战略

在当前乡村振兴的大背景下，通过技术研发与人才培养的双轮驱动，促进新质生产力与传统产业的深度融合升级，对提升农业产业链的综合竞争力和可持续发展能力至关重要。政府及相关机构须设立数字农业技术研发基金项目，专注于支持数字农业技术的研发和应用。这些基金将鼓励企业、高校和研究机构等进行农业相关技术的创新研究，尤其是在智能农业设备、农产品深加工技术、生物技术等领域，以推动农业产业技术升级和效率提升。其通过在线教育平台开设农业技术培训课程并颁发专业证书，旨在提高农民和农业企业从业人员的技术水平和专业能力。课程内容应包括现代农业技术、农产品营销、农业企业管理等，以满足农业产业发展的多元化人才需求。政府应支持农村小微企业线上拓销平台的建设和优化，通过财政补贴、税收优惠等政策，鼓励企业利用电子商务、社交媒体等网络平台扩大产品销售范围，提升品牌影响力。开展电商培训，提升农村小微企业的电商运营能力，帮助其更好地适应数字经济发展趋势。

通过实施上述措施，不仅可以促进农业技术创新和人才能力提升，还能帮助农村小微企业拓展销售渠道，提高产品竞争力。这样的多维战略将为乡村振兴战略的实施提供有力的支持，推动农业产业链向更高质量、更高效率的方向发展，实现农业和农村的全面振兴。

（四）促进农业创新与人才发展的一体化策略框架

在推动新质生产力与传统产业深度融合升级的过程中，为了支持农村小微企业拓宽线上平台销售渠道，可以制定一个综合性的策略框架，主要涵盖技术研发与人才培养两大核心方面。关于技术研发保障，建议设立专门的数字农业技术研发基金。设立这一基金的目标是鼓励和支持科研机构、高校和

企业等在农业科技创新领域的活动。特别是在智能农业、生物技术、新型农业材料等前沿领域，这一基金将起到推动作用，旨在根本改变农业生产方式，提升农业生产效率及产品附加值在人才培养方面，建议通过开设在线农业技术培训课程并颁发专业证书的方式，培养一批掌握现代农业技术、具备良好创新能力和实践技能的农业人才。课程内容应围绕农业信息技术、智能设备操作、农产品加工与营销等领域，以满足现代农业发展的多元化需求。为了支持农村小微企业线上销售拓展，应积极为这些企业提供线上销售平台的建设和运营支持。这包括电商平台入驻指导、网络营销培训、品牌建设咨询等服务。通过政策扶持和技术服务，帮助农村小微企业有效利用互联网工具拓宽销售渠道，提升品牌知名度和市场竞争力。

（五）加强农业人才社会保障以促进乡村振兴与农业现代化

为了确保人才成为乡村振兴和农业现代化的核心动力，加速农村与城市、传统农业与现代农业的融合进程，必须通过一系列社会保障措施加强人才保障。

推出"新型农业人才"计划，这一计划通过财政补助和政策支持，为农业人才提供全面的培训与就业机会。该计划的目标是培养掌握现代农业技术、具有创新能力和市场竞争力的新型农业人才。培训内容涵盖智能农业技术、农产品加工、农业经营管理等多个方面，以满足现代农业发展的需求。

实施补助培训与就业计划，为参与"新型农业人才"计划的个人提供培训补助，降低他们的培训成本，提高其参与培训的积极性。此外，为培训成功的人才提供就业推荐服务，确保他们能够顺利就业，将所学知识和技能应用于实际工作中，推动农业产业的持续发展。

支持农村共享工作场所的试点建设，通过政府投资或引导社会资本投资，在农村地区建设共享工作场所，为农村人才提供良好的工作和创新环境。这些共享工作场所不仅应提供办公空间，还应配备必要的办公设施和技术支持，并定期举办交流活动和培训课程，促进人才之间的交流与合作，激发创新活力。

（六）通过标准制定与实施提升农业产业链质量

为了促进新旧技术与模式的有效融合，确保农业产业链的高质量发展，要制定一系列标准与实施策略。

制定行业标准是实现技术与模式融合的基础。应当针对农业生产、加工、销售等各个环节，制定一系列行业标准。这些标准的目的在于规范生产流程、提高产品质量、保障消费者权益，同时也为新技术的应用和推广提供指导和依据。明确行业发展方向和技术规范，可以确保农业产业链各环节的高效协同和质量控制。

推行认证体系是提升行业整体水平的重要手段。在制定行业标准的基础上，建立一套完善的认证体系，对符合标准的企业和产品进行认证。这一体系不仅能够促进企业提升自身管理水平和产品质量，还能提升消费者对产品的信任度。实施认证体系时，应注重公正性、透明性和权威性，确保认证结果的真实有效。

推出产品质量追溯 App 平台，利用现代信息技术，为消费者提供从原材料采购、生产加工到销售全过程的信息追溯服务。这样不仅提升了产品透明度、增强了消费者购买信心，还为企业提供了展示自身质量管理水平的窗口，促进了企业间的良性竞争。

（七）加强农业科技创新和农村经济发展的资金支持

资金是促进农业与科技融合、推动农村经济发展的关键。为确保新技术研发、农业生产创新及农村小微企业的稳健成长。

设立农业科技专项投资基金。政府及相关机构应设立专项基金，重点支持农业科技企业。该基金将覆盖智能农业设备、生物技术、农产品加工技术等关键领域，旨在减轻企业研发负担，鼓励技术创新，促进农业科技成果的快速转化和广泛应用。

实施农村小微企业贷款优惠政策。政府应推出具体政策，为农村小微企业提供贷款优惠，包括降低利率、提供担保、简化贷款流程等，旨在降低其融资成本，缓解其融资难题。此举不仅助力小微企业渡过难关，还鼓励更多创业活动，有利于促进农业创新与农村经济发展。

　　建立风险补偿机制。考虑到农业科技创新和农村小微企业发展的风险，政府应为金融机构提供风险补偿，鼓励它们向农业科技企业和农村小微企业提供更多贷款。通过分担风险，减少金融机构的贷款风险，确保金融资源更有效地流向农业和农村领域。实施这些资金支持措施，旨在有效应对农业科技企业和农村小微企业面临的资金挑战，为其提供坚实的资金支持基础，推动农业科技创新，进而促进农村经济的持续健康发展，深化农业与科技的融合。

参考文献

[1] 郭起珍. 实施乡村振兴战略，实现农村一二三产业融合发展［J］. 农业开发与装备，2018（7）：81，87.

[2] 朱子升，张莉莉. 数字经济赋能三产融合：理论逻辑、实践考察与制度保障［J］. 湖北农业科学，2022，61（1）：157-160，194.

[3] 王定祥，冉希美. 农村数字化、人力资本与农村产业融合发展——基于中国省域面板数据的经验证据［J］. 重庆大学学报（社会科学版），2022，28（2）：1-14.

[4] 谢晓雯，苏卓君. 农村"三产融合"视阈下数字经济发展的法制思考［J］. 南方农村，2021，37（2）：45-49.

[5] 叶云，汪发元，裴潇. 信息技术产业与农村一二三产业融合：动力、演进与水平［J］. 农业经济与管理，2018（5）：20-29.

[6] 赵树杰. 泰山区加快实施乡村振兴战略问题研究［J］. 当代经济，2018（23）：68-70.

[7] 谭明交，向从武. 日韩农业"六次产业化"对我国实施乡村振兴之镜鉴［J］. 新疆农垦经济，2018（4）：10-18.

[8] 刘军凯. 乡村振兴战略实施背景下农村产业融合发展探索［J］. 农家参谋，2022（6）：84-86.

[9] 程思静，郎群秀. 乡村生态振兴实施困境与对策建议［J］. 农村经济与科技，2022，33（7）：38.

[10] 马克思，恩格斯. 马克思恩格斯选集（第1卷）［M］. 北京：人民出版

社，2012.

[11] 罗福周，李静. 农村生态环境多主体协同治理的演化博弈研究［J］. 生态经济，2019，35（10）：171-176，199.

[12] 张诚. 社会资本视域下乡村环境合作治理的挑战与应对［J］. 管理学刊，2020，33（2）：36-42.

[13] 胡溢轩，童志锋. 环境协同共治模式何以可能：制度、技术与参与——以农村垃圾治理的"安吉模式"为例［J］. 中央民族大学学报（哲学社会科学版），2020，47（3）：88-97.

[14] 金晶. 利用法律和经济手段强化环境监察职能［J］. 经济研究导刊，2022（36）：159-161.

[15] 辛本禄，刘莉莉. 乡村旅游赋能乡村振兴的作用机制研究［J］. 学习与探索，2022（1）：137-139.

[16] 徐舟，韩佳文，张哈拿，等. 乡村振兴战略下河南省红色文化与乡村旅游耦合发展研究［J］. 旅游纵览，2024（6）：9-11，43.

[17] 何延凌，李逸情，陈麦池. 河南省红色旅游高质量发展路径研究［J］. 焦作大学学报，2024，38（1）：41-45.

[18] 周东亮. 探索新时代文化传承的数字化转型之路［J］. 群众，2023（17）：9-10.

[19] 李燕妮. 乡村振兴视域下农村文化建设社会实际思考［J］. 中国农业资源与区划，2022，43（11）：68.

[20] 房诚信，蒋成龙. 乡村振兴战略背景下农村经济发展的对策研究［J］. 山西农经，2024（19）：70.

[21] 叶文虎. 坚持"三生"共赢建设健康社会是生态文明建设的关键［J］. 武汉科技大学学报（社会科学版），2010，12（2）：1.

[22] 杨雪玲. 探究乡村振兴战略在乡村规划建设中的创新发展［J］. 城市建设理论研究（电子版），2024（25）：33.

[23] 何建华. 新时代乡村产业振兴基本经验研究［D］. 重庆：西南大学，

2023：5.

［24］罗必良. 中国农业现代化：时代背景、目标定位与策略选择［J］. 国家现代化建设研究，2023，2（1）：65.

［25］孔陇，赵福昕. 中国式现代化进程中推进农业现代化发展的理论逻辑、现实短板与实践进路［J］. 石河子大学学报（哲学社会科学版），2023，37（6）：7.

［26］贾静静. 乡村振兴战略下农产品品牌建设与发展研究［J］. 现代商业，2024（19）：31.

［27］沈铃斐. 乡村组织振兴的实现路径研究［D］. 昆明：昆明理工大学，2023：3.

［28］王鑫. 党建引领农村基层治理的创新模式与优化路径［J］. 江南论坛，2024（10）：74.

［29］朱慕榕. 通用人工智能助力乡村人才振兴的发展及应用研究［J］. 江苏科技信息，2023，40（24）：8-12.

［30］周重. 乡村振兴战略下推动乡村人才振兴的困境与出路［J］. 新西部，2024（10）：118.

［31］吴婷婷，宫晓非. 乡村振兴视角下人才体制机制研究［J］. 山西农经，2024（1）：128.

［32］周予. 新质生产力在乡村振兴中的作用与西安实践［J］. 新西部，2024（10）：112.

［33］亢云洁. 乡风文明建设赋能乡村振兴［J］. 村委主任，2024（20）：158.

［34］许彦，毕市敏. 新时代乡村文化振兴的内涵、地位、价值与目标［J］. 村委主任，2024（20）：173-175.

［35］罗春莲. 新时代乡村振兴实践路径探析［J］. 智慧农业导刊，2024，4（20）：173-176.